澳門五百年

一個特殊中國城市的興起與發展

薛鳳旋 編著

澳門五百年：一個特殊中國城市的興起與發展

責任編輯　　**廖方舟**

書籍設計　　**吳冠曼**

排版　　　　**曾小英**

編著　　　　**薛鳳旋**

出版　　　　**三聯書店（香港）有限公司**
　　　　　　香港鰂魚涌英皇道 1065 號 1304 室

　　　　　　澳門大學
　　　　　　澳門氹仔徐日昇寅公馬路

　　　　　　香港浸會大學當代中國研究所
　　　　　　香港九龍塘聯福道 34 號香港浸會大學思齊樓515室

香港發行　　**香港聯合書刊物流有限公司**
　　　　　　香港新界大埔汀麗路 36 號 3 字樓

印刷　　　　**中華商務彩色印刷有限公司**
　　　　　　香港新界大埔汀麗路 36 號 14 字樓

版次　　　　**2012 年 4 月香港第一版第一次印刷**

規格　　　　**8 開（257 × 355 mm）264 面**

國際書號　　ISBN 978-962-04-3203-3

© 2012 Joint Publishing (H.K.) Co., Ltd.

Published in Hong Kong

《澳門五百年：一個特殊中國城市的興起與發展》

回顧過去
開拓未來

澳門特別行政區行政長官　崔世安

《澳門五百年：一個特殊中國城市的興起與發展》

蓮花寶地
薈萃風華

澳門特別行政區立法會主席　劉焯華

海盧浮

縣山香

門星金

寨山前

洋星九

澳門

洋丁零

十字門

小橫琴山　　大橫琴山

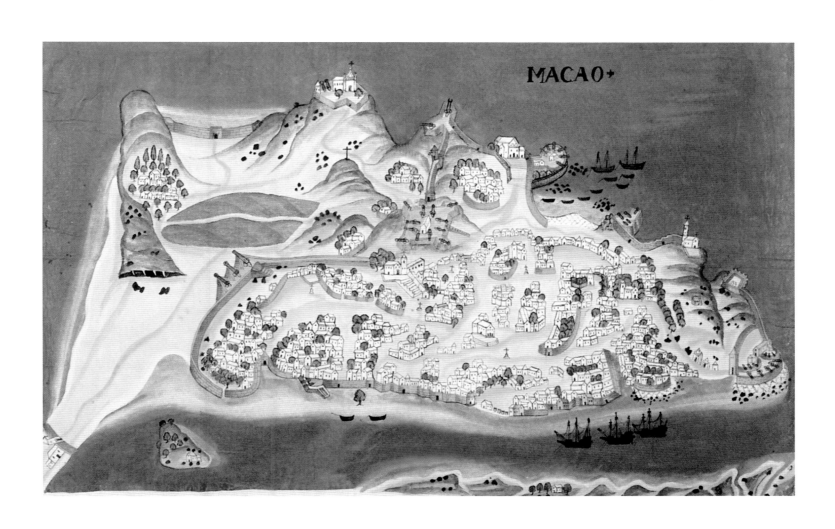

謝志偉序

澳門表面上是個小地方,面積不過 30 平方公里,人口只有 50 餘萬,但在最近幾年,它已超過拉斯維加斯,成為全球最大的博彩和旅遊城市。自 1999 年回歸祖國後,澳門成為中國的一個特別行政區,社會穩定,政通人和。在經濟充裕和人文發展的氛圍下,加上特區政府與澳門基金會的帶動與支持,澳門歷史研究在近年來熱了起來,漸漸成為一個新的學科——「澳門學」。

薛鳳旋教授在 1980 年代初已開始研究澳門,並出版了《香港與澳門》、*Entrepreneurs and Enterprises in Macau* 等專著。薛教授在 2006 年告訴我:在澳門各方友好的鼓勵下,他希望對澳門的研究再進一步,把能夠搜集到的澳門中外歷史地圖集中起來,以地圖為基礎,將葡萄牙人自 16 世紀初,逐步在澳門落地,及之後與華人及內地的互動,以及澳門演變成如今匯合中葡文化且別具特色的現代化城市這一歷時近五百年的發展,編成一本專著清楚地展現出來。我當時覺得這是研究城市發展史的一個十分嶄新的切入點,而澳門這方面的史料亦比其他城市豐富且延續不斷,這是一個重要而切實可行的選題。為了方便薛教授的研究,應他的要求,我向校長推薦聘他為澳門大學的名譽研究員,澳大並為薛教授提供了使用圖書館及辦公室的便利。

薛教授不負各方友好的祈望,五年之後,《澳門五百年:一個特殊中國城市的興起與發展》終於出版了。它收集了有關東亞及澳門最具代表性的中外歷史地圖,並進行整理,使讀者能形象地、清晰地觀賞數百年來澳門城的具體樣貌及其周邊地區的狀況。雖然東西方的繪圖方法不一,但它們卻共同提供了澳門在經濟、社會與政治演變過程中的清晰脈絡,並以簡明扼要的方式展現。

我非常高興地看到薛教授的大作出版,它為澳門作為歷史悠久的、東西方商貿及文化交流的軸心城市,提供了一種令人賞心悅目的觀賞式陳述。它不但是學術界的一項重大成果,而且易讀易懂、色彩繽紛,容易被一般讀者接受。同時,通過以中文、英文和葡萄牙文三語出版,它更能將澳門歷史之美向全球推廣,誠澳門一大盛事。

謹序。

謝志偉

澳門大學校董會主席

2011 年 11 月

趙偉序

　　2011 年是澳門大學成立 30 周年，我校名譽研究員薛鳳旋教授的大作《澳門五百年：一個特殊中國城市的興起與發展》剛好付梓。我們一致認為這兩件大事是相互關聯的，因此，我校決定參與是書的出版工作，並將它列為澳大 30 周年校慶的珍貴紀念品。

　　澳門五百年前能成功開埠，並且數百年來不斷地向前發展，除體現了東西方頻繁的商貿活動之外，更重要者，是中西文化交流有着很大的需求，而由於地處有利的時空位置，澳門便能滿足這些需求，成為東西方交往的重要樞紐。因此，澳門的城市歷史，在中國史及世界史上有着明顯的特殊性。

　　薛教授以地理學家對地圖功用和空間分析的掌握，加上對國家歷史和世界格局的理解，方能編撰出這樣特別而又可讀、可觀賞的曠世之作。

　　澳門大學經歷了在氹仔島發展的 30 個春秋之後，將於 2013 年喬遷橫琴新校園。新校園佔地近 100 公頃，比舊校園大數倍，這給予大學很大的發展空間。期望澳大未來能繼承二百年前澳門的聖保祿學院的輝煌，成為亞洲最有影響力的中西文化交流平台，延續澳門對中西文化交流的貢獻。

　　謹此祝賀薛教授大作出版。

澳門大學校長

2011 年 12 月

陳新滋序

　　地理是一門綜合性學科，既包括山川河嶽、天氣、植被，以及工業、農業、商業等不同的產業，也包括城鎮、鄉村、交通網點，乃至社會上的人口、住房等。將一個城市的上述方面的變化，以歷史的縱線連接起來，就是一個城市的歷史。城市史通常並非歷史研究的熱點，因為不少城市的重要性已包括在一個區域或一國之內，除非這個城市與所處區域或國家相比，有明顯的特殊性及差異性。

　　在世界各個城市中，澳門是一個十分突出的特殊案例。我們可從薛鳳旋教授這本新著中體會到：澳門是西方文化與商貿在東方（主要是中國）最早的落腳點，是東西文化和商貿的交匯之地。這個特殊的功能，始於 16 世紀初，延續至今達五百年而不衰，並且有較明確而詳細的歷史記錄。這在中西交往歷史上，是獨一無二的。

　　《澳門五百年：一個特殊中國城市的興起與發展》的特色是，薛教授用創新的研究方法與別緻的表達手法，把歷史、地理、文化、社會融匯於書中，並通過眾多的中外地圖來反映澳門諸方面的歷史進程。

　　透過薛教授的新作，我們可以理解澳門從古至今不同階段的地位與功能。同時，澳門也是一個有趣的、歷時五百年的、中國人看世界和外國人看中國的窗口。

　　《澳門五百年：一個特殊中國城市的興起與發展》以中、英、葡三種文字出版發行，希望更多的讀者藉此瞭解澳門這個城市在東西方交流歷史長河中的重要地位。

　　長期以來，香港浸會大學與澳門大學在科研及人才交流上一直緊密合作。薛教授這本專著印證了港澳合作的重要意義及其豐碩的成果。

陳新滋

香港浸會大學校長

2011 年 11 月

自序

　　我在香港長大，第一次離開香港時已是 22 歲，目的地是廣州。那是 1969 年，當時我正在香港大學念本科三年班。作為「天之驕子」的港大學生，若回內地探親便會被港英政府視為「政治不正確」，會終生失去出任公務員或成為註冊教師的資格，因此，我只好取道澳門，再乘船由澳門沿珠江河道前往廣州。這段迂迴的船程，不但使澳門成為我的第一個外訪之地，也使我體驗了五百年來由澳門溯河而上，至廣州城南珠江岸邊從事貿易的各國商旅的經驗。這次歷史之旅，突顯了港澳關係的密切，也使我開始有興趣去探索澳門獨特的地理位置、東西方交往的歷史以及兩者糅合而成的獨有的地緣政治特點。

　　作為接受過西方城市地理學訓練的學生，並且在港大教授了 30 年城市地理的教師，我深切瞭解西方城市的模式、發展及其背後有關的動力和理論。然而，我近 30 年來的研究卻回歸中國，先後出版了《中國城市》（牛津大學出版社，1985）、《北京：從傳統國都到社會主義首都》（香港大學出版社，1996）及《中國城市及其文明的演變》（三聯書店〔香港〕有限公司，2009）等專著。這些研究使我理解到：中國城市雖然與西方城市有共通的地方，但主要仍是與西方城市不同的另一類城市。這是因為城市是文明的載體，城市的性質、結構和風格，體現了不同的地方文化及歷史的特點。所以，我們可以通過城市來研究一個地區的歷史及文化的特點。

　　香港與澳門是中國的特殊城市。由於它們擁有特殊的歷史，又是中西文明長期交匯的節點，因此它們不同於一般的中國城市。我在這方面產生興趣，始於 1980 年代，並且體現在《香港與澳門》一書中。該書的澳門部份，是自何大章與繆鴻基二位先生在 1940 年代出版的《澳門地理》專著以來，首次對澳門的城市與經濟發展的較詳細的論述。

　　然而，與香港相比，澳門不但比 1842 年才開埠的香港歷史更悠長，而且也是世界上唯一一個自 16 世紀中葉以來，在中國本土存在了近五百年而不衰的「番坊」，它對東西方交流的貢獻，遠大於任何城市。甚至在今天，在花王堂（聖安多尼教堂）及大廟（主教座堂）仍矗立着建於幾百年前的天主教堂，其前地還有建於 17 世紀初的恥辱柱。這些器物及它們所反映的城市元素與文明內涵，使澳門洋溢着 15 至 17 世紀的南歐城市的風韻。在澳門街上逛逛，你亦可輕易遇到「土生葡人」，還可隨處嚐到糅合了非洲、印度、馬來西亞和葡萄牙元素的澳門式「葡國餐」。這些仍在發生作用的歷史和文化因素，使今天特殊的中國城市——澳門，散發出一般遊客都可以感受到的、特有的地方文化氣息。

　　若有人問：什麼是澳門的代表？除上述之外，還應提到「大三巴」牌坊。這件器物的稱謂正反映了澳門中葡文化的交融。它本是澳門三座最早的教堂之一，即位於半島中心高崗上的聖保祿教堂的大堂前壁（旁邊的大炮台原亦屬教堂擁有，完整的教堂在 17 世紀後期的澳門油畫中已出現）。它具有葡萄牙殖民地的象徵意義：殖民地的首府或核心區通常是以海港為依託的商站，海港旁多為一高崗，被命名為聖保祿山，其上設有同名的教堂。由於葡人尊崇聖保祿把宗教傳向異域的精神，便將這位聖人作為葡人海外擴張的象徵。因此，從葡萄牙文化角度看，聖保祿堂對澳門這個居留地有着象徵意義。在 19 世紀中葉，這座教堂毀於大火。當時的葡萄牙人已無能力將它重建，因而至今只剩下前壁。不過，對 19 世紀中葉以後日漸增加的澳門華人居民來說，這個矗立在高崗上的、顯眼的、葡人在澳的文化符號，他們竟能接受並將之與中華文化結合。華人稱之為屬於自家器物的「牌坊」——用以標示一家一族有獨特貢獻或一個地方有獨特之處的器物。而且，中文「大三巴」一詞，亦顯示了華洋雜處的特色，因為「三巴」是「聖保祿」的音譯。聖保祿堂原本附有耶穌會辦的聖保祿學院，它的設立比在議事亭後的聖若瑟聖堂的聖若瑟修院要早，規模也較大。華人稱前者為「大三巴」，後者為「小三巴」，並且自 19 世紀後已以前者為澳門的代稱。

研究澳門歷史的中外著作及相關史料，可謂汗牛充棟。作者雖然在這方面已累積了 30 年的努力，但礙於不諳葡文，仍有很多不足之處。本著作作為澳門史研究的一磚一瓦，其目的在於以澳門歷史作為城市歷史的個案，並且主要通過地圖、不同類型的城市畫像、數字座標等易看、易感性理解的方式來展現其五百年的發展歷程。由於時間跨度很大，且內容近乎百科式，有關資料的數量與質量不能在每一時段、每一方面都盡如人意。這是作者功力之外的又一制約，希望讀者諒解。將有關澳門地區的有歷史價值和精美、有特色的古今中外地圖彙集在一起，達致能輕鬆地臥看澳門歷史的目的，是前所未有的、有價值的嘗試。

　　編撰這本圖集的具體工作始於 2006 年。當時正值北京「兩會」期間，我每晚與澳門地區的全國人大代表和政協委員在駐地的北京貴賓樓飯店的咖啡廳談天，除了國家大事外，也每每談到澳門的人和事，還提到我對澳門的研究。他們鼓勵我深化有關澳門的研究，為世界理解澳門作出貢獻。其中幾位更出資贊助或採用其他形式提供幫助，最後使是書得以面世。要致謝的包括吳立勝、曹其真、劉焯華、謝志偉諸位。前特首何厚鏵對這項工作一直表示關心和支持。特首崔世安、立法會主席劉焯華、副主席賀一誠對英文版及葡萄牙文版的出版亦貢獻良多。

　　特首崔世安、立法會主席劉焯華為本書題辭，謝志偉主席、趙偉校長及陳新滋校長為本書寫序，在此致以萬分謝意。

　　本書付梓之時，正值澳門大學創校 30 周年大慶，特將澳門大學發展簡史收為附錄，以茲紀念。

　　本書的成功出版，亦有賴兩位研究助理蔡華思、歐陽佩雯多年的努力，及研究所成員許志樺和鄺智文幫忙統籌及英文翻譯的工作。葡文的翻譯及校對工作，由王增揚先生及 Maria da Graca Marques 女士襄助。由於是書稿完成後才決定加出葡文版，因此他們要在短期內完成任務，壓力很大。對上述諸位的幫助，我十分感謝。圖集的論述、數字及其他方面可能出現的錯誤，純由我個人負責。

　　澳門基金會亦對本書的研究及出版作出了慷慨資助。

　　最後，謹以此書刻誌中葡五百年的友好關係，及澳門長遠、可持續的繁榮和穩定。

2011 年 12 月

目錄

資料與圖例說明

一、本書主要的資料採自澳門政府與已出版的地圖，以及學術界的研究成果等，但部份經簡化與整理以適合大眾閱讀和理解。

二、研究主要以中文進行，並主要採用中文及英文資料或譯成中文的葡文資料。因此，本書內容以中文本為準，英文及葡文本並非直譯。

三、各時期的政府統計及其他統計資料與地圖的詳細度和完整度並不一致，因此，本書各部份的比重難以均衡。

四、一些統計資料的分區在歷史上經歷了多次變化，編著者盡量作出調整以提供不同時間的比較。

五、一張圖或一個說明可能採用了多於一個出處的資料。為了提高本書的可讀性，所有資料的出處不在圖、表或文字處標示，需要深究的讀者可在參考文獻中尋找。

六、除特別說明外，本書資料所採用的幣值皆為澳門元。書中沒有方向標示的地圖及線圖一般以書的上方為北向。為求精簡，部份地圖未加插比例尺。有方向標示及比例尺者多沿用原圖風格，不作統一處理。

七、一些顯示經濟及社會活動的地圖並未採用當時的海岸線。

八、為了避免圖表內容過於龐雜，以及保持古地圖風貌，圖表中的地名及說明文字不加插或只加插部份譯文。而一些舊地名與現今地名並不一致，本書也選擇保留舊地名。

九、由於本書採用的舊地圖及舊照片質量各異，因此少部份圖片的清晰度未能與其他圖片保持一致。

主要歷史建築標示圖

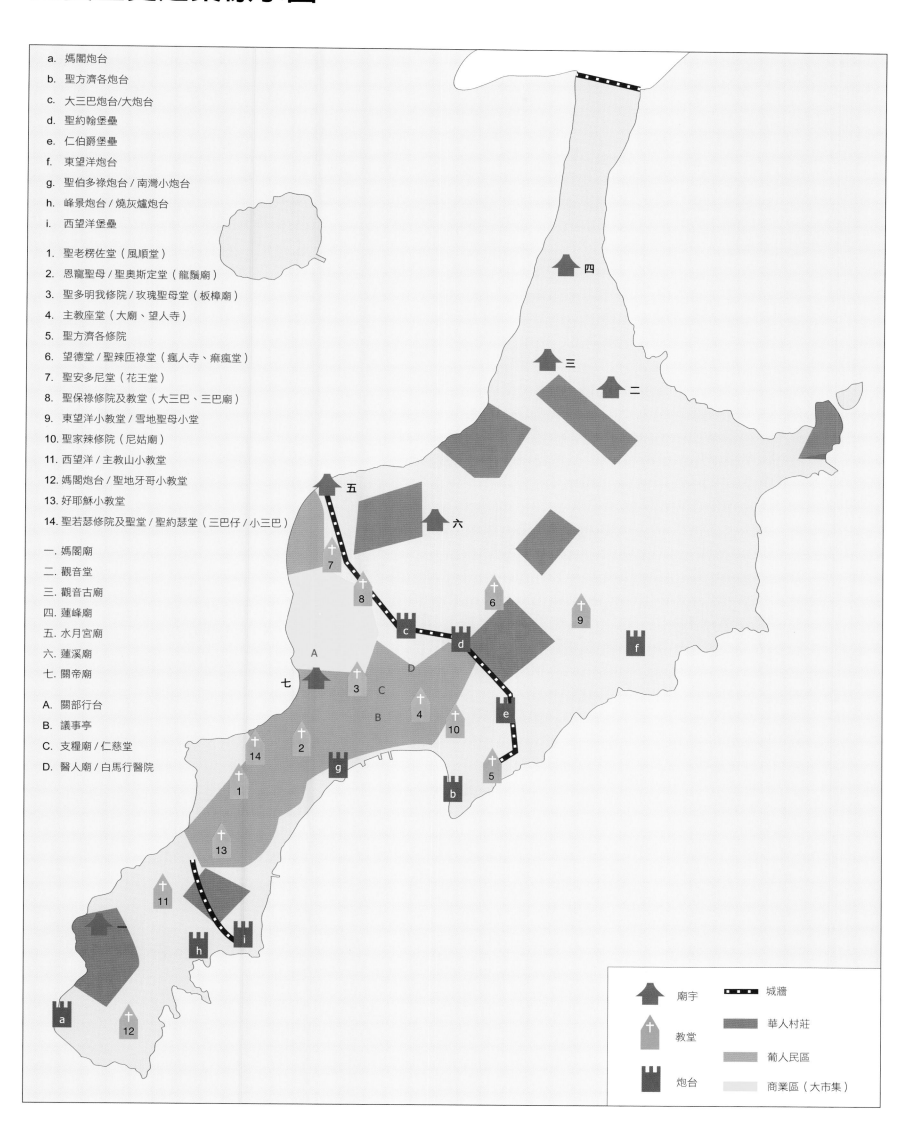

a. 媽閣炮台
b. 聖方濟各炮台
c. 大三巴炮台/大炮台
d. 聖約翰堡壘
e. 仁伯爵堡壘
f. 東望洋炮台
g. 聖伯多祿炮台 / 南灣小炮台
h. 峰景炮台 / 燒灰爐炮台
i. 西望洋堡壘

1. 聖老楞佐堂（風順堂）
2. 恩寵聖母 / 聖奧斯定堂（龍鬚廟）
3. 聖多明我修院 / 玫瑰聖母堂（板樟廟）
4. 主教座堂（大廟、望人寺）
5. 聖方濟各修院
6. 望德堂 / 聖辣匝祿堂（瘋人寺、癩瘋堂）
7. 聖安多尼堂（花王堂）
8. 聖保祿修院及教堂（大三巴、三巴廟）
9. 東望洋小教堂 / 雪地聖母小堂
10. 聖家辣修院（尼姑廟）
11. 西望洋 / 主教山小教堂
12. 媽閣炮台 / 聖地牙哥小教堂
13. 好耶穌小教堂
14. 聖若瑟修院及聖堂 / 聖約瑟堂（三巴仔 / 小三巴）

一. 媽閣廟
二. 觀音堂
三. 觀音古廟
四. 蓮峰廟
五. 水月宮廟
六. 蓮溪廟
七. 關帝廟

A. 關部行台
B. 議事亭
C. 支糧廟 / 仁慈堂
D. 醫人廟 / 白馬行醫院

廟宇　城牆
教堂　華人村莊
炮台　葡人民區
　　　商業區（大市集）

1

東西方時空交匯及海權態度轉變

1.1 澳門的地理位置及功能

澳門位於中國東南沿海（北緯 22°10'，東經 113°33'），現今的領土包括澳門半島、氹仔和路環島，總面積只有 29.5 平方公里。1888 年前，它只是半島的大部份，面積約三平方公里。無論是今天的，或四百年前的澳門，以面積計，都只是中國的一個「小地方」。

然而 460 年來，澳門並不「小」。今天它是中國兩個特別行政區之一（另一個是香港），屬省級行政單位，且地位比一般省份特殊，享有「一國兩制」、「高度自治」的待遇。

在今天的亞洲及中國地圖上，澳門只是眾多重要城市之一。不過，在

○ 澳門地理位置

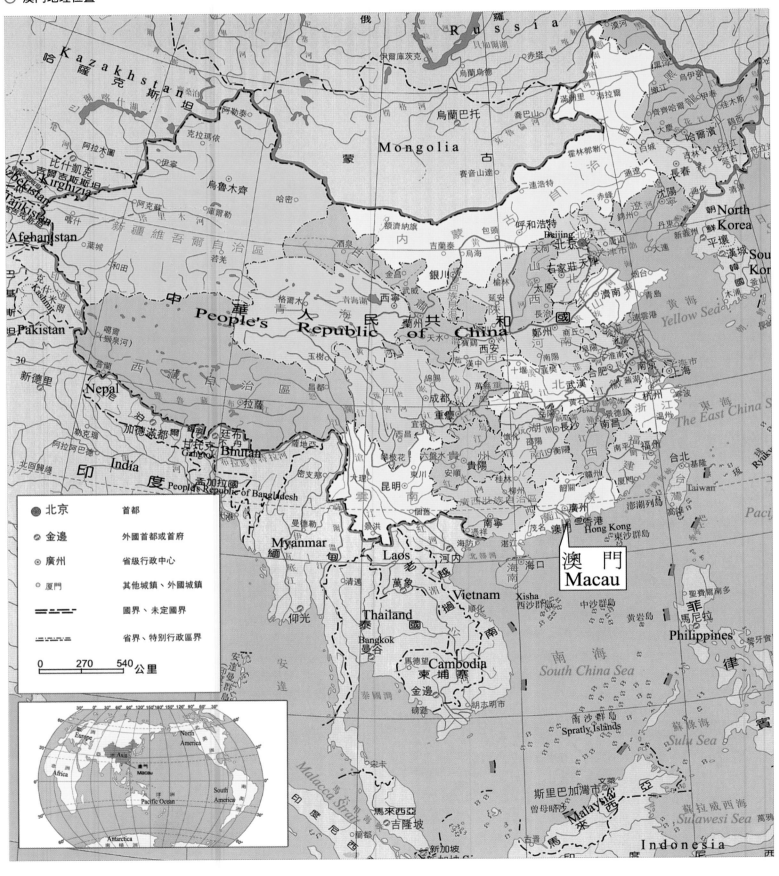

三四百年前的地圖上，如 1607 年拉丁文《亞洲圖》，及 1652 年法文《中華帝國圖》，澳門卻是個聲名卓著的亞洲城市，而不少現今的名城，如香港和新加坡，還未在圖中出現。

當時，澳門的重要性，源於它是中華帝國境內唯一容許西方人定居的半島，亦是西方人士能在最近距離觀察中國並與中國貿易的聚落。它是第一個，而且是唯一一個延續四百年的、以西方人及西洋管理方式與習俗為主導的中國城市。因此，它是中國中古及近代史中最重要的中西文化交流樞紐。

○ 中華帝國（1596 年）

法國梅特路斯據荷蘭人奧特利烏斯（1527 至 1598 年）《中國地圖》重繪，拉丁文。地圖資料可追溯到 1570 年。圖中已有廣東（Quantão）、廣西（Quancy）、台灣（Fermosa）。

洪第烏斯繪，收入《小地圖集》，拉丁文。

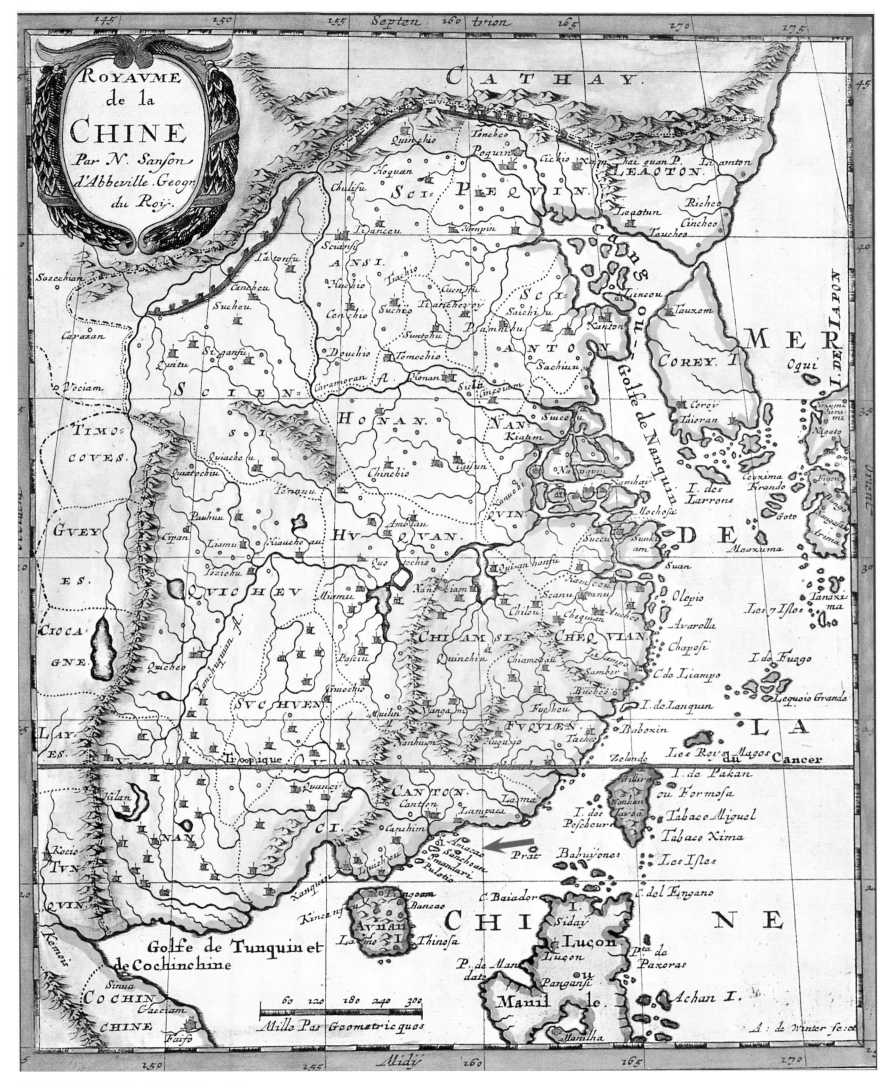

桑松繪，收入巴黎出版的《亞洲地圖集》，法文。

1.2 中國歷史上的陸上和海上對外貿易之路

中國位於歐洲大陸與太平洋之間。基於經濟發展和文化交流的需要，自漢代（公元前 206 至 220 年）起，中國便主動地開通了「絲綢之路」，同時亦和鄰近的西太平洋沿岸國家保持密切的交往。雖然中國很早就建立了它的主流文化體系——儒學，但它並不排斥其他思想和文化。比如唐代（618 至 907 年）就被世界認為是一個偉大、繁榮而又包容的國家。唐代太學的外國留學生，以及朝廷及軍隊的外籍大臣和將領，都體現了皇帝對天下四海的包容。唐代更在全國五萬多公里長的驛道網的支撐下，開展了橫跨歐亞的陸路與水路貿易線（圖中未顯示長安以東的路線，而這些路線更為繁忙）。中唐時期，突厥和回紇在一段時間內阻隔了唐代和中東及印度的貿易。安史之亂後，「絲綢之路」更被中斷，導致唐代強化東南的海港城市，使中東及印度商人能由海路前來貿易，並形成了重要港口城市——廣陵（揚州）、番禺（廣州）、泉州和明州（寧波）等。

○ **唐代揚州城市功能結構示意圖**

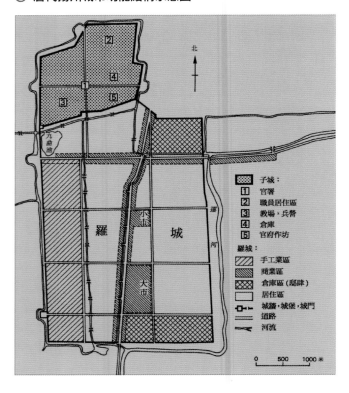

○ **唐代中國主要外貿路線**

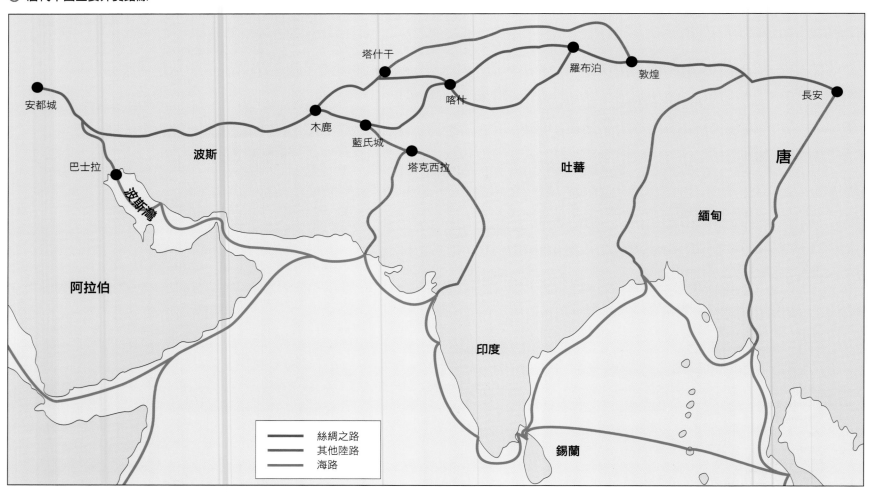

揚州不但近海，而且因唐代開通大庾嶺官道，使外商可從廣州沿此道至揚州。來經商者包括日本、朝鮮、東南亞、波斯及大食的商人，城內有大面積的作坊及倉庫區和十個船廠，作坊及商店連成十里長街。全城人口達十萬。

宋代（960 至 1279 年）的國際陸路貿易線多被少數民族政權隔斷，但這卻導致以海運為主的國際貿易的快速發展。兩宋共在沿海八大城市設有外貿官署——市舶司。宋太祖時，首先在廣州設立提舉市舶司，負責招徠由東南亞、西亞以至非洲的埃及、莫桑比克和馬達加斯加島一帶，甚至遠達歐洲的木蘭皮國（西班牙南部）的外商。

○ **宋太祖趙匡胤**（960 至 976 年在位）

○ **宋代都市及海港圖**

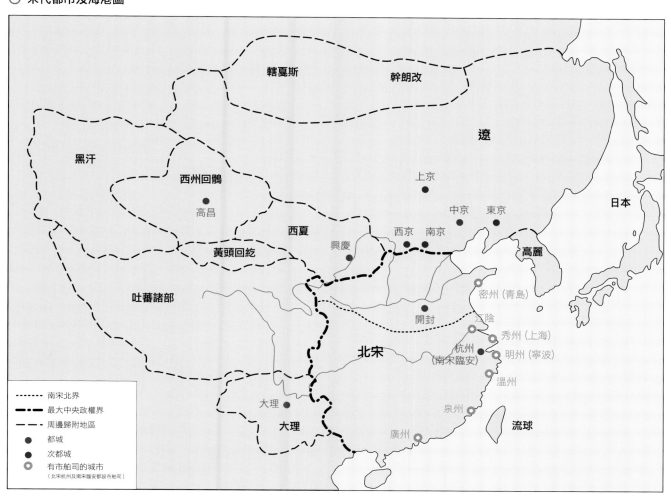

廣州是宋代第一大對外貿易港口。北宋滅南漢後（971 年）即在此設市舶司。城內亦設有供外商居住、營商及倉儲的專區，稱為「番坊」。番長主要由阿拉伯人擔任，內設番學及番人教堂。廣州現今留存的「白塔」乃當時番坊內的回教寺院建築。

北宋明州亦是對外貿易的重要商埠，城內有波斯商團駐地、高麗國使館、負責外貿及管理外國遠洋船的官署、接待外國貴賓的來遠亭，及眾多船廠。

由此可見，在中國沿海開放城市，很早便設有外國人專區——番坊。

得益於蒙古帝國橫跨歐亞的版圖，元代（1271 至 1368 年）與中東、中亞和印度的陸路交通暢通無阻。在前朝的海上力量基礎上，忽必烈亦尋求海上的擴張。他在 1274 及 1281 年，動用了 2 萬至 10 萬名戰士乘坐800 至 3,000 艘大小戰船東征日本，但因遇颱風而失敗。元代時，意大利人馬可波羅家族的東行，說明了當時中國和印度、中亞，乃至地中海的海陸交通都是暢通的。

○ 清明上河圖（局部）

《清明上河圖》反映宋代已是商業社會，內外貿易活動蓬勃。

○ 北宋明州（寧波）城址圖

○ 歷代廣州城址圖

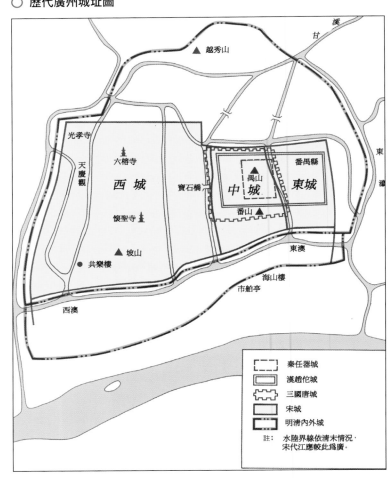

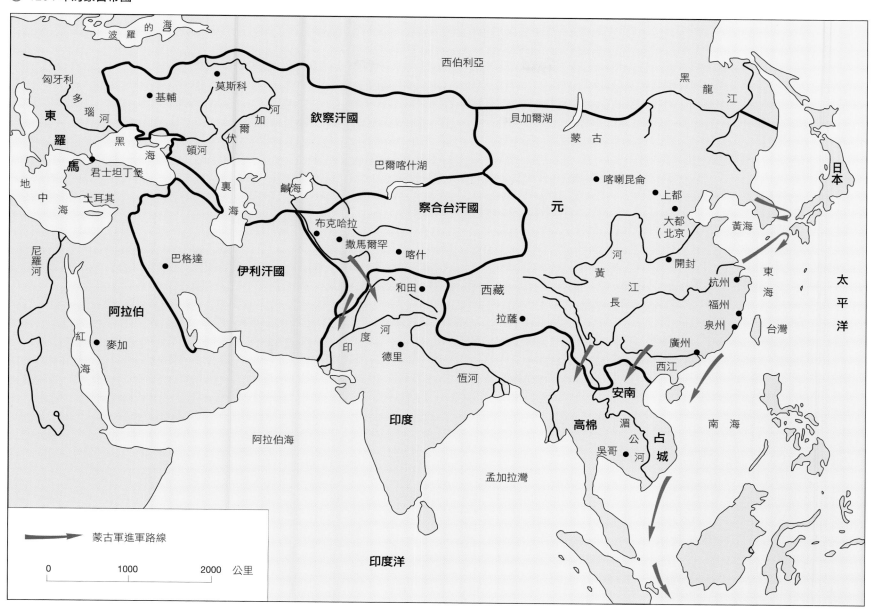

○ 1294 年的蒙古帝國

波羅的海
匈牙利
多瑙河
東羅馬
君士坦丁堡
土耳其
地中海
尼羅河
阿拉伯
紅海
麥加

基輔
莫斯科
黑海
加爾河
伏爾河
頓河
裏海
鹹海
巴格達
布克哈拉
撒馬爾罕
喀什
伊利汗國
和田
印度河
德里
恆河
印度
阿拉伯海
阿拉伯海

欽察汗國
巴爾喀什湖
察合台汗國
西藏
拉薩
孟加拉灣

西伯利亞
貝加爾湖
蒙古

黑龍江
喀喇昆侖
上都
大都（北京）
開封
黃河
長江
杭州
福州
泉州
廣州
西江
安南
高棉
湄公河
吳哥
占城

黃海
東海
台灣
南海

日本
太平洋

印度洋

蒙古軍進軍路線

0 1000 2000 公里

○ 馬可波羅及其家族到遠東的路線

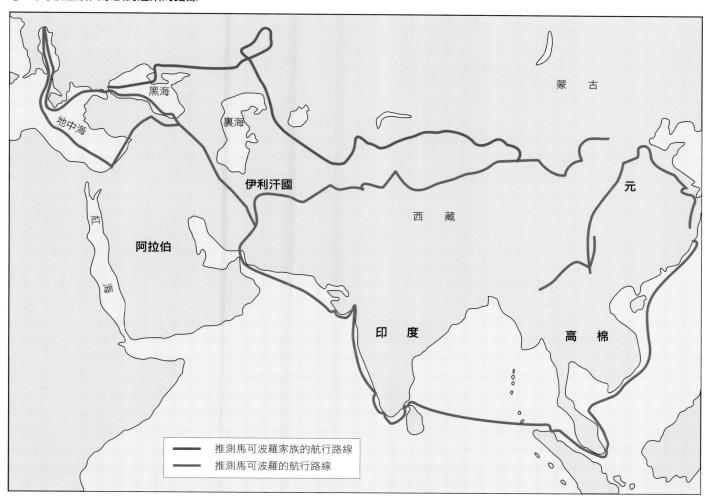

黑海
地中海
裏海
伊利汗國
阿拉伯
紅海
西藏
印度
蒙古
元
高棉

推測馬可波羅家族的航行路線
推測馬可波羅的航行路線

朱元璋（1368 至 1398 年在位）乘大江大河的潰決和天災頻繁所導致的農民起義而一統天下。因此明代（1368 至 1644 年）以農業為重，一反宋代已逐漸形成的商業社會及對國際貿易的重視。太祖除了「懷柔遠人」的「朝貢」貿易外，對海外貿易一律禁止，並屢下「通番禁令」。明成祖以「靖難」為口實取得政權後，欲變更先王及朝野的舊觀念。他以宣振國威、懷柔遠人及清除賊黨為藉口，以鄭和為正使，組織了七次橫跨亞非兩洲及兩大洋的海上行程，歷時 28 年（1405 至 1433 年）。每次規模包括士兵約 27,000 人，體積有 44 丈（151 米）長、18 丈（61 米）寬的寶船約 60 艘，展示了中國的遠洋航行技術與能力，創造了世界航海史上的奇蹟。鄭和下西洋除了顯示中國富強外，並沒有佔領任何土地或掠人資財。船隊只帶回外國的奇珍異獸，及促進海外貿易（有估計指它為國庫帶來黃金 20 萬至 30 萬兩，白銀過千萬兩的貿易稅收益）。

◯ **明成祖朱棣（1402 至 1424 年在位）**

◯ **明代珍寶購運圖**

從印度運回的大象顯示明代遠航能力及其和平交流的國策。

○ 中國航海家鄭和（1371 至 1433 年）

○ 鄭和寶船（左）與 60 年後的哥倫布主船（右）大小比較

○ 鄭和航海路線圖

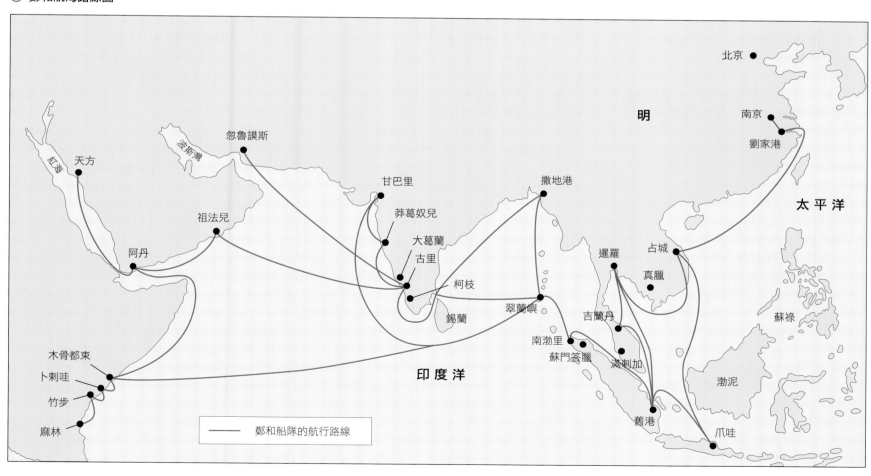

鄭和船隊的航行路線

1.3 中國的「海禁」適逢西方的「大發現」年代

鄭和去世後，有關的航海檔案散失，寶船被毀。嘉靖元年（1522年），明廷開始重申海禁，封鎖海港，銷毀海船，禁止人民出海。海禁的原因，除下西洋大為消耗國力外，還有「倭寇起於市舶」（對外通商招引海盜）一說。明廷因此在沿海地區遍設衛所以防倭寇。

清代（1644至1911年）時，海禁更發展至「遷海」政策，強令人民內遷，使沿海的黃金寶地荒廢，而將貿易局限於一口（澳門—廣州，其間一度改為四口）。

因此，在歷史上發展起來的龐大的中外海運聯繫，在16至19世紀約三百年間，近乎被海禁政策扼殺，只餘下一些非法的貿易活動。而澳門卻在這期間乘機發展，成為唯一合法的中外貿易中介城市。

當然，澳門崛起也得益於在鄭和去世後的60年，西方正好開始了海上遠航探險的「大發現」年代。

在鄭和去世的1433年，葡萄牙人的對外擴張還只局限於北非，直至1448年才在西非海岸建立了第一個殖民據點，成為了「地理大發現」的序曲。1488年，迪亞士發現了非洲最南端的好望角；1492年，哥倫布意外地發現了美洲；1498年，達伽馬發現了通往印度的新航線。這一連串的遠洋探險的主要目的乃尋找獲取香料的新航線，以解決陸路供應不穩定的問題和擺脫阿拉伯國家的操控，並以之打擊穆斯林勢力。在這一時期，葡萄牙和西班牙佔了主導地位。

○ 16世紀倭寇侵襲中國及朝鮮的路線及受襲地區圖

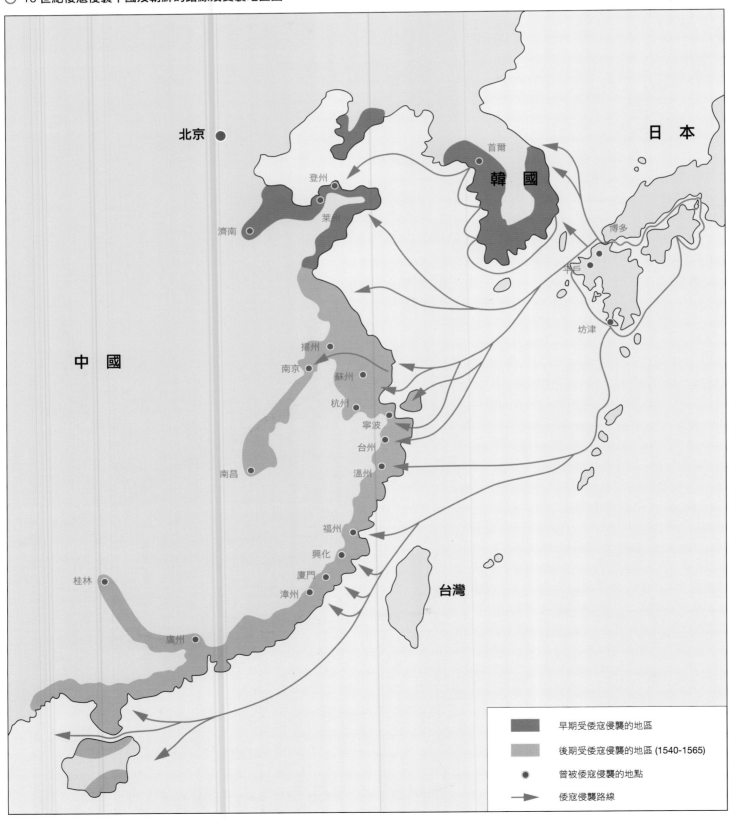

早期受倭寇侵襲的地區

後期受倭寇侵襲的地區 (1540-1565)

● 曾被倭寇侵襲的地點

→ 倭寇侵襲路線

○ 「大發現」年代的主要新航路及首發國家

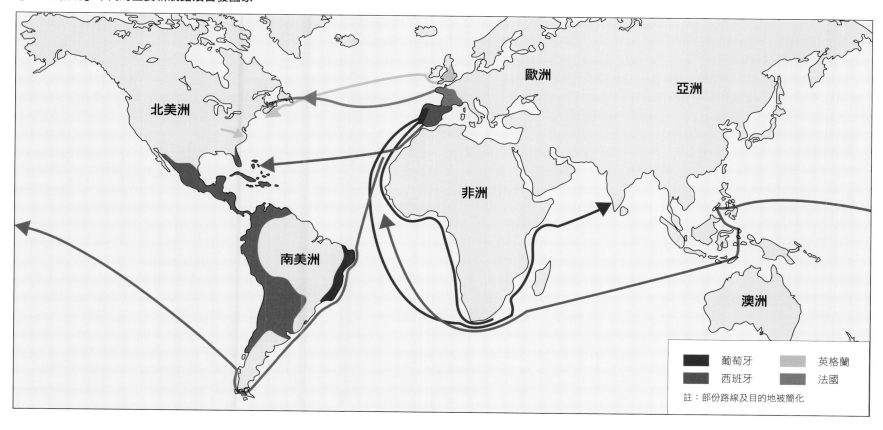

北美洲　歐洲　亞洲

非洲

南美洲

澳洲

葡萄牙　英格蘭
西班牙　法國

註：部份路線及目的地被簡化

○ 葡萄牙在 15 及 16 世紀的領土及殖民地

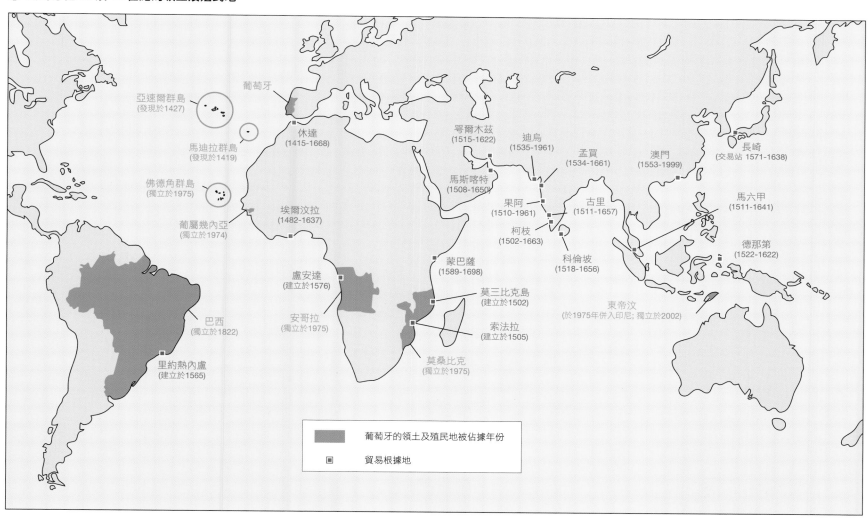

亞速爾群島
(發現於1427)

馬迪拉群島
(發現於1419)

佛德角群島
(獨立於1975)

葡屬幾內亞
(獨立於1974)

葡萄牙

休達
(1415-1668)

埃爾汶拉
(1482-1637)

盧安達
(建立於1576)

安哥拉
(獨立於1975)

里約熱內盧
(建立於1565)

巴西
(獨立於1822)

莫桑比克
(獨立於1975)

蒙巴薩
(1589-1698)

莫三比克島
(建立於1502)

索法拉
(建立於1505)

鄂爾木茲
(1515-1622)

馬斯喀特
(1508-1650)

迪烏
(1535-1961)

孟買
(1534-1661)

果阿
(1510-1961)

柯枝
(1502-1663)

科倫坡
(1518-1656)

古里
(1511-1657)

澳門
(1553-1999)

長崎
(交易站 1571-1638)

馬六甲
(1511-1641)

德那第
(1522-1622)

東帝汶
(於1975年併入印尼; 獨立於2002)

葡萄牙的領土及殖民地被佔據年份

貿易根據地

1.4 葡人來華

1510 年代末，葡萄牙已建立了一個遍及大西洋、巴西、東西非海岸、南亞和東南亞的貿易基地網，並意圖將此延伸至中國沿岸。葡印總督道布該戈（亞豐素雅布基）在 1512 年便在柯欽擬定了入侵中國的計劃。因此，1514 年歐維士便由馬六甲首航至中國廣東，非法佔領了屯門。葡人並在 1520 年成功地以欺騙手法入京覲帝。其後，更出動達八艘戰船的艦隊，以武力威脅明廷。1521 年明廷水師將其逐出屯門，並於 1522 年在香山（珠海）西草灣大敗葡人艦隊。

○ **印度大陸新圖**（1548 年）

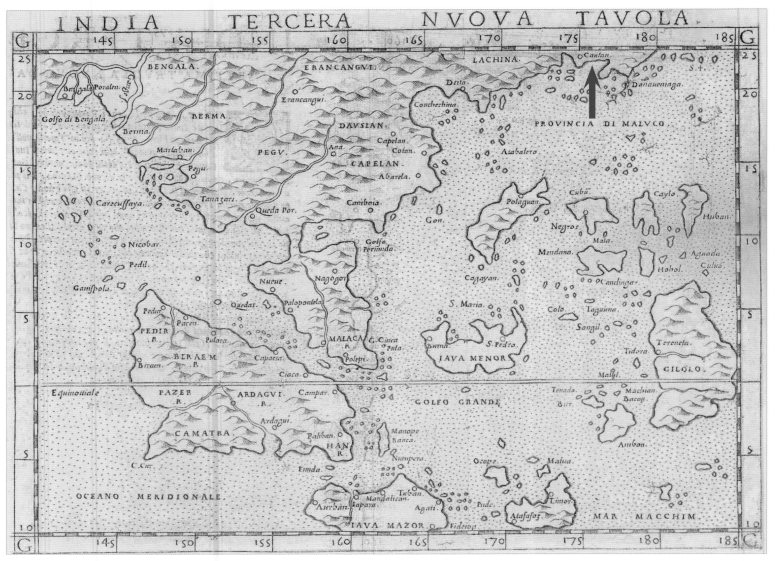

意大利人加斯托迪繪，已標出葡佔的馬六甲。廣州（Cantan）亦首次出現。

○ **遠東航海圖**（局部，1570 年）

費爾南 • 瓦斯 • 多拉多繪製。此圖繪出了如下島嶼：
可能是陽江的海陵島、上川島和香港以南的擔桿列島。
內洋的澳門是在珠三角中央北面的大島。

○ 東印度地圖（1608 年）

圖中的 Y de Beniaga 可能是 Tamao（屯門）——葡人在廣東最早的落腳點。

○ 馬六甲至屯門航線（1521 年）

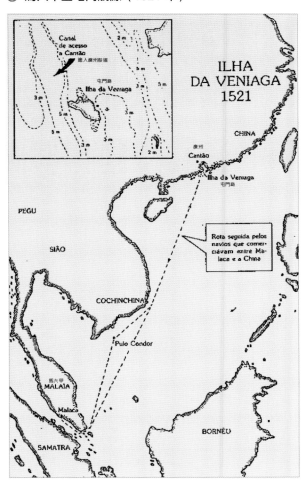

此圖顯示 1521 年由馬六甲至 Beniaga/
Veniaga（可能是屯門）的海道。

其後，葡人轉往閩浙的月港、浯嶼和雙嶼一帶活動。在雙嶼，葡人勾結海盜和倭寇，展開了利益豐厚的非法中日貿易，並建立了一個在規模上僅次於馬六甲的葡佔亞洲城市。城內有近千間房屋，商人近萬，葡人達1,200，並有市政府、議會、法院、教堂、醫院，儼如國中之國。

1548 年，浙江巡撫朱紈在雙嶼大敗葡人艦隊，焚毀島上千間房屋及數百艘走私船，填塞海港。葡人遂往南逃竄，最後抵達廣東的上川及浪白。上川島更成為葡人定居澳門之前的落腳點。

雖然葡人在 16 世紀初從印度至東南亞迅速地佔地建城，建立了多個控制商品供應地及商業航道的堡壘式基地，但在中國，他們只能在中國政府的容許下建立唯一有限度的、但是合法的國際貿易場所及外國人居留地。不過，他們欲全面征服中國的狂妄野心在 16 世紀中仍屢屢出現，如1576 年菲律賓總督、1584 年耶穌會會士卡布拉爾和 1586 年耶穌會會士桑切斯等向葡王提出的計劃。繼葡萄牙之後興起的列強，包括荷蘭、法國和英國，在以後的三百年間，也都未能開拓另一個同樣性質的基地。這反映了中華帝國不欲與外番接觸的態度，及其強大和自給自足的國力，雖然當時的明朝已知天下有七大洲、五大洋且地球是圓的事實。

○ 明代《籌海圖編》中的雙嶼港

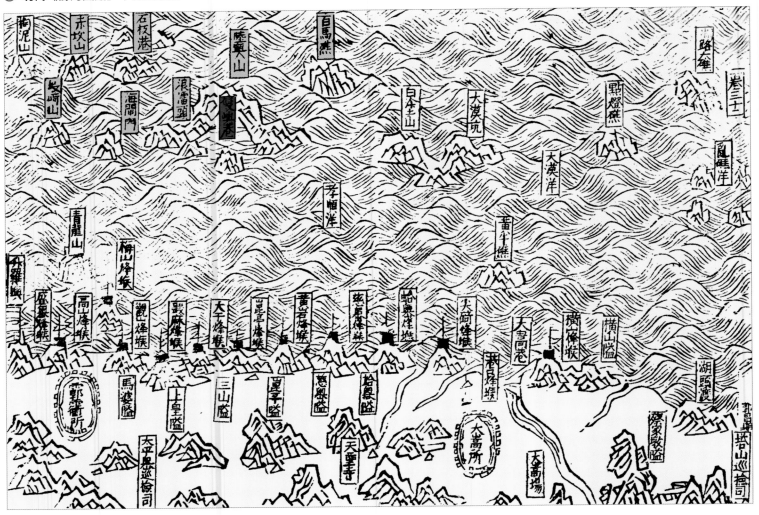

○ 雙嶼港位置圖

此圖顯示今天雙嶼港的可能位置。因明時港口已填堵，今天只留下陸地上的名稱——雙嶼門。

○ 葡人在澳門定居前在中國沿海短暫居留地變遷圖

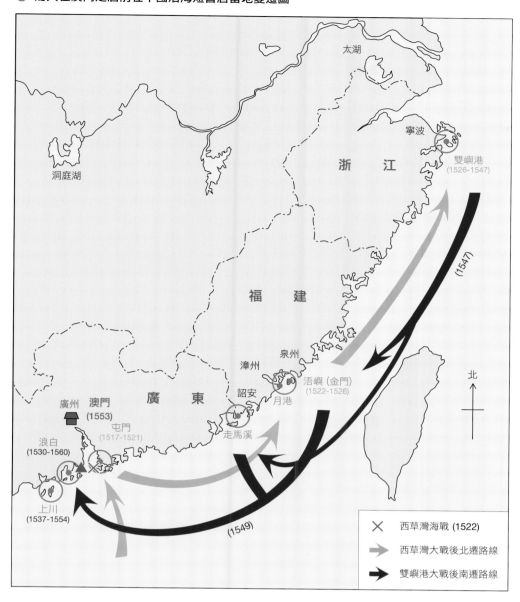

✕		西草灣海戰 (1522)
→		西草灣大戰後北遷路線
→		雙嶼港大戰後南遷路線

○ 首幅中國人繪畫的世界地圖（約 1600 年）

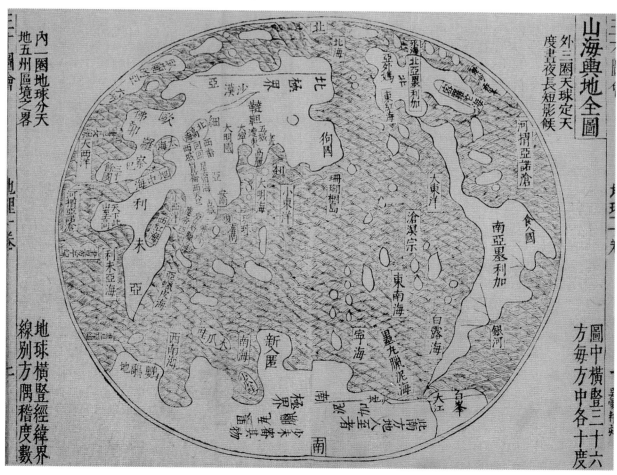

此圖可能完成於 16 世紀末，是明萬曆三十七年（1609 年）出版的王圻、王思義父子所編的 106 卷百科全書式的圖
錄——《三才圖會》其中一張插圖。王氏父子花了超過 20 年完成此巨著。

1.5 澳門是中國境內的一個「番坊」?

在 1553 至 1840 年悠長的數百年間,中國視澳門為一個特殊的「番坊」,是香山縣的一部份,並在澳門城內設有管轄的官署。雖然葡人事務都由他們自己管理,不過重大事情卻要上報中國地方官員;包括兩廣總督在內的上級官員亦不時到澳門巡視,並下達行政指令。最後的一次乃 1839 年兩廣總督林則徐的巡視。

從葡國一方來看,澳門是他們在亞洲最重要的一個商站,這一個面積只有 1.5 平方公里、人口不足四萬的小城,在 16 世紀中至 17 世紀中的百年間,總貿易額卻達天文數字——2.8 億兩,是當時全球白銀產量的 1/3。它也是一個中世紀葡國城市在中國領土上的移植。在澳門的首個百年,葡人逐步建成城牆和城堡(或炮壘)以及以天主教教堂為核心的社

○ **16 世紀上半葉葡萄牙人定居前的澳門**

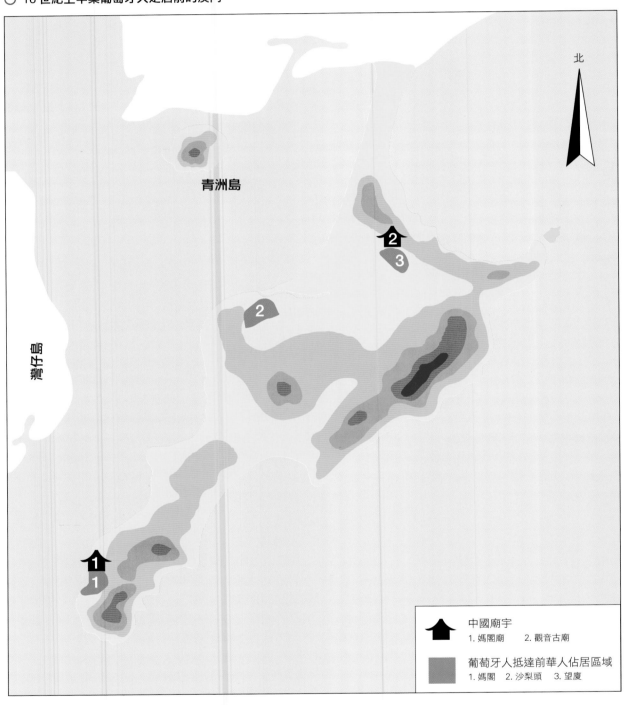

青洲島

灣仔島

北

🏯 **中國廟宇**
1. 媽閣廟　2. 觀音古廟

▰ **葡萄牙人抵達前華人佔居區域**
1. 媽閣　2. 沙梨頭　3. 望廈

區。葡國的武裝商船隊的首領既是商人（以高價投得航權）也是海軍將領。他在澳門停駐時是澳門行政長官。他不在澳時，由在澳的地方主教及本地選出的商人和法官組成的議事會管理。這個管治機構、仁慈堂和重要教堂之間的前地，成為澳門城最重要的集會、公開活動及墟市場地。這種城市模式，與唐、宋的「番坊」明顯不同。不過，澳門城亦融入了

中國沿海的防衛體系中，成為珠三角海防的一部份（亦是因此，中國才容忍葡人建造城牆和炮台）。歷史上多次出現了中、葡在澳門及其周邊共同抗擊海盜及其他外國軍事干預的例子。

○ 16 世紀的中國海運船

○ 16 世紀西班牙及葡萄牙大帆船

○ 大明國圖（1650 年）

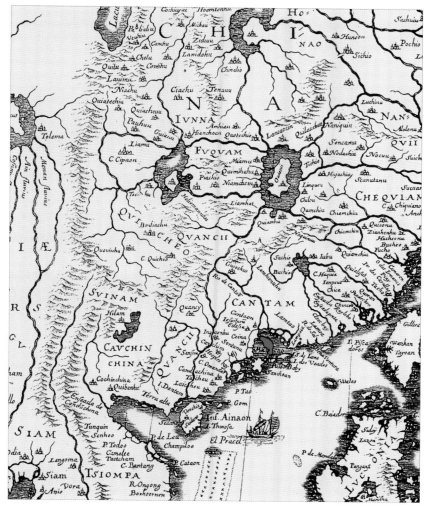

澳門已作為珠江口中央的主島出現。

○ 中國分省圖（1654 年）

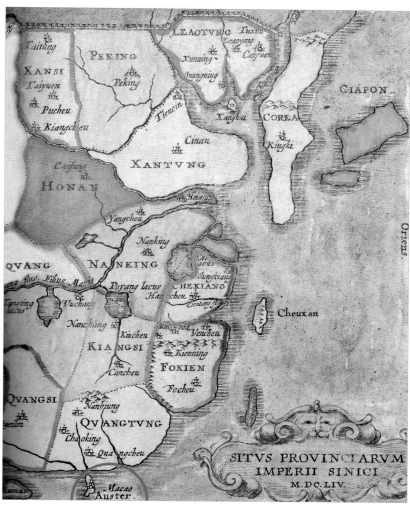

拉丁文。澳門已是中國東南沿海最重要的島嶼，與海南島並列，其上已建城市。

雖然利潤豐厚的中外貿易和中國的資源一直為相繼興起的列強所爭奪的目標，但直至 1840 年，列強仍被拒諸中國門外，只有葡人居住的澳門例外。不過，澳門與列強（包括葡人）在南亞和東南亞的殖民地及其商業利益，是明顯不同的。因為澳門只是個番坊，葡人每年還要交租，並受業主牽制。

這個東西方穩定而長期的接觸點，在明清海禁的大環境下，成為 1550 至 1650 年間全球貿易樞紐和亞洲在 16 至 19 世紀的重要文化橋樑。因此，澳門的發展乃自 16 世紀中葉以來的中國史、中外關係史、中國城市史的重要一章。

○ **1500 至 1940 年亞洲主要港口及主要商品生產地區**

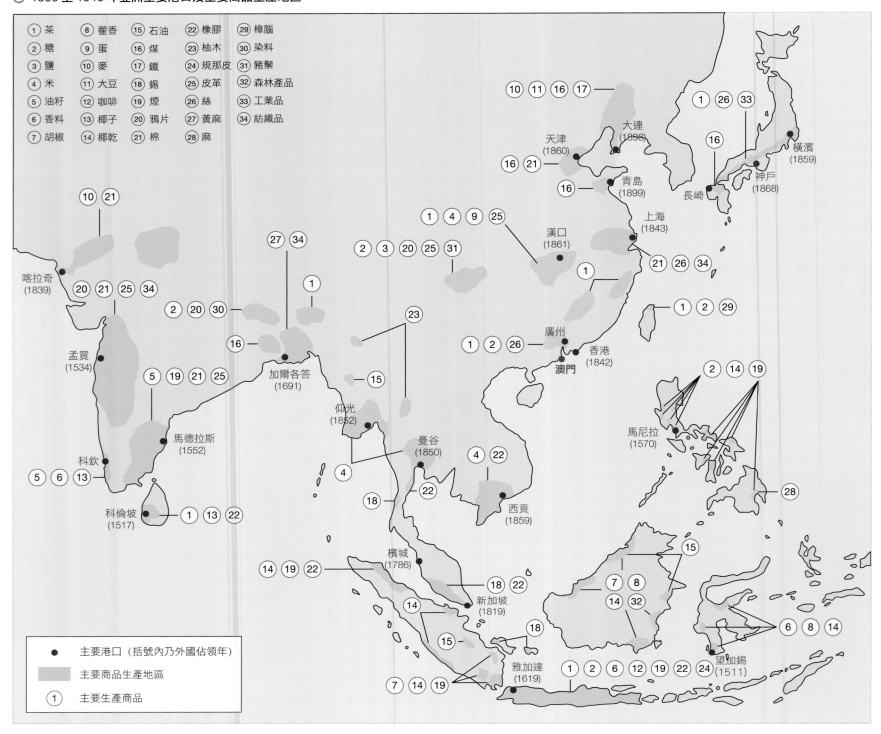

2 黄金百年
(1550—1643)

2.1 葡人定居澳門

1521年廣東水師驅逐葡人離開屯門後，廣東實行海禁。1529年，新任兩廣總督出於經濟考慮請求皇上開禁；1531年，兩廣容許外船在珠江口西十多個澳（避風海灣，主要在浪白澳）進行朝貢貿易。市舶司也由廣州遷至高州府的電白，由海道副使負責巡察與管理。其後市舶司再移駐香山的濠鏡澳。

在中國史籍裡，有關葡人定居澳門的最早時間，有不同記載。一乃1553年「廣東都指揮黃慶（有稱黃瓊）納賄，許夷人寓濠鏡澳，歲輸二萬金」。另一乃1553年「海道副使汪柏徇賄……自是諸澳俱廢，濠鏡為

舶藪矣。」葡人史料與後一說法吻合，因此多以1553年汪柏事件為澳門建埠的始源。

不少資料指出：1555至1560年，仍有葡商在浪白搭棚居住及存棧過冬。該地有400至600葡人，五位神父，一間教堂。兩張1537年的葡人海圖都顯著地標示浪白（Labupa或Labup）。而在一張顯示葡國在亞洲擴張的地圖上，仍找不到澳門，雖然印度及東南亞的主要商站都有明顯的標示。平托認為葡人在1557年幫助廣東平定漳州巨盜「阿媽賊」有功，要求廣東容許他們在澳門定居，該年葡人才在澳門蓋屋居住。之前三年，

○ 16世紀中期葡萄牙在亞洲勢力分佈

亞伯拉罕・奧特柳斯於16世紀中期繪製的地圖顯示海上強國葡萄牙的勢力。果阿、馬六甲及其他葡萄牙所屬勢力清晰可見，而澳門尚未被標示出來。

他們只搭臨時棚進行貿易。同年，中國亦派海道副使下屬提調（又稱守澳官，管澳門行政、司法、外事）、備倭（海上巡調）、巡緝（地區治安）入澳。

岡薩雷斯神父的日記提供了清楚而形象的記錄：「1553 年傳來消息，華人同意和葡人修好，我被派往那裡（澳門）；第一年我和七個基督徒留在當地；翌年我和 75 個基督徒滯留並以叛逆為由被投獄；次年重獲自由，並着手建屋和教堂。12 年內（至 1568 年），澳門形成一巨大村落，有三座教堂，一所濟貧醫院和一所仁慈堂，共有 5,000 基督徒。」

中國官員龐尚鵬在 1564 年向皇上的報告和神父的記敍吻合：「葡人近數年來，始入濠鏡澳築室⋯⋯今殆千區（間）以上。」濠鏡澳又名「澳門」亦始於龐的奏摺。

1576 年的《廣東沿海圖》清楚顯示濠鏡澳有眾多的番人房屋，內港泊了番船，並標示望廈村、十字門、西草澳（西草灣）等重要地名。這是中國第一張有關澳門「番坊」的「詳圖」。這個「番坊」名為「濠鏡澳」，其和香山縣陸路接連處有個大村莊——望廈村。其實在「濠鏡澳」內已有三個中國人村莊，而最古老的中國廟宇媽閣廟在明中葉已出現（1488 年建成）。

○ **17 世紀末澳門**

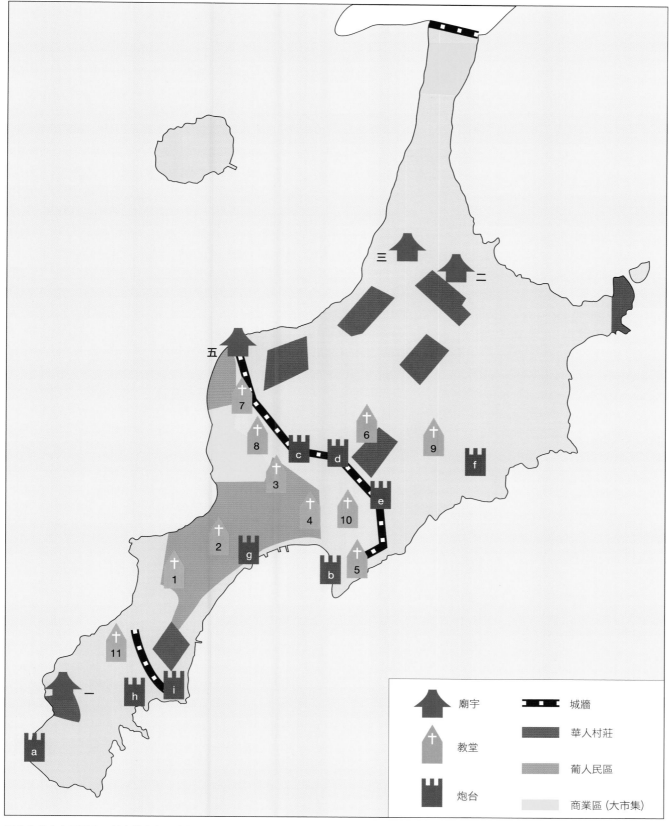

圖中的英文字母及中西數字代表有關建築名稱，見目錄頁後的主要歷史建築標示圖。

○ 媽閣古廟前景（約 1838 年）

○ 廣東沿海圖（1576 年）

2.2 三角貿易

1514 年起，葡人隱瞞「佛郎機」身份，冒充南洋番商，進入廣州及其附近地區營商，納二成關稅。其後葡人紛從上川及浪白移居澳門。在浙江雙嶼時，葡人已建立了稱為「中國與日本巡航艦隊」的由果阿、馬六甲、中國至日本的葡王海上貿易專利制度。這專利由海軍軍官競投，價高者得。巡航艦隊一般由一至兩艘載重 600 至 1,600 噸的武裝大帆船配以較小的戰船組成，負責以高昂運費代運在這條主航線上的商站收集的貨物。起初主要的航線有二：歐洲─果阿─澳門；澳門─長崎。1565 年後加添了澳門─馬尼拉─阿卡普爾科線（葡人只負責澳門─馬尼拉段）。其支線亦

○ 大帆船

○ 明政府發給葡船的「部票」式樣

把水招笨雅孫，為柔遠惠商事據佛郎哪
稱採本處經紀隨棄

國王命下許准哈板往來仍命工築居住本
職為此欽依欽遵外合行給票付哈嘩嘽
收執為照須至票者

萬曆四十五年九月十一日給

○ 澳門與果阿、長崎及馬尼拉的三角貿易

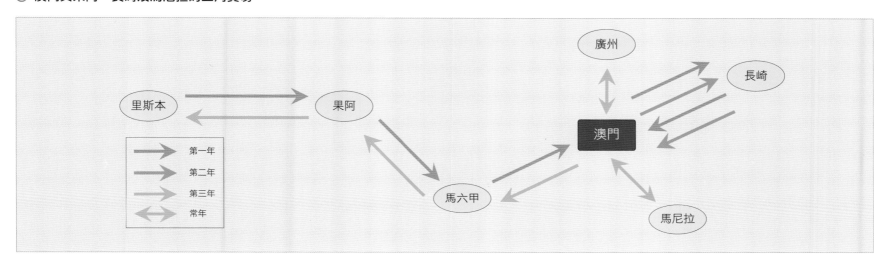

○ 1600 年一般葡船自澳門運往果阿的貨物

貨名	數量（擔）	價格（兩）		利潤率（%）
		廣州	果阿	
白絲	1000	80	200	150
各種細絲	大量	1.8-2 △		
各種綢緞	10000-12000 *	4 - 7		
黃金	3 - 4			80-90
黃銅	500 - 600			100
水銀	100			70-80
硃砂	500			70-80
黃銅手鐲	2000 ^	5.6-7		100
糖	200-300			100-150
麝香	6-7			150
茯苓	2000			100-200
樟腦	200			
各種瓷器	大量			100-200
床、桌、墨硯盒	大量			
手工製被單帳等	大量	300-400 +		

註：分別代表單位，＊：匹；＋：床；△：斤；^：個。

○ 1600 年一般葡船自澳門運往長崎的貨物

貨名	數量（擔）	價格（兩）		利潤率（%）
		廣州	長崎	
白絲	500-600	80	140 - 150	75 - 87
各種顏色絲線	400-500	140	370 - 400	164 - 186
各種綢緞	1700-2000 *	1.1-1.4	2.5 - 3	111 - 127
金	3000-4000 †	5.4	7.8	44.4
麝香	2	8 △	14 - 16	75 - 130
水銀	150 - 200	40	90 - 92	125 - 130
糖	210 - 270	0.6 - 1.5	3.5 - 5.2	100 - 200
茯苓	500 - 600	1 - 1.1	4 - 5	300 - 354
白鉛粉	500	2.7	6.5 - 7	155 - 160
棉線	200 - 300	7	16 - 18	128 - 157
各種顏色棉布	3000 *	0.28	0.5 - 0.54	80 - 93
鉛	200	3	6.4	113
錫	500 - 600	15		100 - 200
大黃	100	2.5	5	100
甘草	150	3	9 - 10	200 - 233

註：分別代表單位，＊：匹；↑：兩；△：斤。

包括了澳門連接東南亞（如馬六甲）和印度半島等商站。1580 年的果阿一澳門一長崎航權的拍賣價為 20,000 克魯扎多（葡銀幣，約等於一西班牙比索或一兩銀），船隊利潤可達 30,000 至 50,000，支線馬六甲一澳門拍賣價為 5,500，利潤可達 10,000。

巡航首領或司令在澳期間是當地兵頭及行政首長。1554 年起，葡人可直入廣州，參與廣州每年一次的交易會。中國的絲綢是維繫三條貿易航線的關鍵商品。澳門能在廣州購得絲綢，使它擁有東西貿易的最大優勢。1575 年起，葡船可直上廣州，而且 1580 年後廣州交易會更改為每年一、六月兩次。

基於下述原因，葡人在廣州交易會享有他國商人所沒有的優勢：

1. 葡船在澳門第一次停泊要納泊稅，但以後再來只納首次泊稅的 1/3；

2. 葡人所付購買稅是他國的 1/3；

3. 葡船在中國海域遇難，由中方免費救援及將船員送返澳門；

4. 葡船的護航軍艦不用付泊稅。

上述優勢及船隻能能直上廣州交易的特殊待遇，直至 1631 年才被取消。此外，中國自明中葉後，施行海禁，中日正常貿易中斷。由於西班牙自

○ **1560 至 1650 年澳門的全球貿易路線圖**

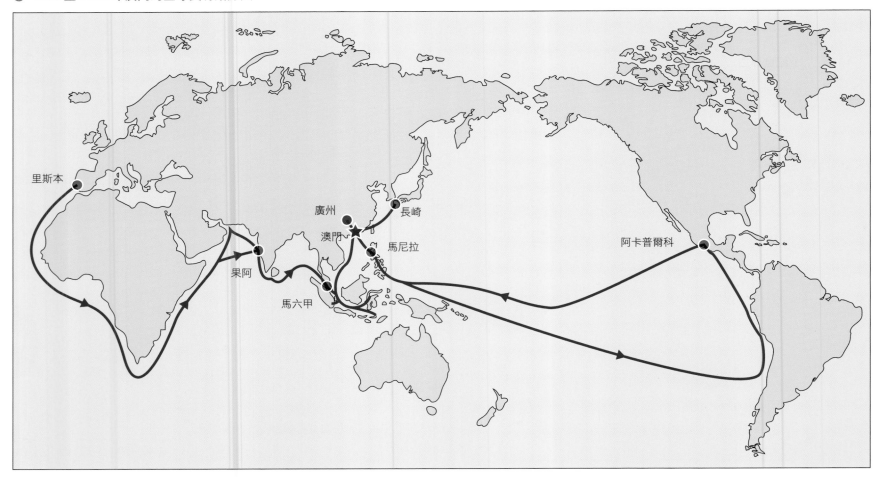

○ **葡人在長崎落貨（16 世紀末）**

○ **17 世紀中國漆器上的葡國大帆船**

1565 年佔領菲律賓後，於 1571 年基於西班牙和葡萄牙成立聯合王國並由西班牙國王統治，及其他地區的政治原因，特許葡人從 1581 年起獨佔印度貿易，更在 1594 年禁止菲律賓和墨西哥與中國直接貿易，將特權授與澳門，至 1631 年止。這些因素，奠定了澳門作為歐、亞、非、美洲之間的海上貿易樞紐、海上「絲綢之路」和大帆船時代的「黃金港口」的地位。

三角貿易是支撐澳門發展的主要動力。雖然缺乏準確的數字，但據估計在 1560 至 1640 年間每年平均各有兩艘大帆船來往澳門—果阿、澳門—馬尼拉，並有三至六艘來往澳門—長崎。在這期間，以價值計，出口（由中國經澳門輸出）的 70% 至 95% 為生絲及絲織品，進口的主要是白銀。絲產品的利潤達五至八倍，其他商品的利潤亦達 70% 至三倍（沒有計入

運費）。粗略估計，1580 至 1634 年間，由馬尼拉輸澳的白銀共 10,750 萬兩，1560 至 1636 年間，由長崎輸入約 1.5 億兩，1560 至 1640 年間由果阿輸入約 1,600 萬兩，合共 2.8 億兩，佔了世界白銀產量相當部份（約 1/3）。

1631 年，中國禁葡船入廣州，中國商人只能經陸路和葡國商人交易。1630 年代末，三角貿易開始走下坡。因為在 1636 年，西班牙禁止澳門—馬尼拉貿易；1639 年，日本德川幕府驅逐葡人出境，只和中國人及荷蘭人貿易；1646 年荷人佔領馬六甲，葡人往果阿及歐洲航運中斷。1640 至 1650 年大抵是百年黃金期的尾聲。

○ 16 至 17 世紀世界白銀的生產、出口和進口（單位：千噸）

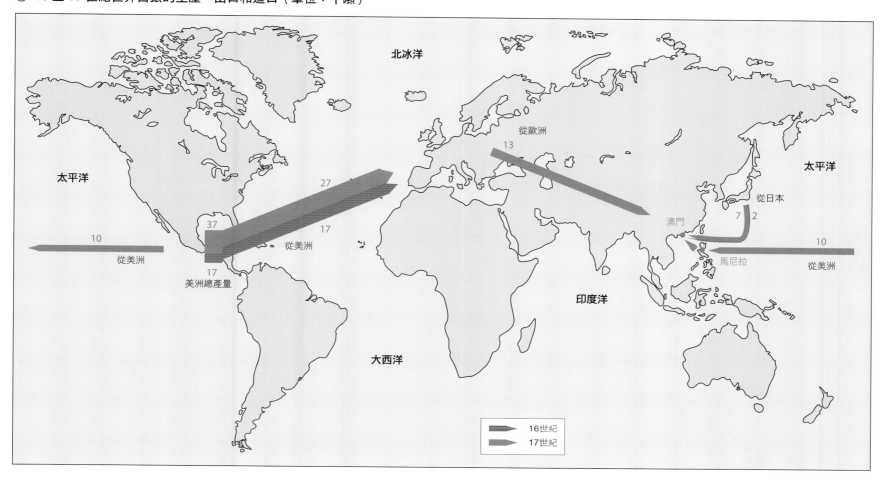

○ 16 世紀末西方畫師筆下在澳葡人、非洲奴僕及馬六甲婦女畫像

2.3 澳門城：葡式中國「番坊」

2.3.1「巨大村落」

當葡人在 1553 年開始在澳門貿易時，他們只搭蓋臨時棚屋，待貿易季節完結後，便隨船離去，或轉往上川及浪白。當時澳門半島上已有望廈、沙梨頭和媽閣三個中國人的村落。早期葡人貿易的地點乃內港鄰近大碼頭，即沙梨頭村之南。1557 年巡航首領自日回澳後，得悉中國官員允葡人蓋屋居住。葡人真正定居澳門，應自此年始。該年明政府在海道副使下設提調、備倭、巡緝三職，並進駐澳門。中方官署就在沙梨頭以南，靠近商人貨棧和交易場地，該地在 1553 年已先建了一間稅館。

由於居澳葡人主要由鄰近的非法居留地上川及浪白遷移過來，因此數年間房屋與人口的增長很快（如龐尚鵬 1564 年的記錄）。這數年間（1558 至 1560 年）葡人亦籌建望德、老楞佐和安東尼堂。這三堂，加上聖保祿初期的簡單木結構建築，都在 1568 年前建成。1563 年，澳門約有葡人 900、奴僕 1,000、華人 4,000，總人口約 6,000。

第一批耶穌會士亦於 1563 年抵達。然而這時期的澳門仍不是一個穩定而具有葡萄牙特色的城市，它結構鬆散，而且中國政府仍未承認葡人的居留權。每當巡航首領在澳時，葡人居住地便由他管理；他不在時，由一個地方選出的議會（包括一位法官、三個商人）代理。但這個組織亦未經葡王或葡印總督批准。同年，海盜曾攻擊廣州、香山（珠海及中山）及澳門。在澳門，葡華合力，以 16 天時間建成長 460 米有四個方型碉堡的土圍牆，成為澳門建城的先聲。

意人弗蘭西斯科在 1598 年說：「澳門是座小城，既無城牆，又無城堡。」當時並沒有清晰的人口統計。1600 年，約有 600 葡人家庭，每家庭有奴僕六人，加上 4,000 中國人，總人口接近 10,000。1590 年代荷人的《澳門城》是西方最早的澳門城三維歷史記錄。1622 年的《澳門市平面圖》亦顯示當時澳門城的簡單居住區、土地利用狀況及防衛城堡位置。

○ 16 世紀末的澳門（1582 年）

○ 澳門平面圖（1615 年）

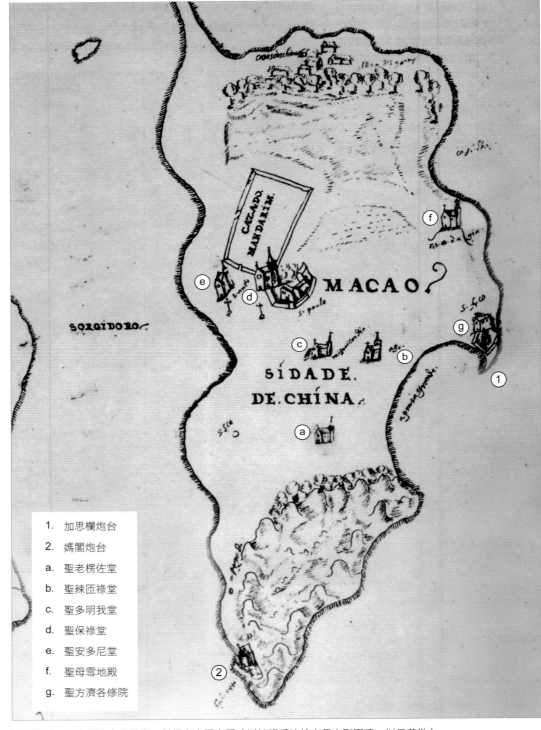

1. 加思欄炮台
2. 媽閣炮台
a. 聖老楞佐堂
b. 聖辣匝祿堂
c. 聖多明我堂
d. 聖保祿堂
e. 聖安多尼堂
f. 聖母雪地殿
g. 聖方濟各修院

埃亞達繪。圖中標有七座教堂，並標有中國官署（以誇張手法繪出長方形圍牆，以示尊敬）。

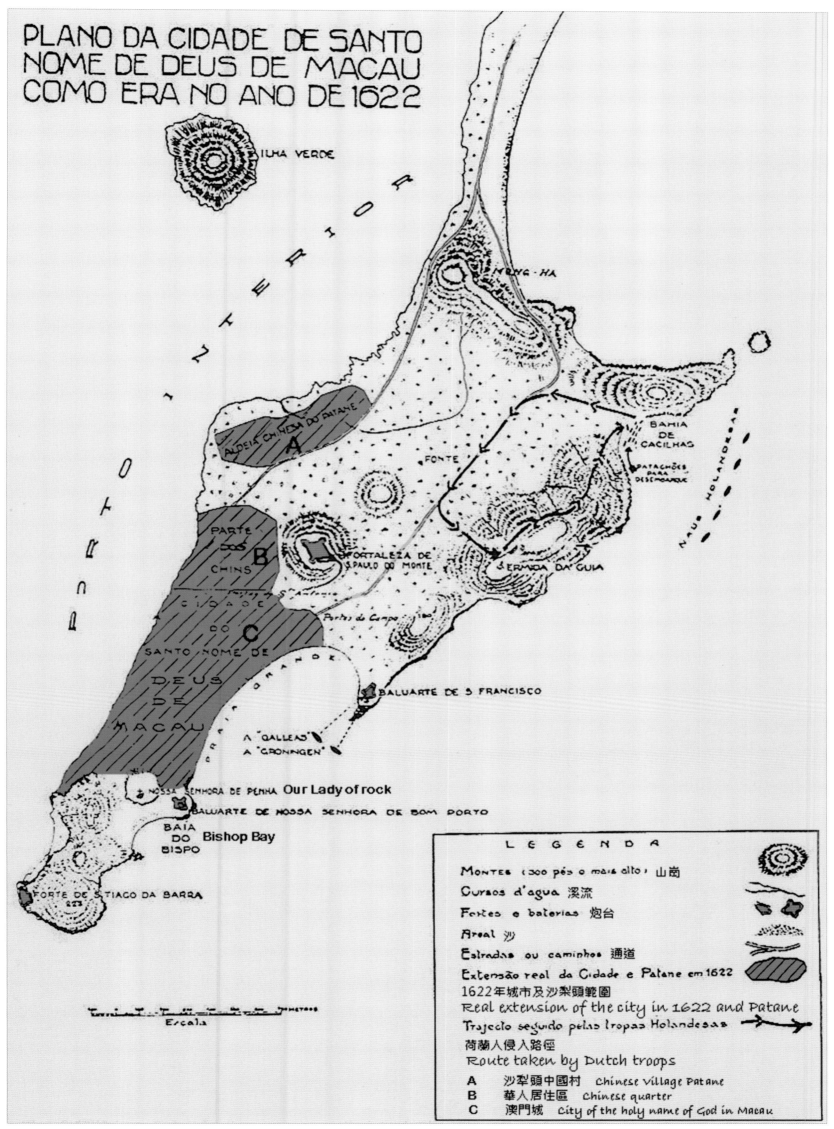

PLANO DA CIDADE DE SANTO
NOME DE DEUS DE MACAU
COMO ERA NO ANO DE 1622

ILHA VERDE

MONG-HA

PÔRTO INTERIOR

PÔRTO EXTERIOR

ALDEIA CHINESA DO PATANE
A

FONTE

BAHIA
DE
CACILHAS

PATACHÕES
PARA
DESEMBARQUE

PARTE
DOS
B
CHINS

CIDADE
DO
C
SANTO NOME DE
DEUS
DE
MACAU

FORTALEZA DE
S. PAULO DO MONTE

ERMIDA DA GUIA

NAUS HOLANDESAS

Portas do Campo

BALUARTE DE S. FRANCISCO

A "GALLEAS"
A "GRONINGEN"

PRAIA GRANDE

NOSSA SENHORA DE PENHA Our Lady of rock

BALUARTE DE NOSSA SENHORA DE BOM PORTO

BAIA
DO Bishop Bay
BISPO

FORTE DE S. TIAGO DA BARRA

LEGENDA

Montes (300 pés o mais alto) 山崗
Cursos d'agua 溪流
Fortes e baterias 炮台
Areal 沙
Estradas ou caminhos 通道
Extensão real da Cidade e Patane em 1622
1622年城市及沙犁頭範圍
Real extension of the city in 1622 and Patane
Trajecto seguido pelas tropas Holandesas
荷蘭人侵入路徑
Route taken by Dutch troops
A   沙犁頭中國村   Chinese village Patane
B   華人居住區   Chinese quarter
C   澳門城   City of the holy name of God in Macau

Escala

此圖顯示了「澳門城」及原來中國村落的位置、四個主要炮台，及1622年荷蘭艦隊登陸及進攻路線。

○ 澳門城（1590 年代）

A. 營地大街
B. 大碼頭
S. 議事亭
a. 聖老楞佐
b. 聖奧斯定
c. 聖多明我
d. 聖保祿教堂及修院
e. 聖安多尼
f. 望德堂
g. 主教堂（大堂）

荷人特奧多雷‧布利繪。此圖立體、形像地顯示這個巨大村落的主要木造建築。它們多為一層高，共有六座教堂，不見城牆及堡壘，只有低矮的土牆；關閘未出現，它在 1593 年時可能是土牆，1612 年才建成城牆。營地大街及議事會前地的恥辱柱清楚可見。原圖有人物及船隻。人物包括葡人、黑人奴隸、來自馬六甲的婦女、華人勞工及小販（見 027 頁下圖）。

2.3.2 地租銀與「天主聖名之城」

　　1573 年，為掩飾受賄，海道副使將葡人向他支付的五百兩賄金納入國庫，並給予收據，成為香山縣收入，也成為澳門的「地租銀」，使葡人居澳有了合法依據。同年，明政府在蓮花莖建關閘，派官兵防守，每月定期開放數次以為集市，供應在澳葡人生活用品。1577 年，昭武將軍王倬移鎮澳門，在居地設營地，朝夕講武，體現了明朝在有管理的情況下，開始接受葡人長期居留。這是澳門成為中國認可的「番坊」的第一步。

　　1583 年，兩廣總督公開承認澳門是香山縣的特殊僑民社區。他在澳門設保甲管理華人，並在四大街各樹高柵，榜以「畏威懷德」四字。1584 年，皇帝授澳門葡人首席官員「督理濠鏡澳事務西洋理事官」的二級官員職，又稱「夷目」，以管理租居澳門葡人事務。他又規定「文武官員下澳，率坐議事亭，夷目列座」這個中國官員巡視澳門及夷目報告要事的規矩。這些措施確立了澳門在中國主權下的自治「番坊」的地位。

○ **葡式商站的遺痕：大炮台正門上的葡萄牙國旗與聖保祿像（1627 年建成）**

○ **澳門（1626 年）**

約翰・斯皮德繪。當時僅有一條由木柵圍起的中心街道通往各區。

○ **康熙年間京杭大運河圖中兩個小城鎮**

當時中國內地的中小城鎮的外貌、土地利用結構，及主要建築的風格等，與澳門城迥異。

從中國取得確定地位後，澳門在主教主持下於 1583 年選舉產生了議事會（成員為三位市議員、二位市法官，一位理事官）。議事會每三年選舉一次，遇重大事情則由主教、地方行政長官、王室大法官共同主持會議（第一位主教 1569 年到任，王室大法官 1580 年到任），並由議事會理事官出任「夷目」。1584 年，葡屬印度總督擴大澳門議事會權力，軍事權仍屬巡航司令。從 1570 年起，在澳葡商將他們以往在廣州零散購貨的對華貿易活動規範化，成立一個統一的商業機構，集資購入中國貨品（以生絲為主），並與巡航首領簽定合約以運銷長崎。自 1578 年起，他們更將其中約 5% 生絲作為耶穌會收益，以發展在中國的傳教事業。1611 年，明政府更允許澳葡另設海關，對葡船另外抽稅（不超過 5%），作為議事會自治經費；往日本運貨再加抽 3% 至 4%（後增加至 8%）作為葡王收入。三角貿易的收益，不單對葡王室有貢獻，也使小小的澳門富裕起來，支撐了城市建設和宗教文化事業。

1585 年，葡萄牙國王正式授予澳門城市地位；1586 年，又授予「天主聖名之城」稱號和以十字架為主體的市徽，享有等同於柯欽的城市權力和義務。1593 年，澳門升格至與葡國城市埃武拉同等的地位。為了澳門長期穩定以及應付荷蘭人的威脅，葡萄牙國王在 1607 年批准對進入澳門的貨品收 5% 的稅金，用於建築城牆和駐軍費用，並於 1615 年首次委任總督。第一位總督在 1623 年到任，他從果阿帶來 300 名正規軍人，成為新的兵頭。

○ 仁慈堂（1830 年）

○ 仁慈堂今貌

○ 議事亭圖（《澳門記略》光緒六年版影印本上卷圖九、圖十）

○ 議事亭今貌

議事會建築其後改為市政廳，之後成為民政總署，今天已成為圖書館、會議及展覽中心。

◯ 珠江口圖（1646 年）

A. 廣州城
B. 河南島
C. 蛇口半島及大嶼山
D. 白島（鄭和時的小星尖島）
E. 灣仔（對面山、拱北島）
F. 澳門（關閘以南，關閘上方有中國官署）

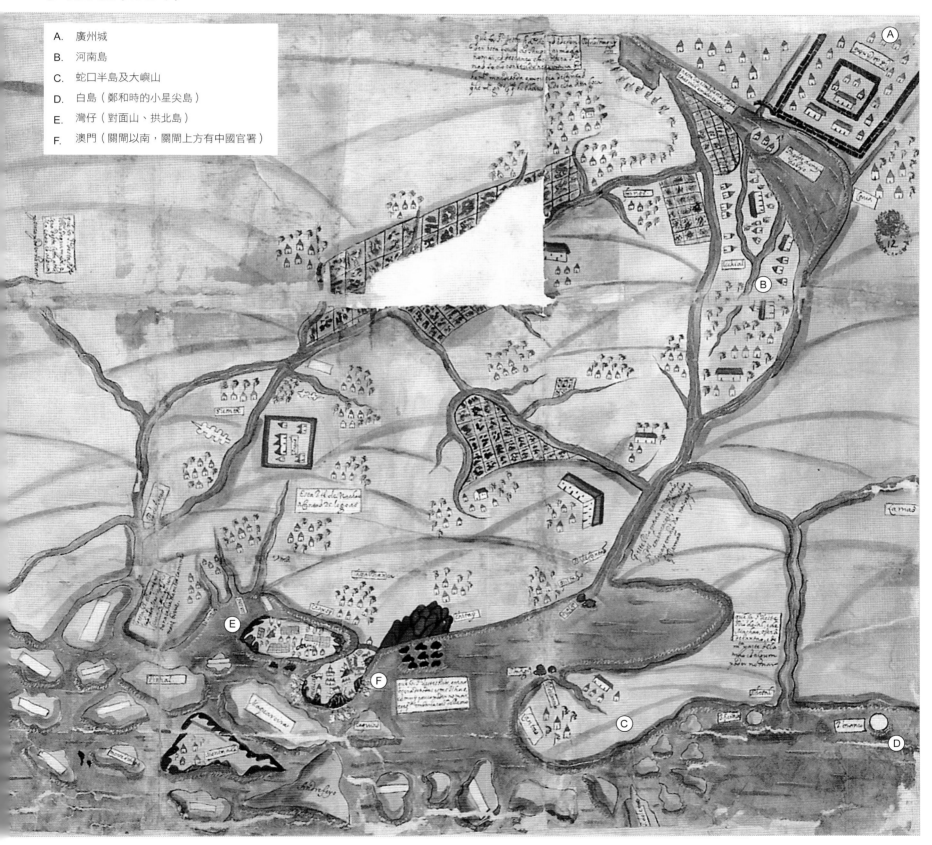

雅氏域度繪。此圖顯示當時珠三角的城市體系：最大城市是廣州，其郊區河南島已建有很多屋宇。珠江口的蛇口半島也有很多建築。澳門已有數間教堂、多個在山崗上的炮台，儼然是廣州之外的第二大及第二重要聚落。不過，其西北邊上的前山亦被繪成重要聚落，以平衡澳門。事實上，前山是在行政及軍事上管治澳門的前哨，城市及商貿活動並不發達。

○ 17世紀初的遺痕：通往大炮台的斜路（1626年建成）

○ 澳門要塞圖（1622年）

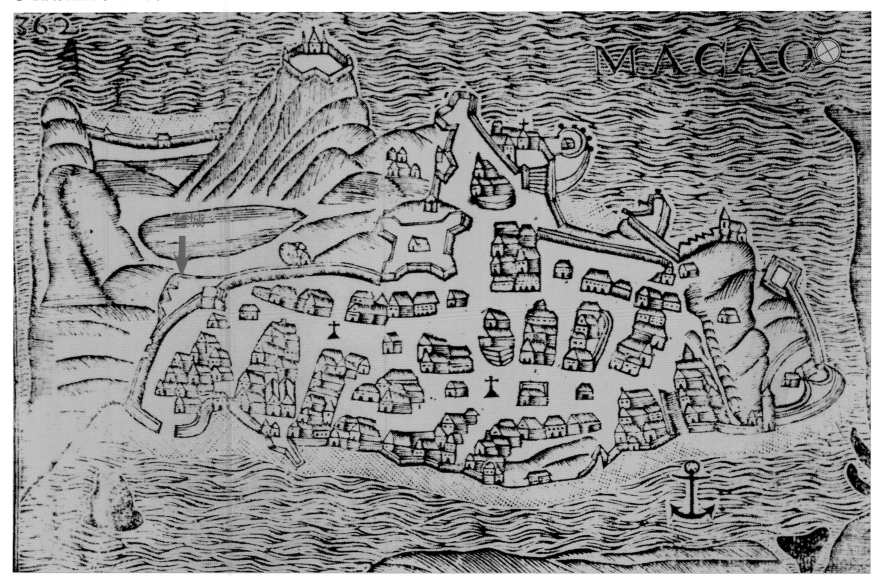

弗蘭斯科繪。此圖顯示了當時計劃興建的防禦工事。圖中只有加思欄及聖伯多祿小炮台架設大炮，説明二者已經建成，其中的「台城」建於1624年，兩年後它在中國官員監督下被拆毀。澳門並被罰歲交「丁銀」及外加税共3.2萬両。

1573 至 1640 年間影響澳門城市發展的一些重大事件，包括：

一、1576 年教皇在澳設立遠東主教管區，區域人口達五億。澳門因而成為遠東傳教基地及西方在中國和亞洲的文化傳播中心。

二、1594 至 1596 年聖保祿書院落成。

三、1617 至 1627 年建成了兩公里長的城牆及九個炮台，城市面積達 1.01 平方公里。

四、主要教堂自 1601 年開始重建成磚石建築。

五、眾多華商入住「德」、「懷」二街（即現今的關前、草堆、營地三街，或合稱「澳門街」），使該地成為華人商業區。

六、明政府加強對澳管治：1608 年起以明律管束夷目；1608 年制定《制澳十策》；1611 年制定專用於澳門的《海道禁約》，施以人口（特別是日本人）、買賣人口、兵船餉、私貨、建屋等管制，並以碑石記下置議事會前。

澳門在 16 世紀末的繁榮導致半島大興土木，並引起新興西方強國，特別是荷蘭和英國的垂涎。它們自 1600 年起屢屢截擊澳船，並在 1600 至 1622 年多次進攻澳門。1622 年荷英更以 16 艘軍艦包圍澳門。為應付荷英入侵，1605 年起澳門便私自修建防禦工事。1615 年葡王囑澳門建台城及炮台。其後明政府出於實際需要，默許葡人建築城牆及其他炮台，這些設施在 1629 年前陸續建成，並被納入海防系統之內。因此城牆未分隔中、澳的治權，中方治澳官署亦設在城內，官員也可任意從水路、陸路入城。同時，北牆也未將望德堂及東望洋炮台包圍在牆內。這可能是出於地勢及建築成本的考慮。後來，有葡人認為關閘以南的這些地區亦是租借地的一部份。1630 年澳門開始劃分為三個堂區，成為澳門已發展為成熟的葡式城市的標誌。

○ **澳門平面圖**（1634 年）

A. 營地大街
J. 西望洋/主教山小教堂
M. 議事亭
a. 聖老楞佐堂
b. 聖奧斯定堂
c. 聖多明我堂
d. 聖保祿教堂及修院
e. 聖安多尼堂
f. 聖辣匝祿堂
g. 主教座堂
h. 聖方濟各修院
i. 聖母雪地殿
s. 好耶穌小教堂
1. 聖方濟各炮台
2. 媽閣炮台
3. 燒灰爐炮台
4. 大炮台
5. 東望洋炮台
6. 聖耶羅尼炮台
7. 銀坑炮台
8. 台城
9. 聖約翰堡壘

MACAO

巴雷托神父繪。此圖顯示了澳門城在 1630 年左右的情況：主要炮台及城牆已建成，從外觀而言，已是一個典型的葡屬亞洲商業要塞；城牆與關閘及之間的東望洋炮台、望廈村及望德堂都很清晰；1602 至 1630 年重建的大三巴堂與大炮台成為城市地標。但大三巴牌坊在 1639 年才建成，因而仍未出現。圖中有數百間葡人房屋，多為兩層，小部分為三層，間中有以圍牆圍起的富商大宅，體現城市的繁榮與富裕。不過內港及南灣的城牆，可能是照抄 1622 年的規劃圖，不一定存在。沙梨頭台城亦已在 1626 年拆掉，但圖中仍有保留。圖內教堂的前地多有恥辱柱。

○ 澳門城平面圖（1665 年）

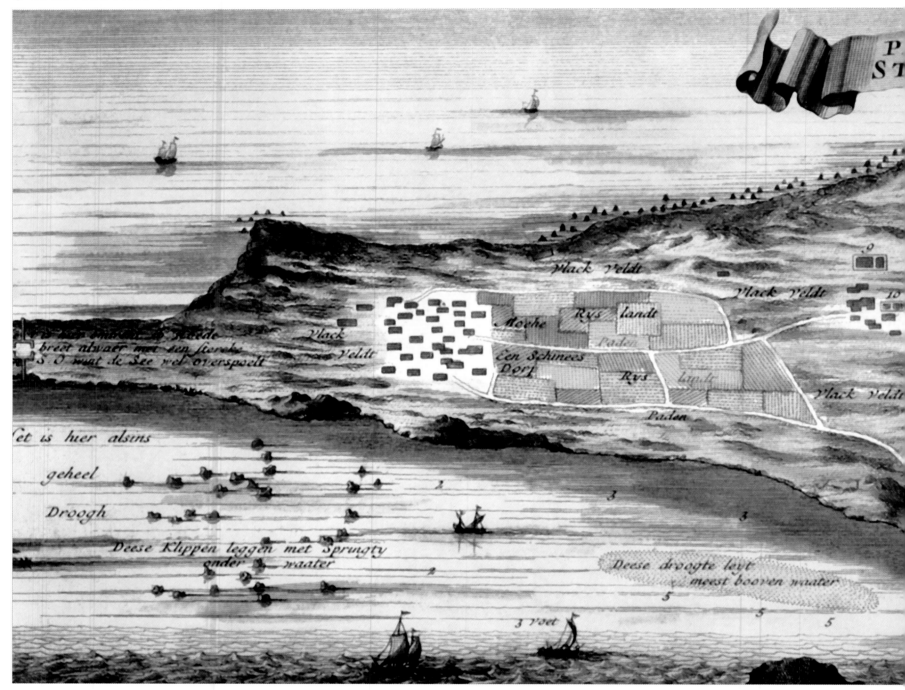

此圖提供了更準確的資料及主要建築的位置。圖中內港並沒有城牆，但南灣卻有牆。關閘至北牆間的農業土地利用亦清晰地標示。

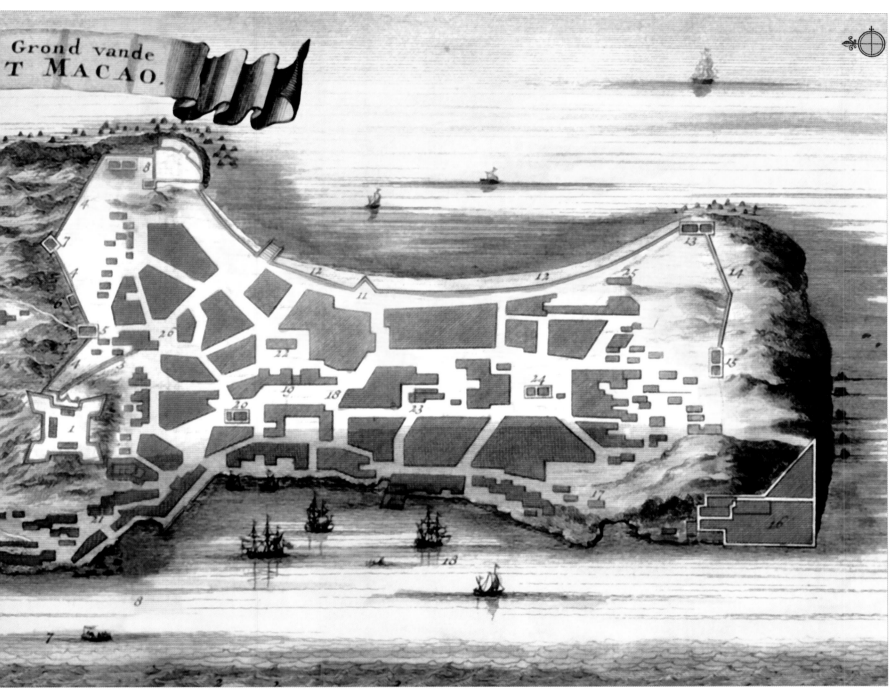

Grond vande T MACAO.

1. 聖保祿炮台／大炮台	10. 聖辣匝祿堂	19. 仁慈堂大樓
2. 聖保祿修院	11. 小炮台	20. 聖多明我修院
3. 炮台前的台階	12. 小石牆	21. 聖安多尼堂
4. 城牆	13. 燒灰爐炮台	22. 官署
5. 城門	14. 石牆	23. 聖奧斯定堂
6. 聖約翰炮台	15. 西望洋堡壘	24. 聖老楞佐堂
7. 聖耶羅尼炮台	16. 媽閣炮台	25. 荷蘭人命名房屋
8. 聖方濟各炮台	17. 中國寶塔	26. 旅店
9. 東望洋炮台	18. 議事亭	

註：水中數字是水深（呎）。

英人芒狄在 1637 年，隨英商船泊在內港六個月，以尋找至廣州貿易的機會。他的記載說明南灣的海灘是有牆的。同時，「澳門有很多山崗，無樹，多草，地不平，但有很多泉水和石塊」，也有不少附有花園和樹木的漂亮房子，近似果阿。他形容葡人有敵意，一直沒有和他們接觸，而中國官員卻多次登船查探，並為他們安排補給及往廣州的行程。六個月來，中國在澳的帆船 24 小時地對他們進行監視。芒狄其後（約 1668 年）出版了他在 1637 年繪的《澳門城圖》，其中仍未見聖保祿堂的牌坊。該圖反映他從船上由內港望向澳門。由於他從未登陸，因此他只看到教堂的尖塔，及在山崗上的建築。其詳細見下圖，圖中數字標示主要建築。

○ **澳門城圖（1637 年）**

芒狄繪。圖中的數字代表有關的建築名稱見36至37頁「澳門城平面圖」。

17 世紀上半葉，仍未有澳門人口的準確數字，但葡、華人口一直在增加。期間葡人口約在 2,000 至 6,000 之間升降，華人在 7,500 至 40,000 之間變動。由於明清之際的戰爭，自 1630 年代中起大量華人，特別是後來的明遺臣及其家屬湧入，使華人在 1645 年增至近 40,000，全澳總人口達四萬餘的高峰。單在該年底，便有 3,000 華人乘坐七艘葡船移民果阿，以逃避清軍。同年，明遺臣大汕和尚將望廈觀音廟擴建為普濟禪寺，作為反清志士聚集之地。

○ **澳門遠眺**（1655 年）

荷人尼霍夫繪。此圖取景方法與芒狄相若，不過後者是從南灣對開的海面向澳門城眺望。兩圖將教堂及主要建築物的垂直面誇大，是當時歐洲繪製城市圖的特色。

2.4 另類的中世紀晚期城市

　　歐洲在 13 至 15 世紀進入了中世紀晚期。在經歷黑死病之後，一部份水陸交通位置優良的歐洲城市開始通過對外貿易，逐步恢復經濟發展，其中一些更尋求發現新航線，以分取利潤豐厚的東方貿易。當時的教廷亦在地理大發現之後，銳意向東方及新大陸推廣天主教，剛在 1534 年成立的耶穌會遂成為教皇達致此目的的先鋒。這些動力在 15 至 16 世紀營造了一種新的西歐城市，以商業利益為主導，並由商人攏絡王室及教會作為新的政治構成的標誌。不少城市被王室授予自治憲章，由商人組成的議會管理。王室及教會亦通過不同的方式分享商貿所帶來的利益。因此城市歷史學家蒙福認為：中世紀後期的西歐城市，在功能和管理上是商業、王權（軍隊）及教會三位一體的。教會因為控制教育與知識，以及影響大部份

市民的意識，而成為社會穩定和諧的重要力量。王室及軍隊彰顯城市要塞的地位及對貿易路線及商品生產地的保護；而商人乃推進商貿城市發展的關鍵。這類城市的空間結構自然地反映出這個新社會的「三頭馬車」的相互作用。

　　這些城市一般有建築於 12 至 13 世紀的堅固城牆、塔樓及城門，道路按規劃建成方格網，城中心為兼有市集功能的廣場，亦有公共（主要是商業及宗教）和官方建築，包括王宮、主教府及市議會（有時加上商會及行會的建築）。教會作為中世紀中葉城市最具影響力的政治團體，其主教座堂因此能一直位於市中心，它的塔樓聳立城市上空；城市的社區，亦圍繞分區教堂而形成堂區，如不來梅、安科納及里斯本。

○ 主教堂

又稱主教座堂、大堂、大廟、聖伯多祿堂，始建於 1576 年，早期為木結構，曾於 1623、1737 及 1849 年重建。其前地的恥辱柱立於 17 世紀初，是南歐城市的一個代表符號，也是澳門今天遺存的兩個恥辱柱之一。

○ 聖安多尼教堂

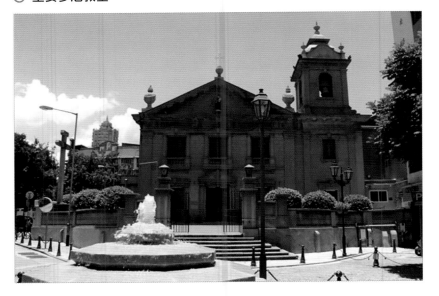

又稱花王堂，始建於 1558 年，位置離葡人在沙梨頭南岸邊交易的地方不遠，是澳門最早的教堂，初期亦為木結構。1609 年毀於火，1638 年用石材重建，1874 年再被火毀而重建。圖中教堂是 1930 年重建後的教堂，其前地有噴水池，恥辱柱立於 1638 年，現已搬入教堂範圍內。

○ 歐洲中世紀城市的代表性佈局：德國港口城市不來梅

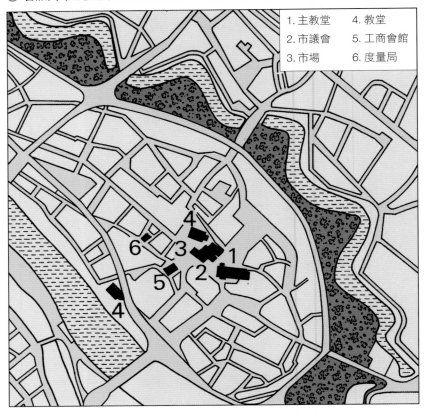

1. 主教堂　　4. 教堂
2. 市議會　　5. 工商會館
3. 市場　　　6. 度量局

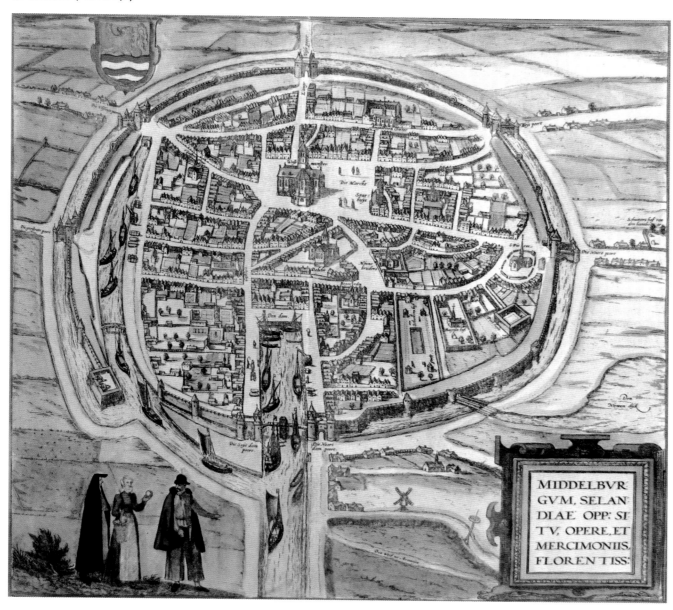

米度堡屬荷蘭，由於擁有對香料、絲綢和法國酒的進口專利而於 1217 年被授城市憲章，16 世紀時，它是個人口約三萬的貿易港口城市。市中心是開放式的市集，其右沿是市議會，左沿是主教堂。米度堡有中世紀的城牆、護城河及城堡防衛。

○ 甘卑（1596 年）

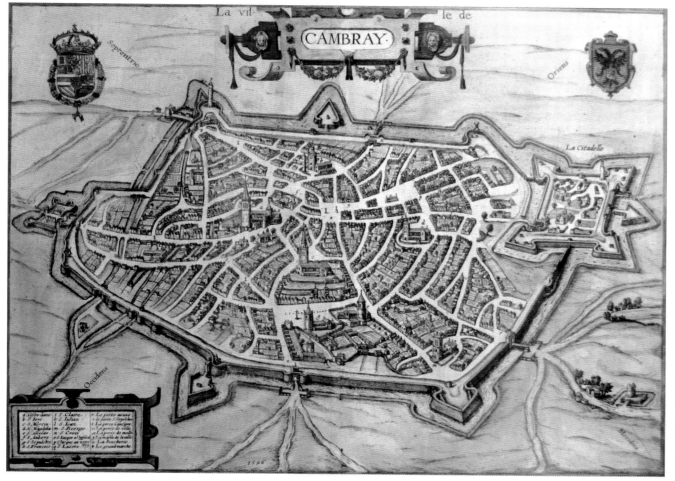

甘卑是法國塞納河和萊茵河間的一個重要城市，有堅固的城牆、護城河及城堡防衛。它是個主教城市，城區圍繞主教堂及地區教堂分成不同堂區。主教堂、市議會及市集位於市中心。城市宗教特點明顯，在教堂前地及交叉路口都建有恥辱柱。

隨着新航線的開發和國際貿易的暢通，西歐在 16 至 17 世紀出現了文藝復興期間的新型海港城市。亞、非、拉美等洲的殖民地城市亦加入了它們的行列，成為亞類，即保持強化了的海港和堡壘防衛設施，以及種族隔離的社區規劃。16 世紀的葡屬果阿、柯欽、加里吉、馬六甲，以及荷蘭人在 17 世紀初在台灣建造的熱蘭遮（安平城）便是好例子。

○ 葡屬印度果阿（1600 年）

葡人在 1510 年佔領果阿，並建成它在亞洲的第二個殖民地城市。果阿的基本結構體現了葡屬海外殖民地城市的特色：城牆上有高聳的塔樓，有壕溝環繞；主街從市中心向城門輻射；市中心有主教座堂及廣大前地；社區以地區教堂為中心；城市沿岸而建，以便利海上貿易與防禦；不少教堂和堡壘都建在高地上。

○ 荷屬台灣熱蘭遮城（1634 年）

馬六甲是鄭和船隊訪問的另一個重要商埠，其王室一直與中國保持藩屬及朝貢關係。1500至1511年，它已是東南亞的主要商埠，聚八方商旅，居民19萬。葡人在1511年佔領了馬六甲，將王宮、王陵及清真寺拆毀，以其磚石建築炮台及城牆。1635年的葡屬馬六甲圖顯示出城市狹小，舊王室所在地成為核心區，即聖保祿山，有聖母堂、仁慈堂，及公共建築如議事會、主教府、海關、醫院、耶穌會學院等。1635年城中有葡人300人、奴隸2,000人、教堂五間、小堂兩間。在城外，另建了兩個土著區。它們

的六間教堂成為社區中心，前地多置恥辱柱。城外共有教徒7,400人。此外還有龐大的貨棧區。

16世紀中葉建成的澳門城，在佈局上和馬六甲較接近，但和同時期的晚明及清初的中國中小城市並不相似。當時中國有五萬至十萬人口的縣城多以行政為主要功能，教化、社會救濟及防禦為次要功能。它們一般有低矮的城牆。城中心是官署，在規定的位置上有縣學、文廟和武廟。

○ **葡屬柯欽**（1635年）

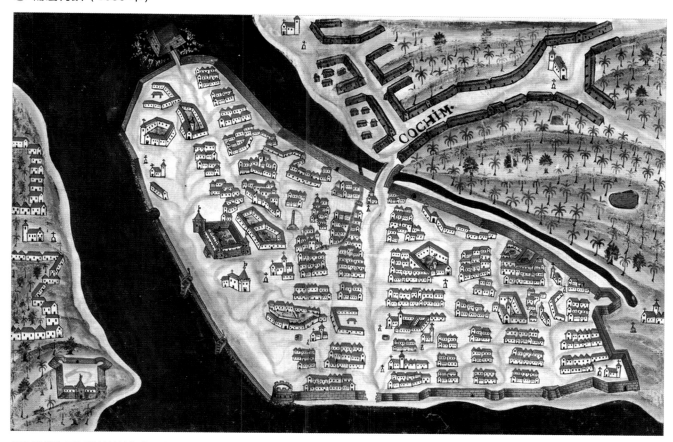

柯欽即鄭和下西洋抵達的柯枝，在鄭和抵達前數百年已是印度香料貿易中心。最早提到它的文獻是1451年鄭和的翻譯馬歡的著作。柯欽在1500年被葡人佔領，是西方在印度的首個殖民地。它曾是葡印首府，直至1503年被果阿取代。1683年，柯欽落入荷蘭人手中。柯欽同樣地有以主教座堂為中心的高度設防的城市核心。城區以分區教堂劃分，教堂前部有前地，並樹立恥辱柱。

○ **葡屬馬六甲**（1635年）

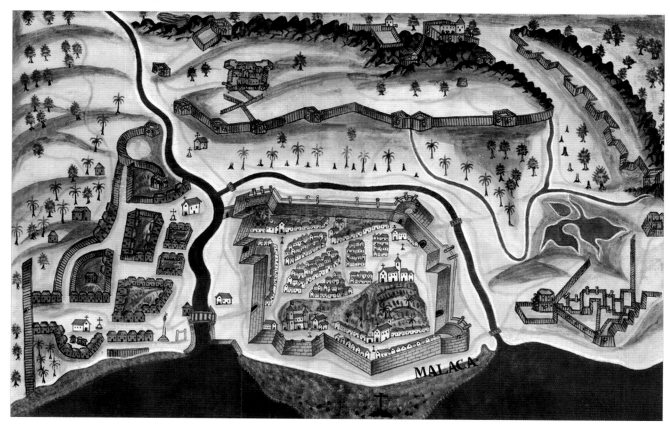

○ 一個中國小城（1655年）

○ 一個中國中型城市（1655年）

上兩圖乃 1655 年荷蘭駐中國使團畫師對中國沿海所見的描繪。

○ **明清時期中國中小城市佈局：明末南通**

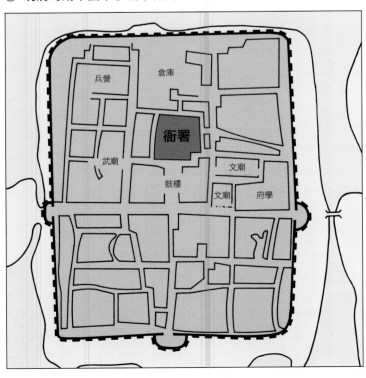

2.5 中西文化交流的樞紐

　　葡萄牙在 16 至 17 世紀的海外擴張，除經濟目的之外，還有重要的宗教和文化意圖。1540 年葡王上書教廷，請求派教士往東方傳教。1541 年教皇派了耶穌會士聖方濟各·沙勿略開闢遠東教務。耶穌會在 1534 年成立，以抗衡「新教」。耶穌會士有嚴格的要求和訓練，他們重視教育與新的人文主義，對西方文藝復興起了重大作用。16 至 18 世紀的巴羅克文藝風格亦在教廷的支持下，以教堂建築及內部裝飾而風行。沙氏於 1551 年死於上川島。1556 年公澤勒往澳建立天主教在中國的第一個立足點。1563 年，在澳耶穌會士已達八人，他們兩年後在花王堂側建起耶穌會會院。第一位澳門主教在 1569 年抵達。1572 年耶穌會在大炮台旁建了聖保祿堂及修院。1575 年澳門教區成立，轄中、日、韓及南洋，成為天主教在遠東傳播的策劃和培訓中心。1578 年教廷巡閱使帶領 41 名耶穌會士到澳，指示他們到中國傳教的最重要條件乃「會讀、會寫、會講中國話」和「熟悉中國的禮儀和民情」。修院於 1594 年升格為大學（聖保祿學院），成為培養遠東教士之地及中西文化交流的樞紐。該年修院學生約 200 人，在澳耶穌會士有 59 人。

　　自利瑪竇和巴范洛進入中國內地（1583 年）至 1650 年，入華耶穌會士共 472 人，其中約 200 人曾在澳門修道院學習。內地的天主教徒，亦由 1585 年的 20 人（澳門在 1565 年有 5,000 人）增加至 1644 年的 15 萬人。1615 年中國政府准以中文及合乎中國傳統的方式進行彌撒和誦課，准華人出任神父，可以翻譯《聖經》等。1635 年天主教已在內地 12 個省建有共 159 所教堂和 42 所教士院。眾多皇親國戚，包括皇太后、皇后、皇子及高官士人入教（皇族 40、親王 140、誥命夫人 80、一品官員 14、

○ **廣東上川島及沙勿略墓地圖**

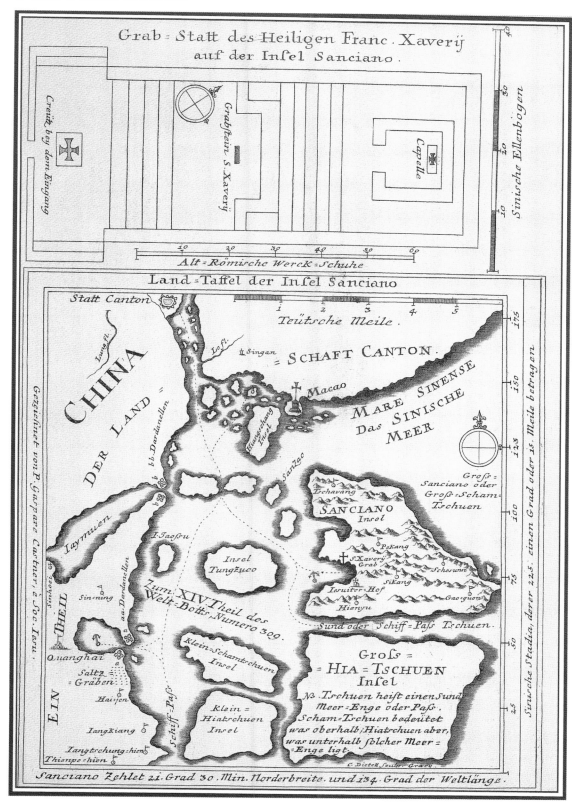

○ **利瑪竇與徐光啟（中國入教官員）**

耶穌會神父龐嘉賓約繪於 1700 年，1929 年出版，德文。圖上部為聖方濟各·沙勿略（1506 至 1552 年）墓平面圖，在上川島中亦標示墓的位置。圖東北邊沿大城為廣州城，澳門被放在珠江口右邊，上川島、下川島比其他地方大，比例失調。

進士 10、舉人 11、生員 300 多）。

此外，日本信眾亦由 1583 年的 15 萬人，增至 1605 年的 70 萬人，引起德川幕府的戒心，導致它在 1636 年將葡人驅逐出境和禁教。在北越，1627 至 1647 年間亦有 18 萬人入教。

澳門以一個只有約 2,000 左右葡人的小城市（加上奴隸及華人才約 20,000 人），能在亞洲將天主教傳播至這麼廣大的地區，與它的龐大外貿收益以及耶穌會士的人文素養有密切關係。耶穌會士不但代表了教廷的開明派，亦是西歐文藝復興的參與者及傳播人。這一時代的耶穌會士如利瑪竇、龐迪我、熊三拔、龍華民、金尼閣、艾儒略等，為中國傳入了很多西方重要器物與科技知識，如《萬國輿圖》及繪圖法、日曆及天文學、望遠鏡、鑄炮術、數學、音樂、繪畫、自鳴鐘、風琴、放大鏡、顯微鏡、玻璃器等。他們在中國士大夫的協助下，亦將中國的重要典籍《四書》、《五經》等譯成拉丁文在歐洲傳播。同時，亦藉他們及澳門的國際航運與貿易活動，向中國傳入了重要的西方和非洲及美洲農作物，如玉米、花生、甜薯、芋、西紅柿、生菜、西洋菜、番荔枝、番石榴、菠蘿、橄欖、薄荷、洋蔥、蘋果、香蕉、木瓜、指天椒、南瓜、西瓜、煙草、金雞納霜等。

澳門在三角貿易的收益，近乎同時期全球銀產量的 1/3，亦即中國全國歲入的七八倍，它支持了耶穌會士的活動，而中西交流中的文明、知識和器物的交換及其相得益彰更是難以量化。因此，1550 至 1650 年的一百年，除了重大的經濟利益外，也見證了澳門在中西文化交流中的黃金時代以及歷史高峰。

○ **萬國輿圖**（經簡化，1620 年）

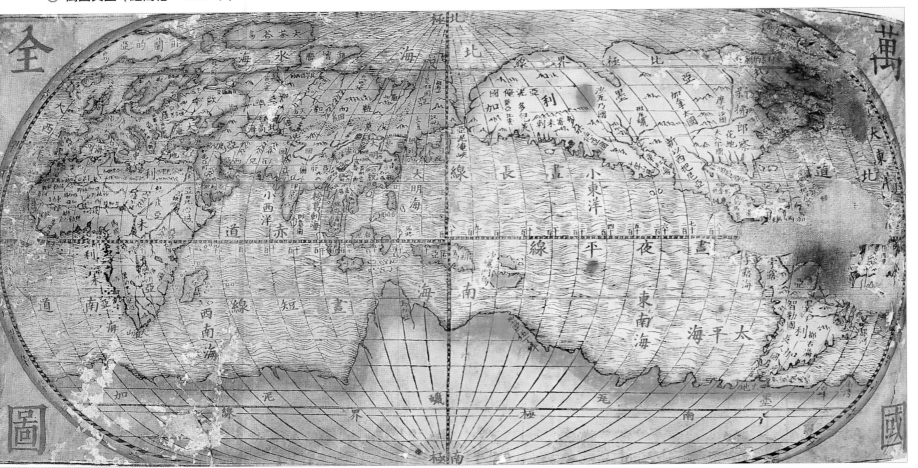

利瑪竇的學生艾儒略於 1620 年，以利氏 1602 年為萬曆皇帝繪製之《坤輿萬國全圖》為藍本，繪製成《萬國輿圖》。目前有學者質疑，利瑪竇及艾儒略的世界地圖資料來自明朝皇家圖書館——皇史宬。

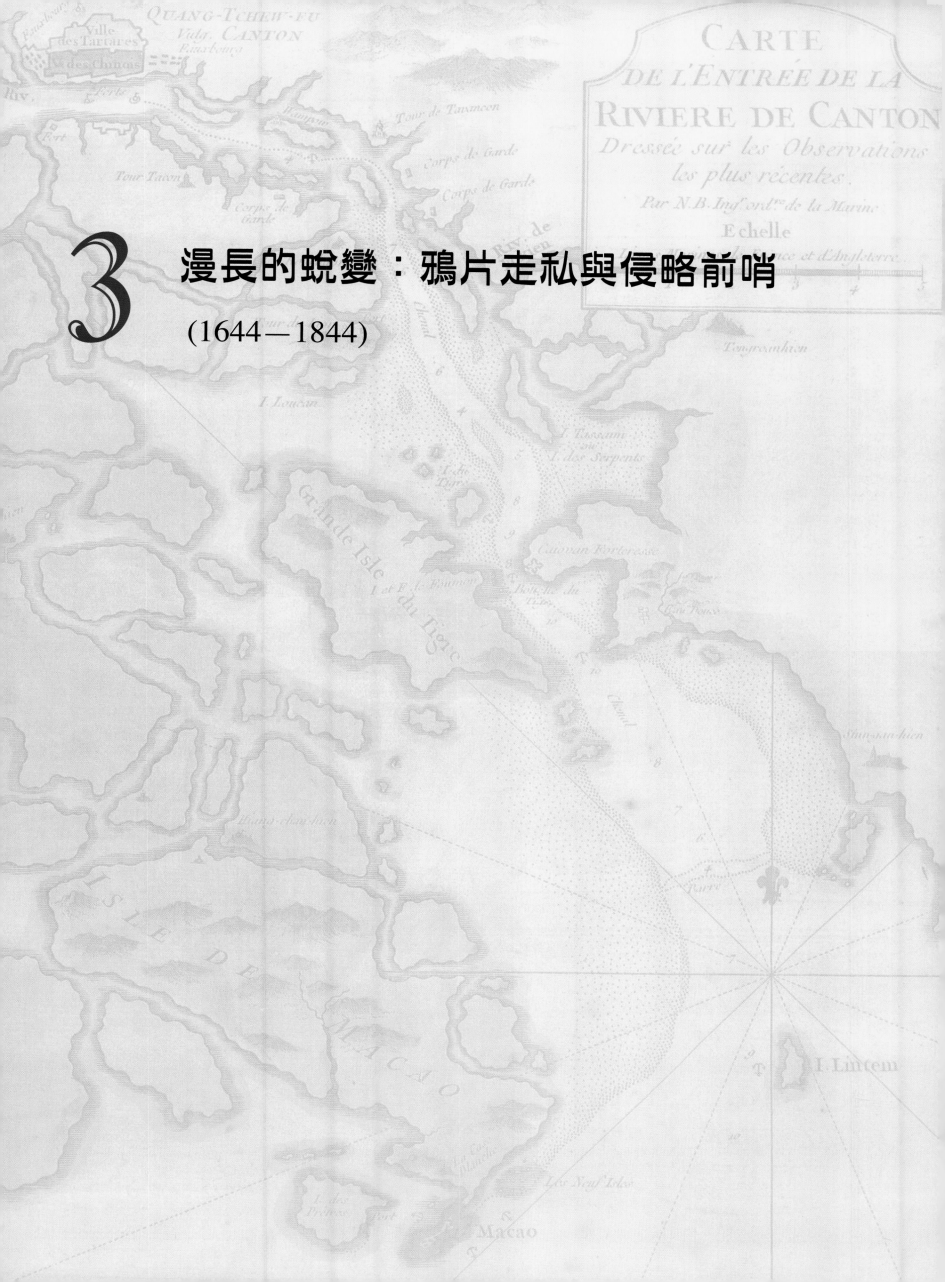

3 漫長的蛻變：鴉片走私與侵略前哨

(1644—1844)

3.1 朝代更替與海禁（1644—1684）

17 世紀中葉起，英國和荷蘭在印度、東南亞和東亞的擴張已明顯地擠壓了葡萄牙和澳門的經貿空間。荷蘭人更在 1601 至 1688 年間六次侵犯，意欲佔領澳門。明清的朝代更迭，亦一度干擾了澳門的貿易。1650 年清兵佔領廣州，清政府仍襲明舊例，不准葡人入市。1651 年兩廣總督諭澳門理事會「歸順大清，皇帝亦將視為子民，與漢人無異」。同年理事官代表澳門投誠，因而貿易稍有恢復，廣東提舉司復來澳丈量船隻。不過，1655 年清政府頒令海禁，1662 年又下「遷海」令，要沿海 50 華里（包括澳門）居民內遷。同時，澳門亦被要求夷平各炮台。後因耶穌會士湯若望等的遊說以及地方官員的支持，遷海界改在前山關閘一線，不在澳門執行遷海政策。但是，1642 至 1684 年這 40 年的三次「遷海令」和五次「海禁」明顯地影響了澳門腹地內的經濟活動，對澳門經濟有所打擊。不過，因為自 1664 年起，澳門仍享有中國商人入澳貿易的特權，及自 1640 年

起，澳門因應荷蘭的威脅與封鎖，開始經營東南亞東部地區，包括帝汶、萬丹、大小異他島、越南和暹羅的新貿易線，經濟才不致全面崩潰。然而，大部份年份澳門只錄得一艘船出洋，好的年份也只有三至五艘。在 1656 至 1657 年及 1662 至 1663 年四年，澳門對外貿易近乎破產，其間有船隻被迫偷偷出港，進行違「禁」的秘密交易。不過，這時的澳門，對中央政府來說，依然是個重要的、特殊的地方。1662 年的《十五省總圖》中，澳門島（即香山及澳門半島）被繪得十分顯著，特別突出前山寨與關閘兩個控制澳門的軍事設施。1673 年的《香山縣志》內《澳門圖》亦屬同一處理手法。《澳門防衛圖》乃地方官員向皇上報告有關澳門防務的奏摺附件，內中滿文說明澳門的炮台及其他防衛設施，此圖採用 1640 年代西方所繪的地圖作為藍本。

○ 17 世紀中葉珠三角遷海範圍

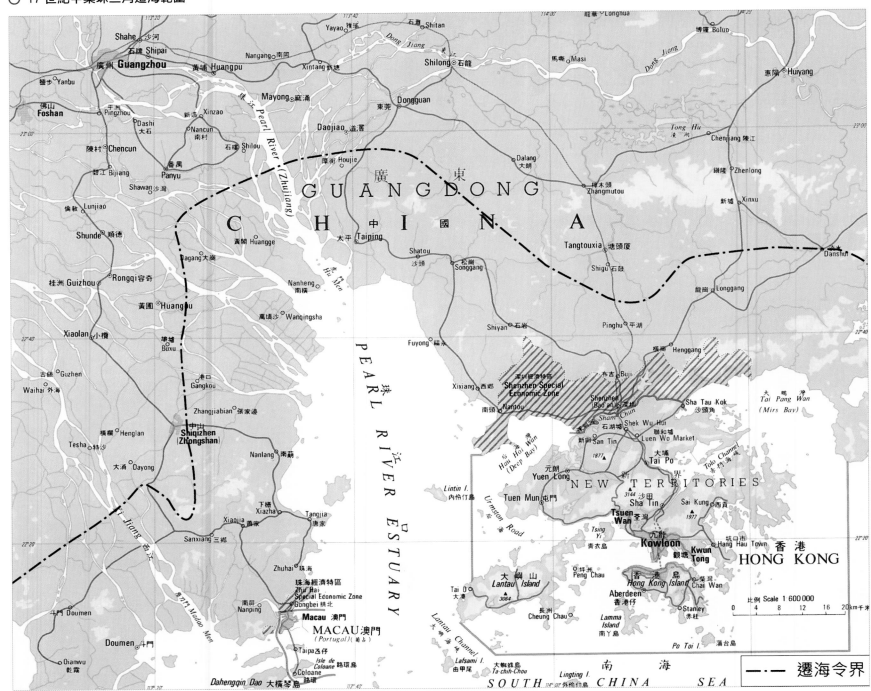

此圖在現今的地圖上表示當時的遷海所涉及的大概範圍。它包括了今天的澳門、香港、深圳、珠海及中山、東莞部份地區。1661 年起，清廷三次下達遷海令。1664 年，通過耶穌會士的努力，清帝免澳門居民「遷海」，有關界線南移至前山寨北，禮部及兵部特准關閘每月開啟六次，按澳門人口供應生活所需。

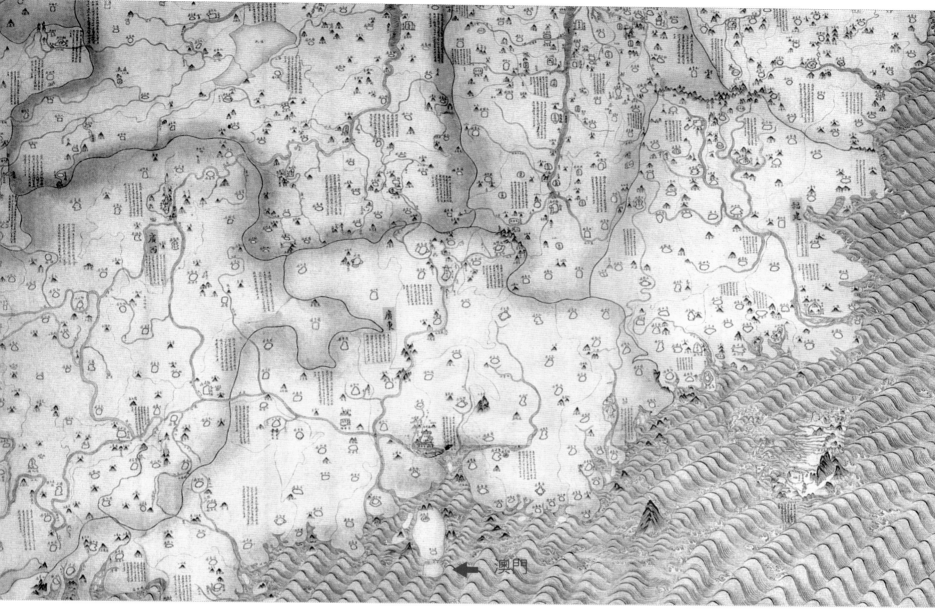

澳門處於廣東沿海最重要位置，其面積被嚴重誇大。

○ 十五省總圖（香山縣部份，1662 年）

此圖顯示香山縣、前山寨及關閘對「澳門島」的監控，澳門被繪成四面環海且與大陸分離。

○ **香山縣輿圖（1685 年）**

約繪於康熙時，其中關閘、前山寨、十字門等很清晰；大小橫琴位置準確，未受 1708 至 1720 年傳教士所繪的《皇輿全覽圖》誤導。

○ **《香山縣志》之澳門圖（1673 年）**

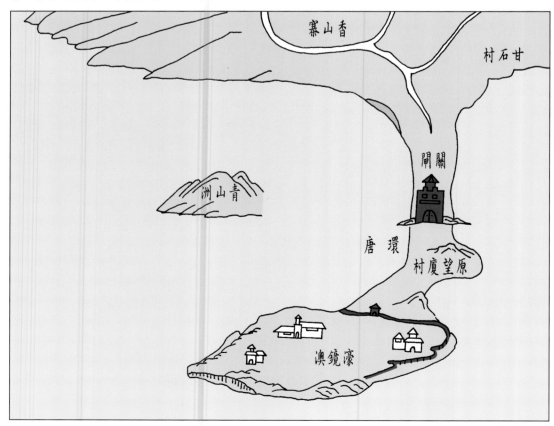

關閘被繪成最大的建築，澳門城牆、大炮台及三大教堂清楚展現。

○ 澳門防衛圖

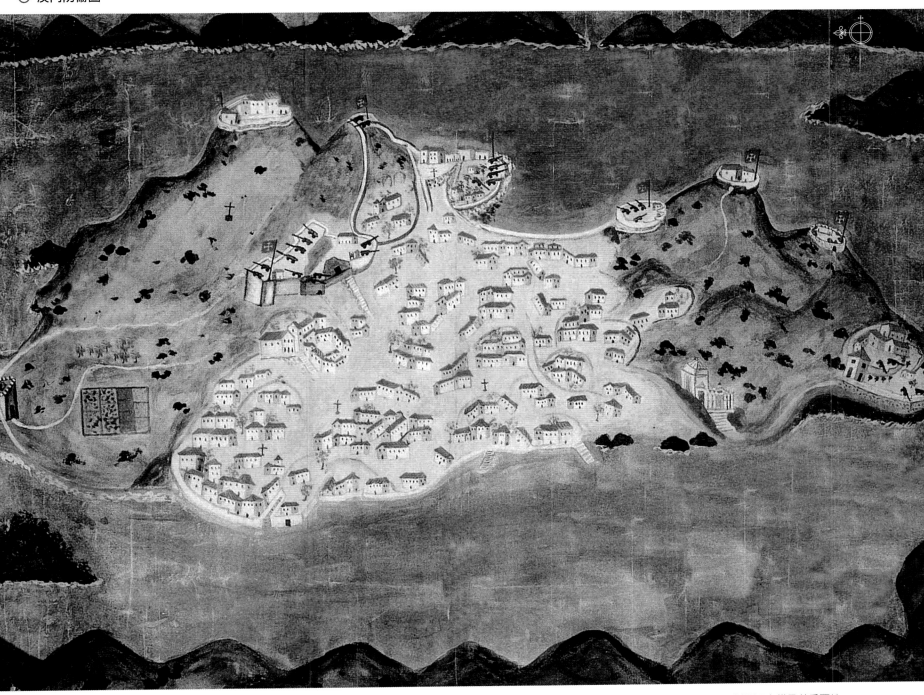

此圖是 1679 至 1682 年間兩廣總督奏摺附件。滿文標示的城牆及各炮台的防衛設施資料已被刪去。此圖是基於西方較早的一張圖所繪，但關閘被重繪，以顯示主權及其重要性。

3.2 四口通商（1684—1757）

1679 年，澳門獲准經陸路與香山貿易。1680 年，粵澳貿易全面恢復，當年清朝在界口徵收的稅收達 18,076 両。1684 年，清朝在收復台灣後，全面解除海禁，並設立了位於廣州、泉州、寧波、松江的全國四大關（粵、閩、浙及江海關）。而粵海關於 1685 年在澳門城中分設同級的關部行台，下置南灣、媽閣、大碼頭、關閘四關口，在關閘的市舶司亦隨之撤消。清朝四大關以粵關為重，其年入（反映貿易量）比其他三關總和還要多。粵關中，又以澳海關為主。在四口通商（1684 至 1757 年）和廣州外港（1760 至 1824 年）時期，澳門客觀上是中國第一關，並一直保持中國最重要外貿港口的地位。

自 1708 至 1720 年間十位耶穌會士為康熙繪製全國實測地圖後，澳門邊上的大小橫琴島的位置便一直出錯，反而之前的中國地圖卻是準確的。這八年間所製的地圖，亦影響了後來一些西方的中國地圖，如《中華帝國全圖》，它將澳門繪於珠江口中部，而且大小亦誇大了。其目的可能是要誇大澳門的地位，以便他們在皇帝面前為澳門説話。

對國家來說，澳門地區的海防仍然是最重要的考慮。《雍正十排圖》、《澳門記略》中的《海防屬總圖》顯示出澳門周邊的海防佈局。

○ **中華帝國全圖**（1751 年）

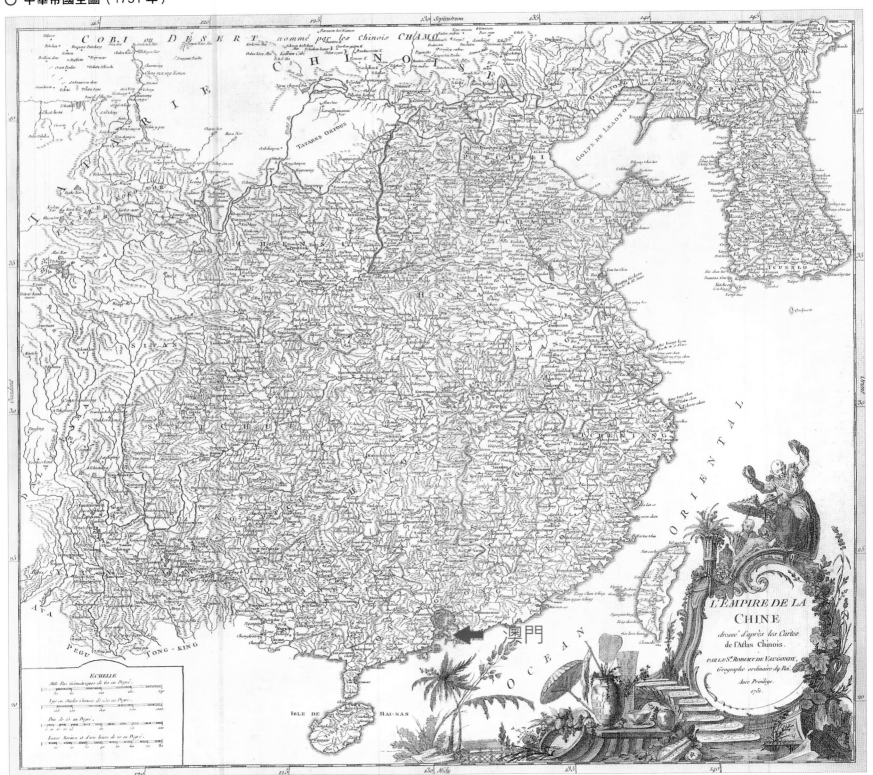

此圖是 1751 年在法國出版的《皇輿全覽圖》的翻版，其中誇大了珠三角，而澳門被放在珠江口中央位置。

中華帝國全圖（澳門部份）

此圖乃 1751 年法國出版的歐洲版《皇輿全覽圖》，澳門及香山縣被畫成珠江口中心的最大一個島，反映出耶穌會士的錯誤或有意識的誇大澳門的地位。

中國圖（局部，1777 至 1783 年）

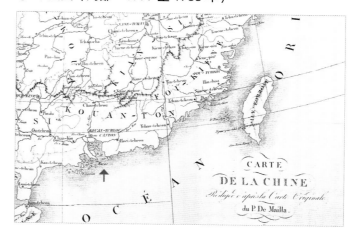

法文。圖中澳門半島在珠江口中間，將珠江口一分為二。

中國圖（18 世紀）

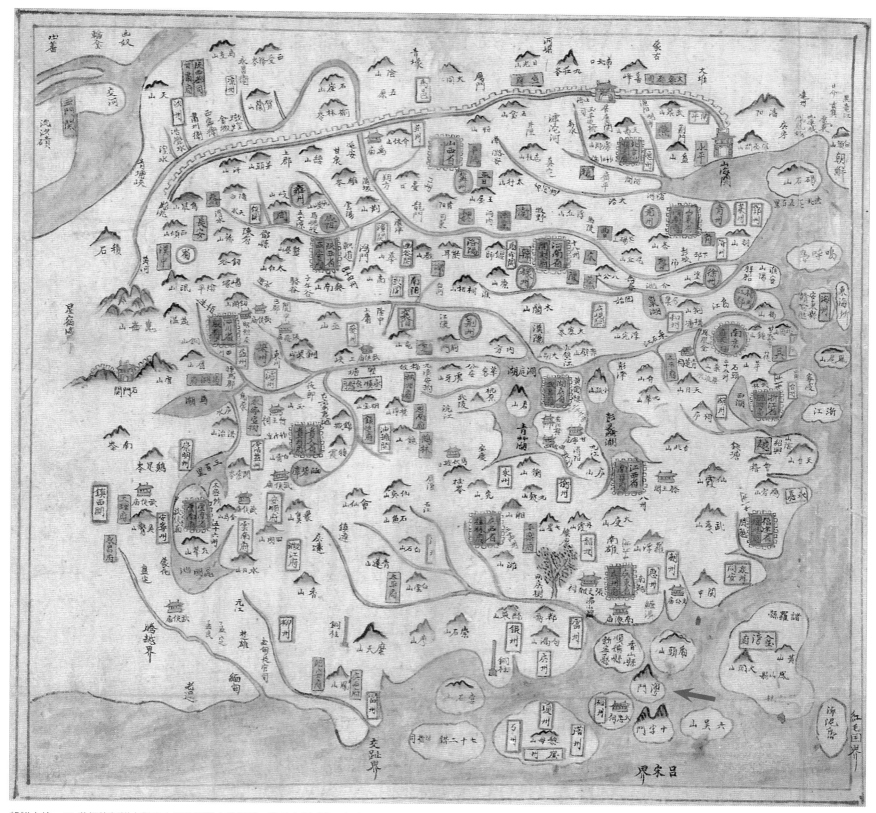

朝鮮人繪。18 世紀的朝鮮人對南中國的認識十分模糊，將香山縣看作一個島並放在雷州旁。但澳門這個「小地方」卻被畫得很大，和香山縣大小差不多，並且正扼珠江口，顯示出當時澳門在亞洲的重要性已被認同。

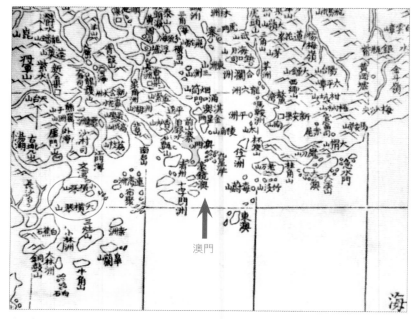

○ **皇輿全覽圖**（珠江口部份，1719 年）

由耶穌會士測繪，但不知是何原因，竟將大小橫琴放錯位置，遠離澳門。清朝不少有關地圖都依循此錯誤。

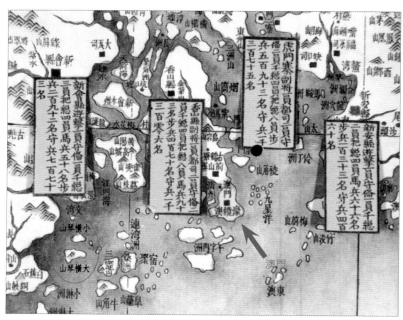

○ **雍正十排圖**（珠江口部份，1729 年）

此圖以耶穌會士所繪《皇輿全覽圖》為本，因此重複了它的一些錯誤，包括將大小橫琴的位置放在遠離澳門的新會地區。黃色的標貼顯示海防駐軍的分布，明顯對澳門及十字門呈包圍形勢。

○ **海防屬總圖**（1751 年）

此圖是 1751 年版《澳門記略》附圖，顯示珠三角星羅棋布的海防設施及由省會延至前山的三級海防系統。中國政府一直擔憂洋人到來所造成的國防隱患。

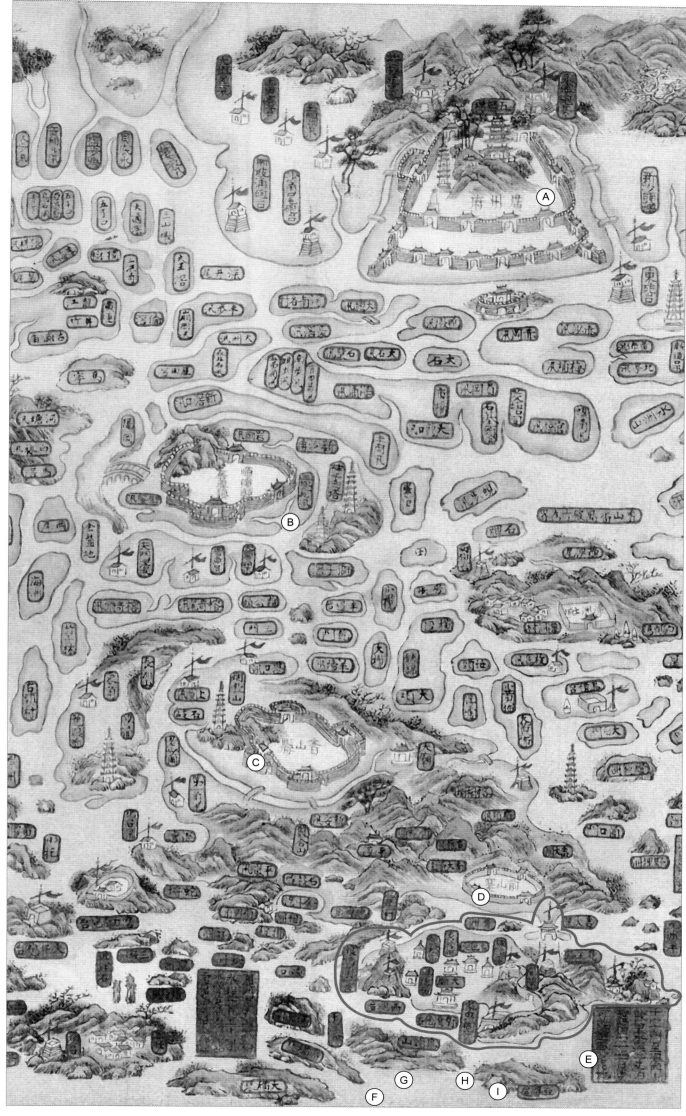

此圖約於 19 世紀初，作者不詳。它顯示澳門的炮台和主要教堂以及珠三角周邊的主要城鎮及其海防系統。

A.	廣州
B.	順德縣城
C.	香山縣城
D.	前山寨
E.	澳門
F.	大橫琴
G.	小橫琴
H.	雞頸
I.	阿婆山
H+I.	氹仔

按當時中國海關規定，外船要先泊於十字門，由澳稅口查驗，納停泊稅，之後發給「紅牌」，由指定引水、通事引入虎門，再至黃埔丈量，納船鈔與貨稅。完成這些手續後，外商便可直入十三行進行交易。外船要先泊澳對開的十字門，可視為清政府對澳門的「關照」。康熙帝更明言澳門「屬廣州府，夷人皆視同子民」，並給予澳船等同中國船的「船鈔」待遇，以及容許澳船在登記後，貨可入澳門貨倉，及內地散商可直入澳買貨的優待。

澳葡商人的船鈔及貨稅亦分別是外國船的 1/8 及 1/3。這使不少外商，特別是荷蘭及英國商人，利用澳門船與中國進行貿易。其中荷蘭更自 1689 年起，40 年來不直接與中國貿易，轉由澳門通過巴達維亞（今雅加達）等東南亞口岸取得中國商品。同時，中國政府更容許澳門議事會對進口貨物收稅以支持澳門地方財政。在這期間，出現了不少澳門及其周邊，以至珠江航道的海圖和廣州市圖。

1735 年杜赫德的《澳門及附近地區分圖》中卻將滿人城區和漢人城區弄錯了。滿城應在城西，而不是城北。該圖亦顯示洋人對廣州防衛佈局的特別關注。

○ 粵海關

粵海關設於 1684 年。此圖是 19 世紀初的油畫。

○ 黃埔稅關

○ 粵海關發給洋船進出廣州的船牌（1758 年）

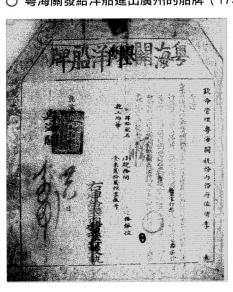

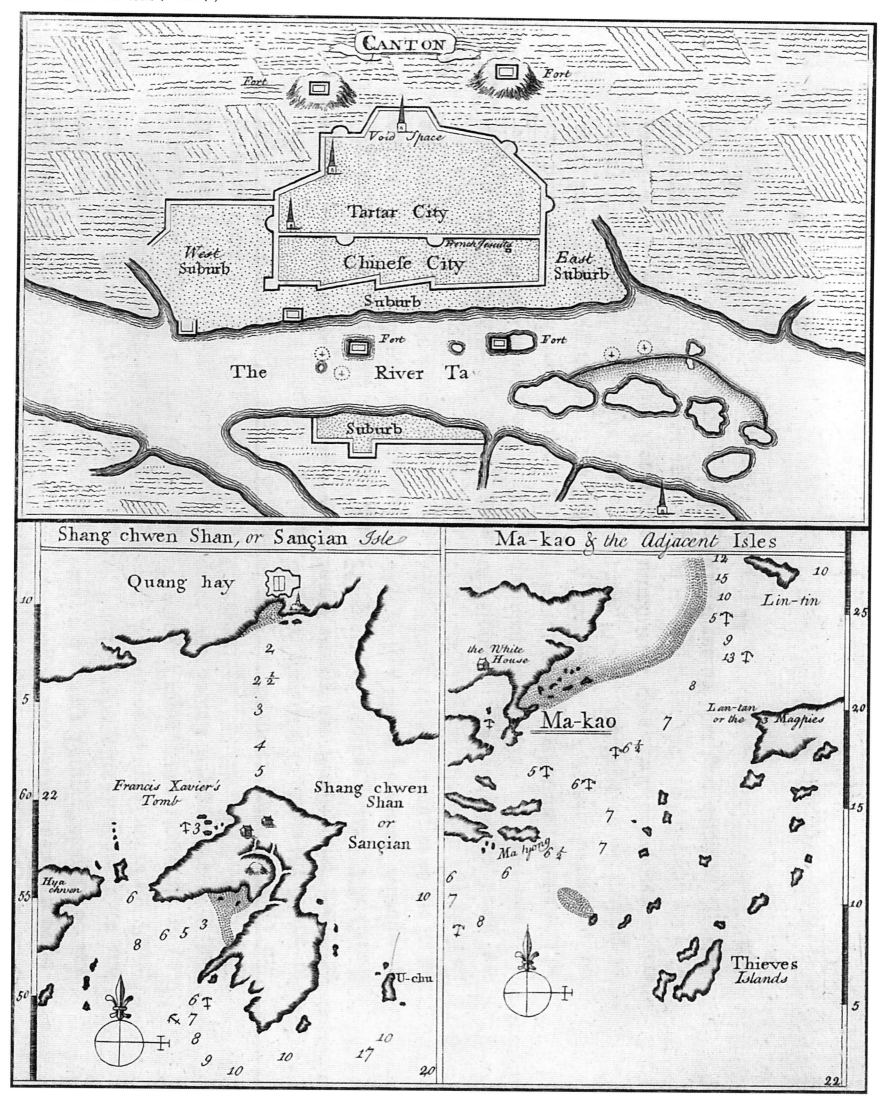

杜赫德繪。18世紀初，西方人已十分關注廣州這個中國唯一的對外貿易門戶的防衛情況，以及澳門周邊島嶼及航道情況。圖中廣州城內三個高聳塔狀建築被標出，它們應是六榕寺花塔、回教白塔及北面的鎮海樓（五層樓）。內城中的漢城及滿城分佔南北亦是錯誤，因滿城應佔內城西部。

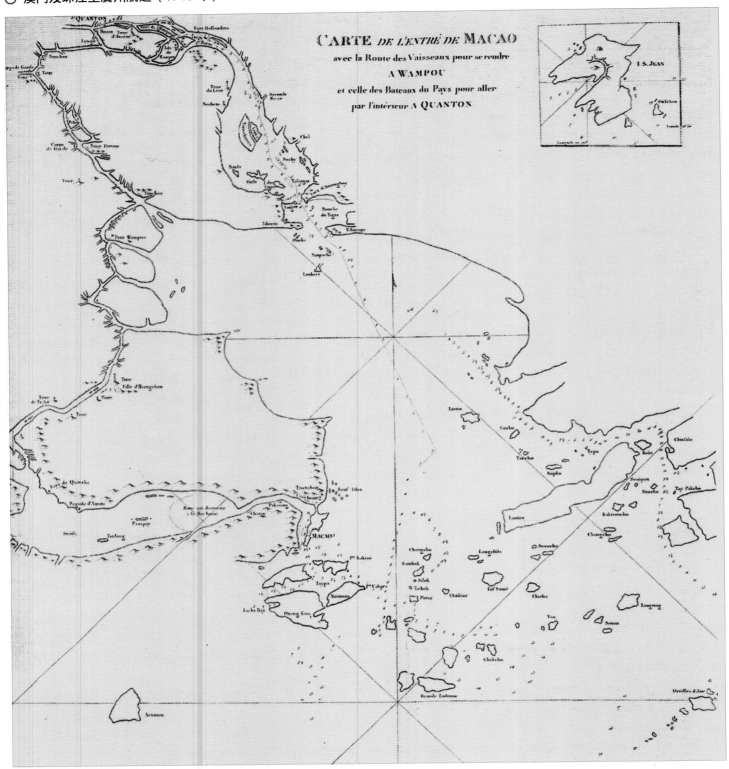

法國人繪。主航道深 10 米以上，可直達城外的炮台。和同期地圖（包括中國的）相比，除了澳門及廣州附近外，各地的岸線及地形都不準確。

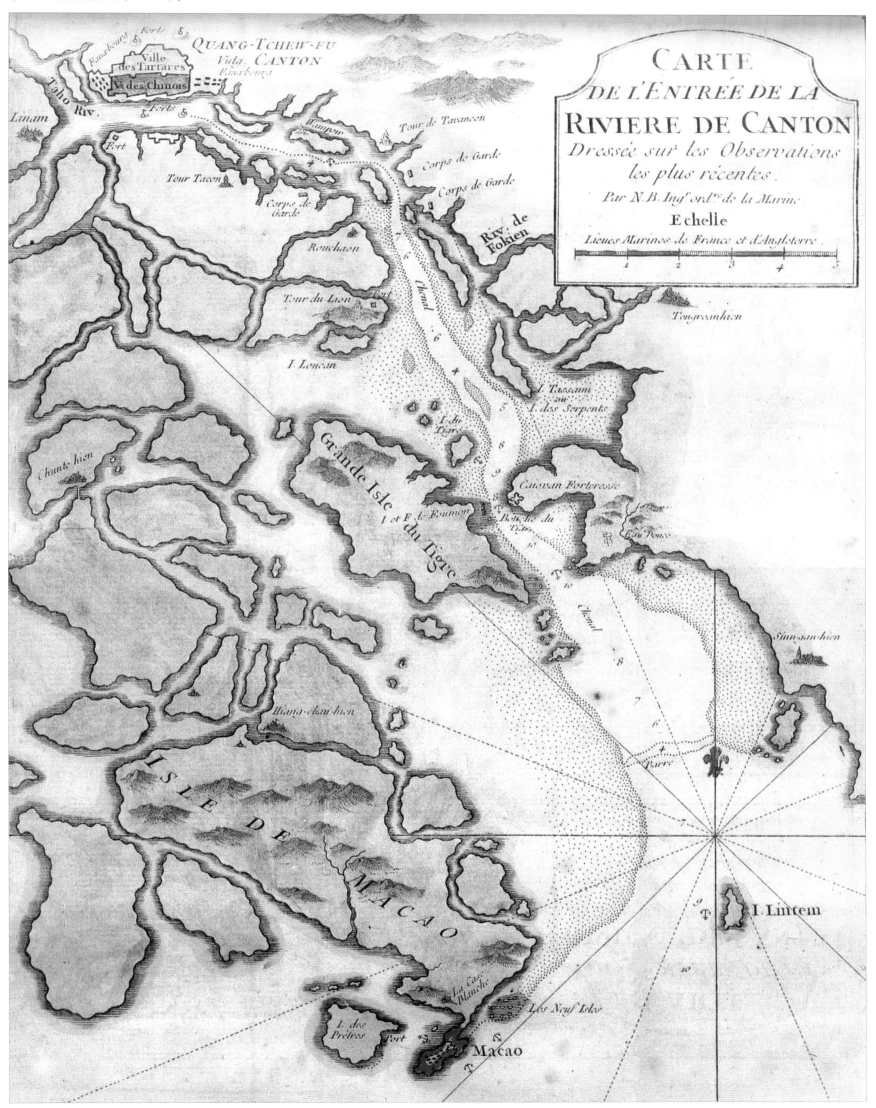

18 世紀，列強已和廣州有頻繁的貿易往來，因此由澳門至廣州的航道狀況及沿岸主要地方（如虎門及黃埔）已在各國地圖上清楚展示。但將廣州城分成南北兩部份是錯的，廣州城內的滿城和漢城是東西並列的。

17世紀初至19世紀中葉的廣州，不但是嶺南地區的行政和軍事中心，而且是中國最大的（並且有一段長時期是唯一的）容許中國商人與外國貿易的城市。當時，廣州支撐了澳門的中外貿易功能，亦因此，澳門的東西文化交流才能發展。下圖顯示廣州已是個大都市，城南的珠江岸邊貿易繁忙，人員來往眾多。珠江上有不少中外商船。其中一些地標式建築，如鎮海樓、花塔、光塔（又稱白塔，是回教建築，標誌着宋代時城內阿拉伯等外商聚居的「番坊」的核心點）矗立在城內，並保留至今。

隨着中國海禁的解除，荷人通過巴達維亞開闢了中國市場，澳門又以專營壟斷了帝汶的檀香木貿易，西班牙國王又容許馬尼拉與澳門自由貿易，澳門的外貿因此再度蓬勃。加上 1717 至 1727 年中國對南洋實施海禁，及葡王特許澳門（1719 至 1724 年）每年兩艘商船經果阿往葡萄牙及巴西從事貿易等因素，澳門的中外貿易地位又再上升。從 1720 年起，澳門便擺脫財困，並有龐大盈餘。1724 年，葡人人口由 1704 年帝汶戰爭後的 2,300 人升至 3,567 人，而註冊船隻亦由五艘增至 25 艘。中國政府從 1725 年起核定在澳葡船出洋數（額船制）為 25 艘，並以「香」字編號，將澳門航運納入國家航運體系。

◯ **首張歐洲人繪畫的廣州城鳥瞰圖**（約翰 · 哈里斯繪，1750 年）

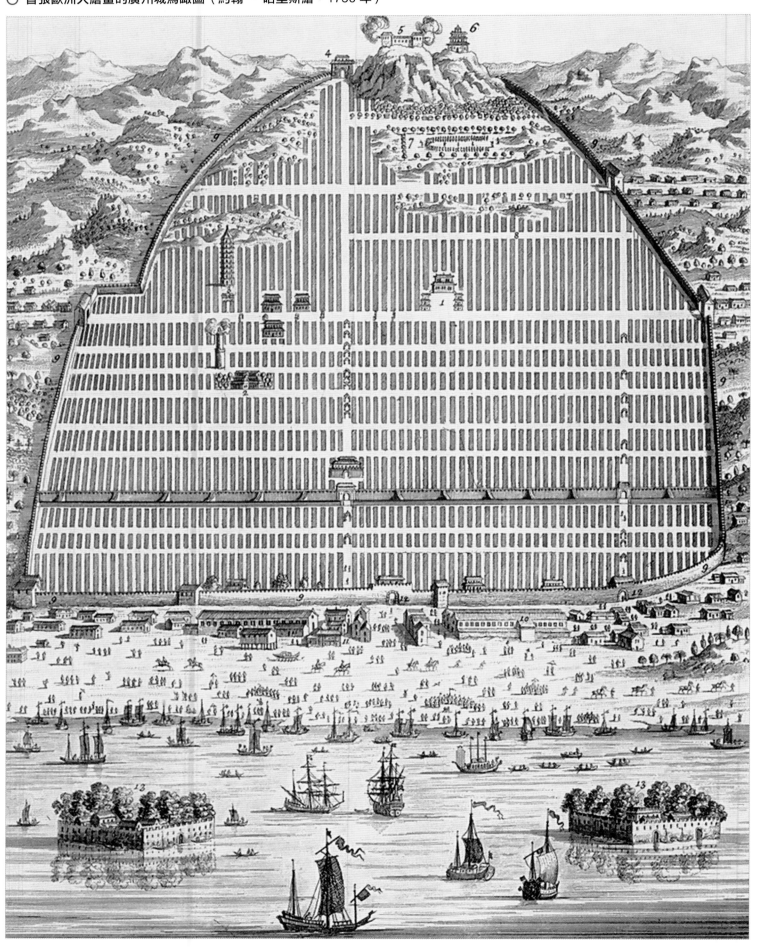

清代廣州城圖（17 世紀中葉十三行出現前）

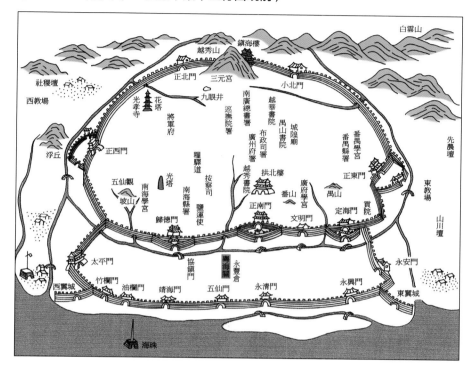

澳門與馬尼拉、巴達維亞、果阿的進出口商品（1684 年）

進口		出口	
胡椒	3103 擔	茶	10 擔
布匹	15 包	絲綢	2 箱 4 包
香	15 擔	土茯苓	140 擔
鹽	1615 擔	瓷器	13000 件
		明礬	30 擔
		鋅	6493 擔

註：有些船隻沒報數量，實數可能是兩倍左右。

廣州外商貿易行（約 1760 年）

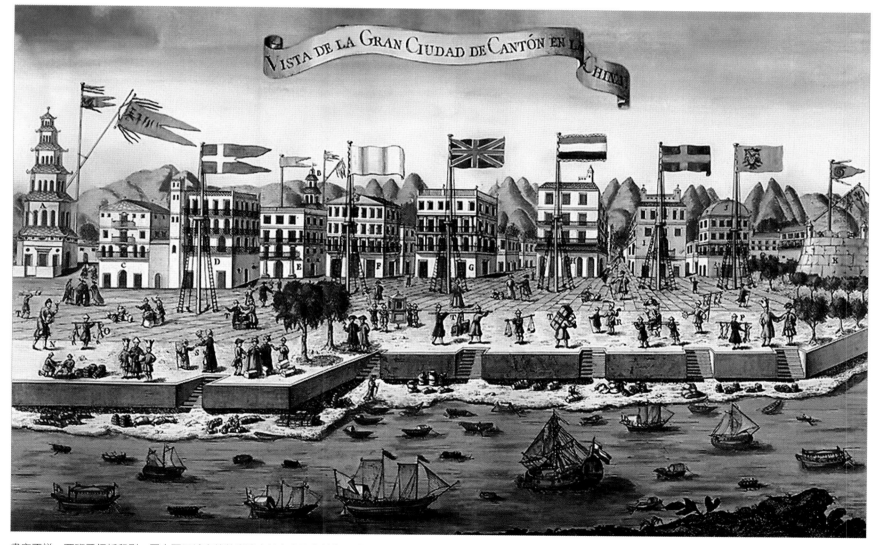

畫家不詳，西班牙銅板印刷。圖中顯示城南牆外岸邊中外商人及上落貨活動，河中有兩艘掛了外國旗的遠洋大帆船。外國洋行的建築都是洋式的，其前庭掛了屬國國旗。中方官署保留了中式建築風格，並且只掛官署旗幟，因為中國至清末才有國旗。

1719 年及 1733 年，清政府更兩次建議將廣州的中外貿易商行遷至澳門，在澳徵全部關稅，實質上欲使澳門正式成為中國唯一的對外商埠。不過，澳葡害怕英國人勢力，認為若外商長駐，可能影響葡人對澳門的控制，而且這也意味着會有更多中國官員駐澳，影響了澳門的自治。因此，葡人不但反對這建議，並且以 8,000 鎊賄賂廣東官員，使他們同意禁止外國人居澳，並且以種種政策為難外國商人。

1731 年《廣東通志》及 1751 與《澳門記略》對澳門的地理、主要防衛設施、中國官署，以及澳門的重要公共建築及教堂都有詳細而具體的記錄，體現了中國對澳門的清楚了解和有效管治。它們提供的訊息比同期的西方地圖更多、更清楚。它們的附圖清晰展現當時澳門城的真實面貌。一些建築，如大三巴及媽閣廟的大概面貌與今日所見相差不大。

雖然如此，清政府在這期間明顯地強化了對澳門——中國最大外貿口岸的外貿及地方行政管理。1733 年，澳門理事官更被賦予向香山縣丞報告抵達十字門的外船的國籍、武器、貨物及目的地等資料的責任。1746

○ **珠江島嶼圖**（1752 年）

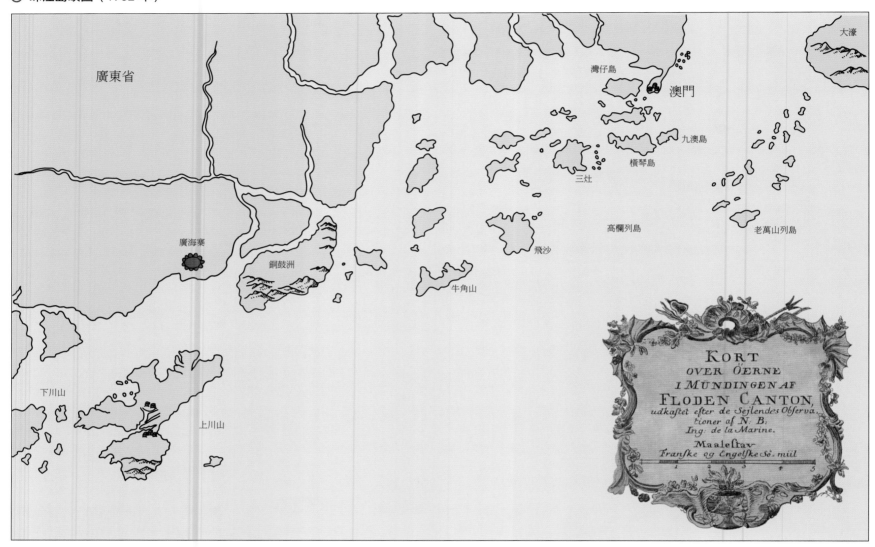

○ **清朝對澳門管治的主要法規**

年份	法規
1743	《乾隆九年定例》
1744	《管理番舶及寄居澳門夷人規約》
1749	《澳門約策章程》
1759	《粵東地方防範洋人條規》
1825	《澳門禁約》

年後，該澳官更負責替外船及外商，向縣丞領取進入黃埔及省城的有關「照票」。這些說明了中央政府將澳門視為外貿與外事活動的前哨。正因如此，在 1709 年撤掉的香山縣丞於 1730 年重設，官署更在 1743 年由前山搬至望廈，並於 1800 年移入澳門城的內港岸上。

此外，廣東當局還頒佈了一系列治澳章程，使中國在澳門對船舶進出、貿易、居留人口、建屋、工匠、防衛、採購，及中國法律適用範圍等作出了詳細規定。兩廣總督更在 1747 年查封了專向華人傳教的聖阿巴羅修道院（唐人廟／進教寺），對在澳華人保持和內地一樣的「禁教」的一體國策，又規定「夷人罪應絞斬者，地方官與夷目依法辦理」，保證了中國在澳的主權；又與議事會達成協議，限定留在澳門城的中國人數（木匠及泥水匠，70；屠夫，10；鐵匠，4；苦力，100）。

○ 《廣東通志》之澳門圖（1731 年）

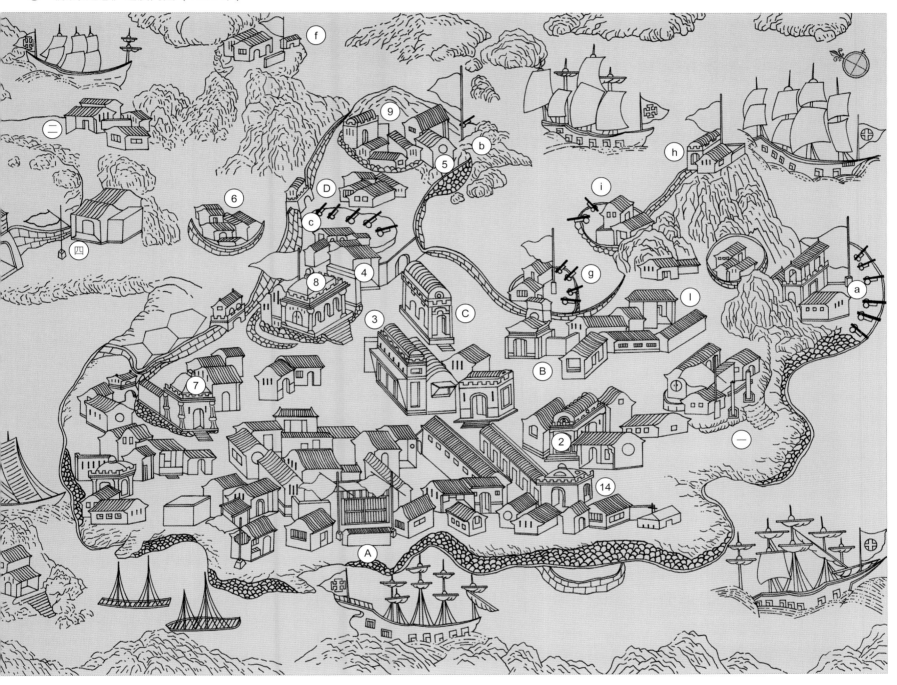

數目字及英文字母的解說，見目錄頁後的主要歷史建築標示圖。

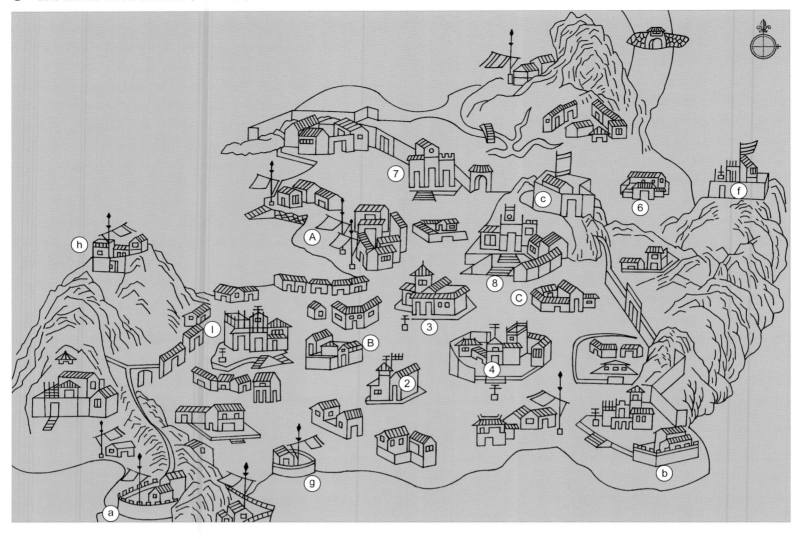

以上兩圖的數目字及英文字母的解說，見目錄頁後的主要歷史建築標示圖。此二圖除標示關部行台（A）外，還突出四個稅口。當時澳門的全部教堂、炮台、北城上的三個城門、主要建築及前地上的恥辱柱都一一顯示。

3.3 廣州外港：「住冬」與鴉片走私（1758—1824）

　　中國開放對外貿易後，廣州成為全國最大口岸。1686年起，洋商便獲准在廣州珠江邊的十三行街居住和經商。該地區除洋商、十三行行商外，還有官辦商行。洋行及十三行建築多為二層，融合中外風格；底層多為貨倉，樓上用於辦公及居住。1720年，行商成立壟斷機構——「公行」，但一年後解散。1760年「公行」再度恢復，1771年又再解散。1782年第三次恢復，之後運作至1829年倒閉。「公行」是外商與中國官員的中介，並負責統一價格、代辦手續等。

○ 18世紀末廣州外國商館遠貌

○ 18世紀末廣州外國商館近貌

傳為史貝霖1807年繪的《廣州法庭外景》。內中建築近似威廉‧丹尼爾1785年繪《廣州商館區》。但是，廣州在1807年並無外國法庭，中國法庭亦不可能放在洋樓內。此圖應為18世紀末廣州外國商館風貌。

1757 年，清政府再次收緊外貿，關閉了泉州、寧波及松江三海關，只餘廣州一口。自 1746 年起，外商被禁止在廣州「住冬」，在貿易季終結後，他們要在澳門過冬；外船和洋人要入廣州，也先由澳門理事官代辦「照票」。這些因素使澳門成為廣州實質上的外港，為澳門經濟發展，以及城市建設添加新的動力。

1750 至 1800 年，澳船共出海 632 次，年均約 13 次，並且呈逐年增加的趨勢。其每年數目由 1750 年代的五至八艘，增至 1770 年代的 10 至 12 艘和 1790 年代的 25 艘。然而，來華的外國商船增加得更多，在 19 世紀初，每年已達 100 多艘。不但外商「住冬」數目大增，外國婦女因為只能留在澳門，使外商家屬在澳的數字也增加。因應此發展，葡國禁止外國人在澳租屋及租貸貨棧的命令在 1746 年便被解除，而且澳商還與外商在貿易及開辦娛樂場所等方面合作。

○ **由氹仔海面眺望南灣**（1797 年）

「住冬」政策與鴉片走私使澳門日漸繁榮，南灣多了很多倉庫、商廈及大宅。圖中可以認出六間主要教堂及四個炮台。

○ **澳門公共賬目**（1764 至 1783 年）

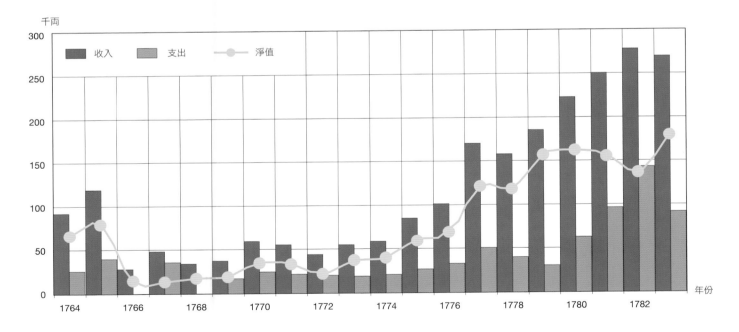

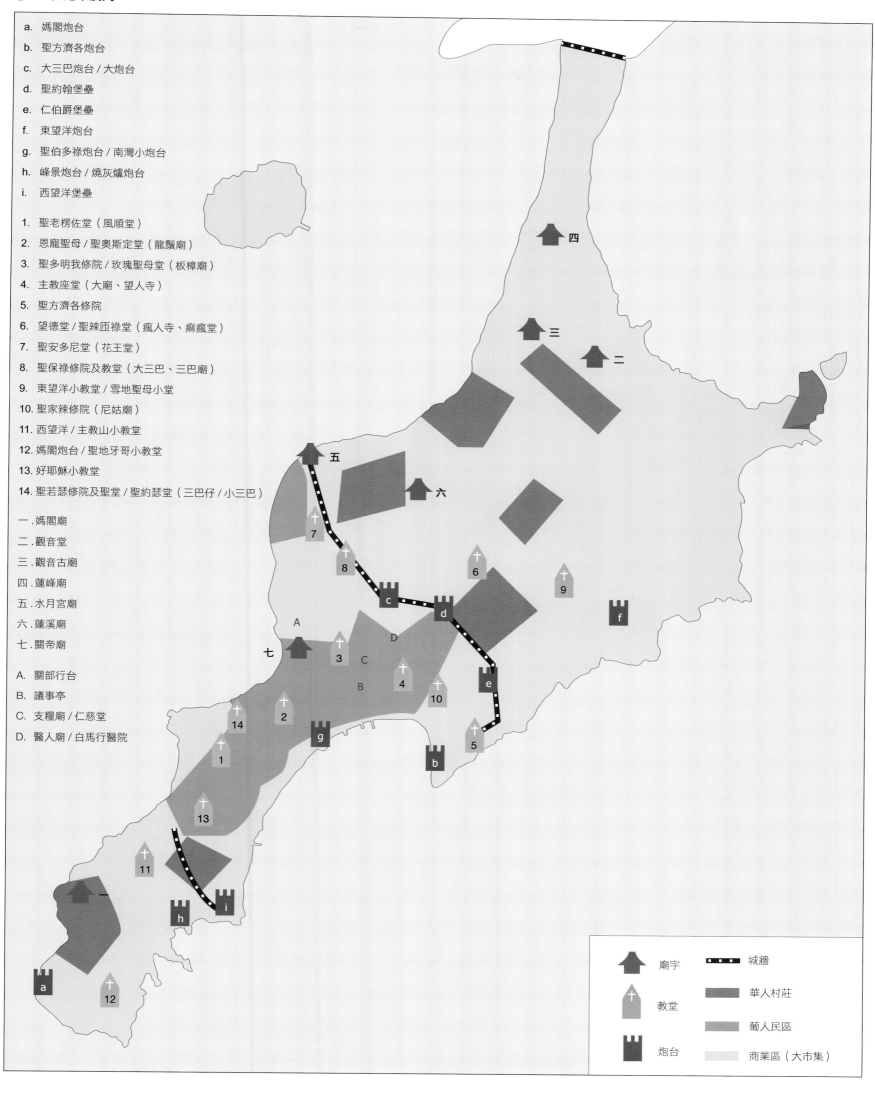

a. 媽閣炮台
b. 聖方濟各炮台
c. 大三巴炮台 / 大炮台
d. 聖約翰堡疊
e. 仁伯爵堡疊
f. 東望洋炮台
g. 聖伯多祿炮台 / 南灣小炮台
h. 峰景炮台 / 燒灰爐炮台
i. 西望洋堡疊

1. 聖老楞佐堂（風順堂）
2. 恩寵聖母 / 聖奧斯定堂（龍鬚廟）
3. 聖多明我修院 / 玫瑰聖母堂（板樟廟）
4. 主教座堂（大廟、望人寺）
5. 聖方濟各修院
6. 望德堂 / 聖辣匝祿堂（瘋人寺、痲瘋堂）
7. 聖安多尼堂（花王堂）
8. 聖保祿修院及教堂（大三巴、三巴廟）
9. 東望洋小教堂 / 雪地聖母小堂
10. 聖家辣修院（尼姑廟）
11. 西望洋 / 主教山小教堂
12. 媽閣炮台 / 聖地牙哥小教堂
13. 好耶穌小教堂
14. 聖若瑟修院及聖堂 / 聖約瑟堂（三巴仔 / 小三巴）

一. 媽閣廟
二. 觀音堂
三. 觀音古廟
四. 蓮峰廟
五. 水月宮廟
六. 蓮溪廟
七. 關帝廟

A. 關部行台
B. 議事亭
C. 支糧廟 / 仁慈堂
D. 醫人廟 / 白馬行醫院

廟宇　城牆
教堂　華人村莊
炮台　葡人民區
　　　商業區（大市集）

○ 澳門全景（油畫，1780 年）

由媽閣山（頂有教堂）往北望，中部是澳門城。大炮台立在山崗上，其左看到大三巴廟及其牌坊，右邊的山崗上是東望洋炮台及教堂。東城牆十分清晰，由大炮台延至嘉思欄廟及炮台。南灣上的中國式建築是南灣稅館，南灣中部可見到大教堂，半島中間可見到風順廟及板樟廟。大三巴後是望廈山，其後是狹長的蓮花莖及莖末的關閘，不遠處是前山寨。內港很寬闊，停泊不少遠洋的三桅船。內港沿岸有很闊的沙灘、泥灘，北面可見大碼頭及稅館。大三巴下方為關部行台。澳門城內滿佈寬大的洋式建築，可見「住冬」帶來了繁榮。 圖中數目字及英文字母的解說，見目錄頁後的主要歷史建築標示圖。

此外，外貿的貨品也起了很大變化。1785年，帝汶推行了新的海關規章，打破了澳門對檀香木近百年的壟斷。澳門的主要航線亦自1761年起，轉向印度；歐洲、拉美、東南亞、日本航線也紛紛恢復；新的北美、俄羅斯、大洋洲航線也陸續開通。英、美、法、荷、西、瑞士、丹麥、普魯士等國更在澳設總領事、領事，以策劃和管理對華貿易。英、荷兩東印度公司更在澳租賃龐大貨倉。中國商人，特別是廣東的潮州、嘉應和福建的漳州商人亦在澳門開設商行，即所謂「八大福建行店」與「四大廣東行店」。為了應對大量中外行商聚集澳門，議事會規定：凡外國人在澳貿易（主要是鴉片），只能由葡商代理，以期分享日漸擴大的中外貿易。澳門城因而加添了新的發展動力。

然而，在這期間，新興貿易大國英國卻近乎壟斷了中外貿易。英國除了作為世界頭號工業大國和擁有橫跨四大洲的龐大殖民地外，還因為澳門力阻外船泊澳而令英船往泊伶仃洋，其後更直接泊黃埔而不經澳門。1758至1837年間粵海關貿易總額為4.23億兩，年均535萬兩，而英國一國

○ 1771年澳門向中國輸出的產品

產品	來源	購價（兩/擔）	關稅率（%）	在華消費量估計（擔）
海參	馬來西亞	3-4	8	2000
魚肚	印度	7		
魚翅	印度	20-33	8	1000
燕窩	印度	1.5-11.5 斤	4	100
燒酒	里斯本	12 箱	8	400-500 箱
洋紅	英國			
蜂蜜	馬尼拉、帝汶	20-60	8	
椰油	西非	166-233		
胡椒	印度	16-22	5	2000
檳榔	馬六甲、印度	3	8	
鹽	印度	260	8	
稻米	馬來西亞、印度	1-5		
沉香	巴達維亞、馬六甲、印度	40-300		
安息香	亞琛、馬來西亞	20-40	10	
樟腦	亞齊	100-400		
熏香	印度	2.6-6	15	2000
木香	印度	20-40	8	2000
檀香木	帝汶、印度	12-33	8	10000
烏檀木	毛里求斯、莫桑比克	2-4 斤	8	3000
蘇木	馬尼拉、暹羅	2-3		
紅木	印度	4-7	5	2000
沙藤	馬六甲、馬來西亞	3-4.5	8	20000
犀牛角	莫桑比克	68-80	4	200
小珍珠	波斯、錫蘭		15	
金銀絲線	法國等	20-25 斤		
珊瑚			1.5	
象牙	莫桑比克	20-40	4	1000-1500
棉花	印度	20-33	8	1.2 萬包
白鉛	馬來西亞	11-13	4	20000
銳彈		4-5		
胭脂紅		7.5-11.3		
鴉片	印度	260-750 箱	16 箱	800 箱

○ 1771年澳門轉口的中國產品

貨品	目的地	買價（兩/擔）	售價（兩/擔）
南京生絲	印度	180	400
廣州生絲	印度	140-200	150-233
彩色生絲	印度	60-80	66-100
藍色棉布	所有港口	0.5-0.7	0.7-1.3
珍珠		22-28	30-40
麝香	印度		
糖	印度	3-5	4-7
茶葉	印度	15-80	
白銅	所有港口	0.7-1.8 斤	
紅銅	所有港口	0.34 斤	
馬口鐵	印度	40-55	66-166
鐵鍋/具	馬來西亞	0.45-0.55 套	0.55-0.66 套
白鉛	巴達維亞、印度	4.5-6.5	5-8
柏油	所有港口	3.5-5.5 桶	6.8 桶
樟腦	印度	20-40	20-50
泉州石料	印度	0.7-1.3	1-1.8
南京石料	印度	1-1.3	1.3-2

註：所有貨品關稅率為6%。

○ 1783年澳門財政

收	兩	支	兩
利息	11600	防衛	5000
貿易、船稅費	15000	慈善、醫療、宗教	2000
		行政、司法等	8596
合計	26000	合計	15596

○ 東印度公司鴉片庫（1843年）

○ 1820年代停泊在伶仃洋的鴉片走私船

在不同年度所佔份額大約在 63% 至 91% 間。不過，葡人外貿競爭雖然不力，卻另謀出路。1730 至 1773 年間澳門因葡船可泊澳並搬貨入澳倉，及其貨品可經由內地商人入澳洽購，省了中國海關的入口稽查，使澳門成為走私鴉片入內地的基地（中國於 1729 年起禁鴉片輸入）。澳門因此能獨操鴉片走私，每年從印度果阿及達曼私運 200 至 1,000 箱到中國（每箱 140 磅 /50 公斤），其中大多數是由英商先以葡船及葡商名義運至澳門的。

1773 年英國東印度公司取得印度鴉片專賣權，英船運至澳門後，便遭澳門課重稅及實施其他限制，因而自置小船直往黃埔開舖販賣，而大船則泊橫琴。

自 1793 年後，因被澳門告發，英走私船被迫離開澳門鄰近水域，直往黃埔。這期間，澳門的鄰近水域，包括十字門、橫琴島、氹仔及路環，開始被詳細地連同澳門繪出來。中國繪的地圖，除一貫的海防性質外，還從方物的角度，顯示這個「番坊」特別的建築外貌。

○ **香山縣圖**（1815 年）

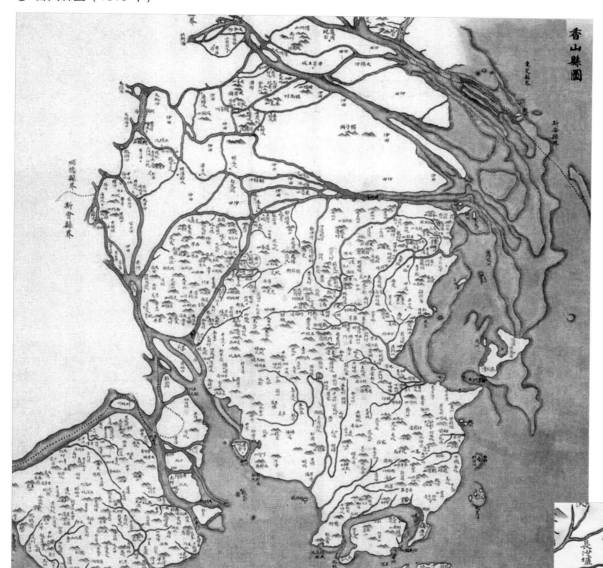

○ **香山縣圖**（局部，1815 年）

○ 19 世紀初經黃埔進入廣州貿易的歐洲商船

圖中顯示澳門、氹仔（潭仔、雞頭）及路環（九澳）以及周邊陸地和島嶼，也清楚標出十字門位置，因該處已是葡船以外的其他外國貨輸集中泊淀之所。圖的內容亦強調了中國的海防設施所在。

○ 澳門及鄰近地區（1804 年）

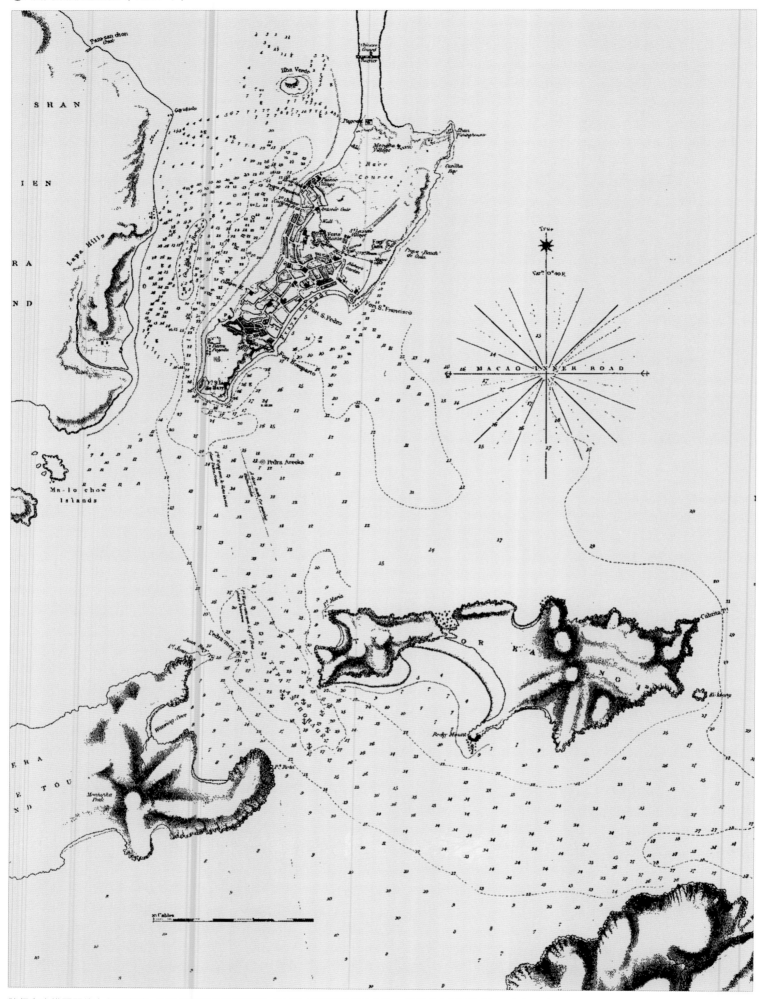

舺仔和小橫琴間的十字門水域，因為澳門對外輪的杯葛，而成為列強商船停泊之地。此圖反映外國對澳門及其鄰近地區地理及水文的注意力日增。

1784 年起，中國允許澳門自己設關對進口貨物徵稅。按其有統計的 63 年（1784 至 1827 年），澳門共進口鴉片 115,210 箱，總值約 4,608 萬両，單是關稅收入便有 138 萬両，年均 21,941 両。這數字約等於 1783 年澳門財政支出（見第 70 頁表）的 1.4 倍，和 1838 年的 25%。鴉片貿易對澳門的實際貢獻當比這些數字大，因為不少進口沒有被統計。1790 年的一份報告說：澳門提供了東印度鴉片一半的銷路。1815 年廣東省出台了《查禁鴉片章程》後，澳門便失掉了安全走私基地的地位，加速了它向苦力貿易的轉移。此外，在 1779 至 1830 年間，澳門亦展開了由北美

及俄羅斯進口毛皮的新貿易。這些皮草每張在廣州可賣到很高價錢，而一船就可運來 3,000 張以上獺皮。

中國於 1729 年、1769 年、1815 年多次嚴令禁煙，澳門並不理會。葡王甚至在 1802 年特許澳居民進口鴉片，同意英國在澳貯存及販賣鴉片，但須由葡人代理及由澳門收取稅項。澳葡對中國國內鴉片禍害的漫延及所引致的財政損失，是罪無可恕的。因此鴉片戰爭的緣起，要追究至這近 80 年的澳門鴉片走私經濟，它對中國在 19 世紀末淪為次殖民地要負一定的責任。

○ **鴉片煙膏製作過程**

○ **中國畫師筆下林則徐在虎門監督銷毀鴉片的情形**

3.4 列強侵華時代的開始（1825—1844）

1815 年清政府開始查禁澳門鴉片，澳商人便成立賄賂基金，以每箱鴉片抽 40 元（約 30 兩），年達 10 萬元，賄賂中國官員，欲「回天有術」，讓走私鴉片延續。同時，澳門與英國商討每年由印度輸入 5,000 箱，英付關稅一萬兩。但這些舉措都沒有成功，澳門經濟因而下滑。1819 年清政府第三次提議將十三行遷澳，使澳門成為中國的外貿中心，但再被澳門拒絕。葡王及葡國大臣又建議，運華工往帝汶從事種植業，往巴西開闢茶園，並對澳門船運載進入巴西及葡屬港口的中國貨免稅等。澳門官方在 1825 年承認：鴉片貿易已衰退。兩年後，澳海關再沒有鴉片進口的統計。1834 年澳門全市開支共 89,900 兩，議事會負債達 16.5 萬兩。然而該年的外國人租屋的花費約三萬兩，合全市開支的 1/3。

○ 十三行同文街一景

○ 廣州十三行大火（1822 年）

1827 年英國東印度公司的報告也指出：澳門喪失賴以為生的鴉片貿易，借土地所有權的獨佔，增加對英、美兩國貿易者在貿易季度間的房屋租貸，成為唯一可靠的財政收入。到此，澳門對中國的良性貢獻已盡失。而這時，中華帝國的危機也愈趨明顯：1822 年廣州十三行大火，燒掉銀元 4,000 萬兩；1829 年中國「公行」倒閉；1832 年 6 月英諜船從澳門出

發，在中國沿海偵察；1834 年英在澳設駐華商務監督、駐華全權特使義律，他率英船二艘，從虎門入內河，與清軍各炮台交火，後因得病才撤回澳門。這些史實顯示英國已積極地利用澳門以準備發動鴉片戰爭。同年，英國海軍完成繪製《澳門市區及港口圖》。

○ **澳門市區及港口圖**（1834 年）

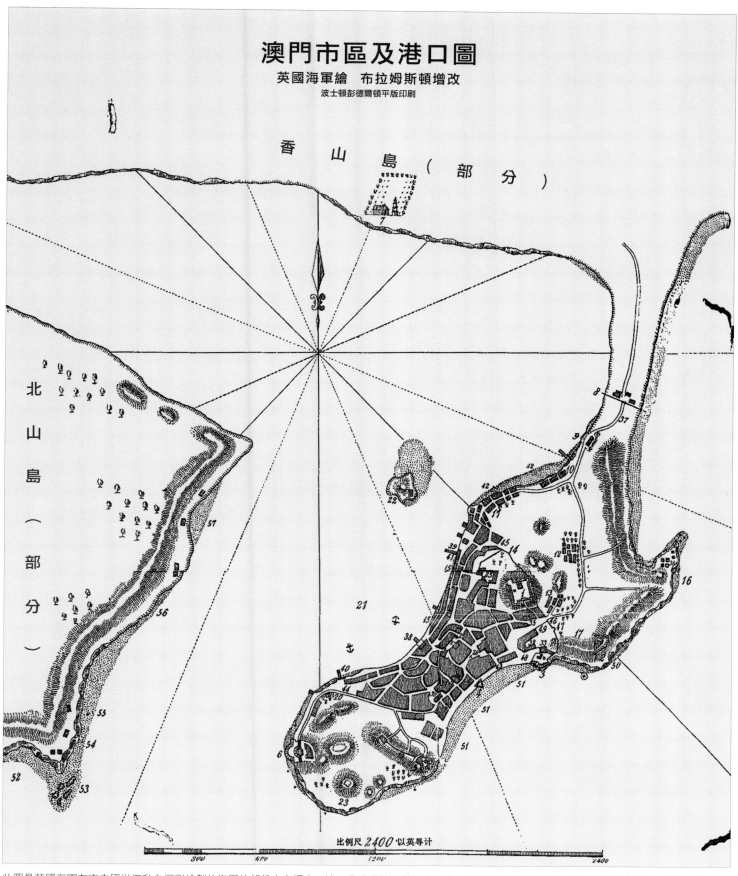

此圖是英國海軍在南中國沿海私自探測繪製的海圖的部份中文譯本。這一非法測繪活動是東印度公司 1810 年沿南中國海的間諜活動的延續，是為日後武力侵略中國做準備。

此圖由兩廣總督在1808年向皇上進呈，它顯示英軍入侵後大陸與澳門雙方的軍事設施與佈防。此圖不但顯示澳門一些以前未見的地名，而且首次將香山縣南（特別是前山寨）與澳門在地理和軍事上的緊密關係體現在一張圖上。它從一個角度展現中央政府對這個傳統「番坊」的擔憂。 圖中數目字及英文字母的解說，見目錄頁後的主要歷史建築標示圖。

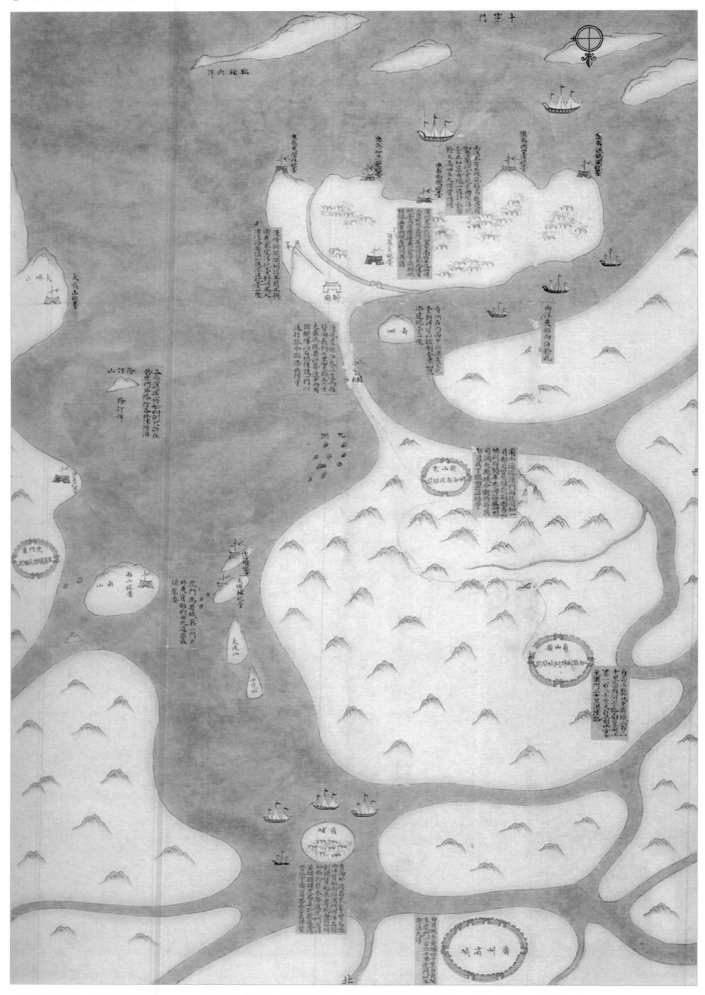

此圖南北倒轉，為中國傳統特色。1809年兩廣總督在向皇上建議加添虎門等澳門周邊地區防衛設施的奏摺中，附此圖以作說明，顯示中國擔心外夷由此入侵中國。

1839 年欽差大臣林則徐到澳門巡視，這是中央大員最後一次到訪澳門，他還下令驅逐英國人。他巡視的路線及停留的地方，體現了番坊的特點和中國的主權。

1840 年，義律等返回澳門辦公，英艦船 48 艘，士兵 4,000 餘人抵澳門海域，澳門聽任其入澳。之後，六艘英艦炮轟關閘，毀界牆及炮台，佔領蓮花莖及關閘。中國第一次失去對澳門的軍事控制。英國東印度公司的新型蒸汽艦「復仇女神」號（H. M. S. Nemesis）亦航抵澳門。這是鴉片戰爭的第一波，展開了列強對中國的侵略，而澳門卻站在列強一方，由中國的一個番坊轉變成列強侵略中國的前哨及基地。

鴉片戰爭後，在香港島被割予英國的背景下，澳門在 1841 至 1843 年正式向中國提出與香港殖民地近乎同等地位的，以《議事會九請》為基礎的權力及領土擴張的要求。1842 年中，澳門發生了有歷史記錄的第一次少有的有感地震。

1857 至 1858 年的第二次鴉片戰爭，更確認了中國被外國欺凌的新歷史形勢，中國進入了「半殖民地」時代。

○ **林則徐巡視圖**（1839 年）

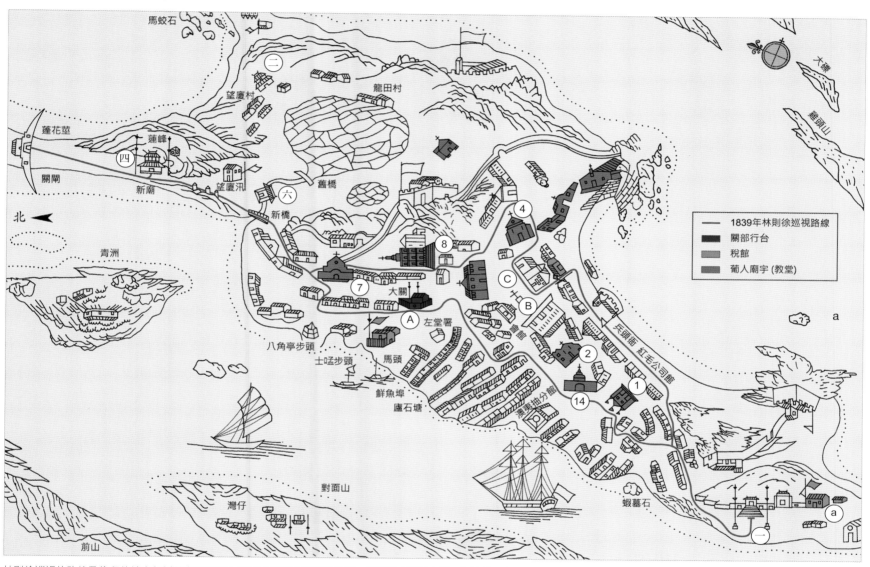

林則徐巡視的路線及停留的地方包括了主要的葡人及中國的行政及廟宇建築，體現了中國的主權。圖中數目字及英文字母的解說，見目錄頁後的主要歷史建築標示圖。

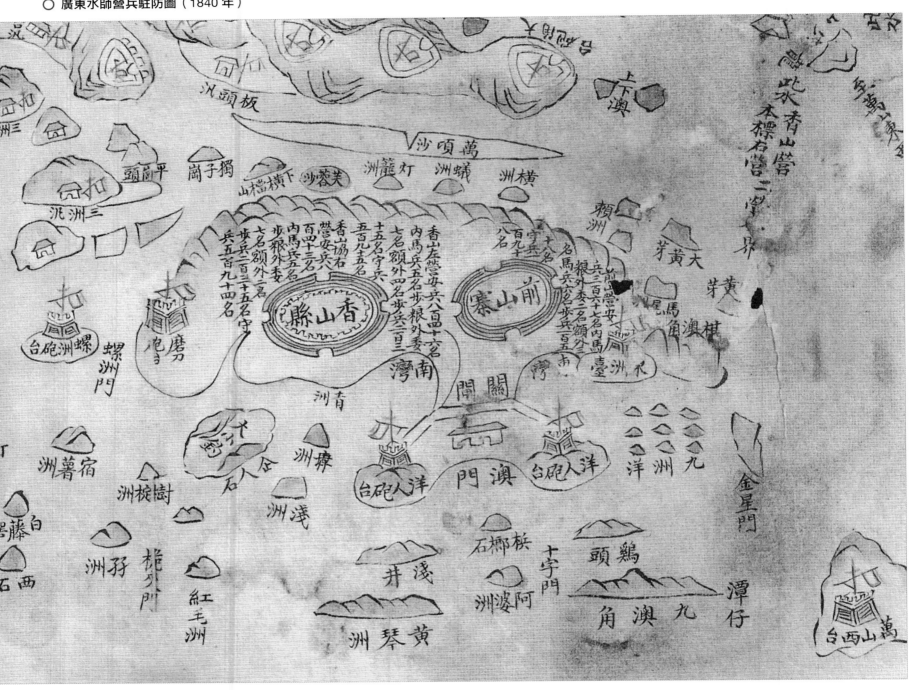

此圖顯示澳門周邊地區的清軍防衛部署，包括不同層面的駐防力量及設施，顯示官方對外夷入侵的憂慮。

○ 英法聯軍攻打廣州圖（1857 年）

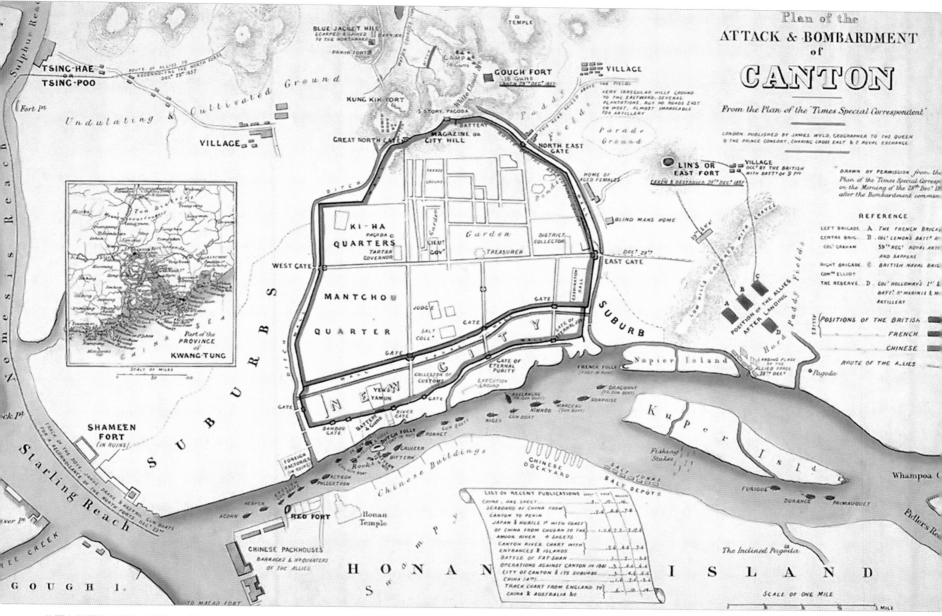

此圖由英國地理學家詹姆斯 · 懷爾德繪製。軍事行動在 1857 年 12 月 28 日展開，至 1858 年 1 月 5 日廣州被聯軍攻佔。

3.5 人口結構與城市發展

明清交替之際，澳門經濟陷入重大困難，1649 年及 1650 年分別餓死了 3,000 及 4,000 人，1652 年更發生瘟疫，死去 20,000 人。1655 年清廷頒令海禁及荷人在 1667 年佔領巽他海峽，打擊了葡人在東南亞的部份貿易，使葡王驚呼：「澳門現已完全破產。」1662 年，清實行「遷海令」。當華人商販、工匠在年中遷出後，澳門城只有約 600 名葡人和 2,000 名依靠施捨的孤兒寡婦。除了這一年外，澳門的人口，在 1644 至 1680 年間並沒有任何數字紀錄。1681 年荷人一份報告指出：澳門有士兵 150 名，市民 200 至 300 名及婦女 12,000 人，合共約 15,500 人。澳門城市建設在這期間亦沒有任何重大發展。

1684 至 1825 年間，人口雖然稍有增長，但仍維持在約二萬至三萬間。清朝對澳門物料供應及建造的嚴格限制以及澳葡對華人及外國人的禁止居住政策使人口難以增長，城市面貌也少有改變。1720 年的數字顯示城市人口仍階級分明，來自葡國的葡人及土生葡人、男與女、已婚和未婚，以及奴隸等都有明確記錄，而土生葡人已佔了葡籍的大多數。該年華人約有 6,000 人，佔總人口的 55%。約 100 年後的 1834 年，葡人人口幾乎沒有增長，但華人增加了四至五倍。在人口的分佈中，葡人人口仍集中在城內三個堂區，特別是大堂區。這個情況在 1774 年和 1834 年沒有大的變化。

○ 1774 及 1834 年澳門各堂區人口

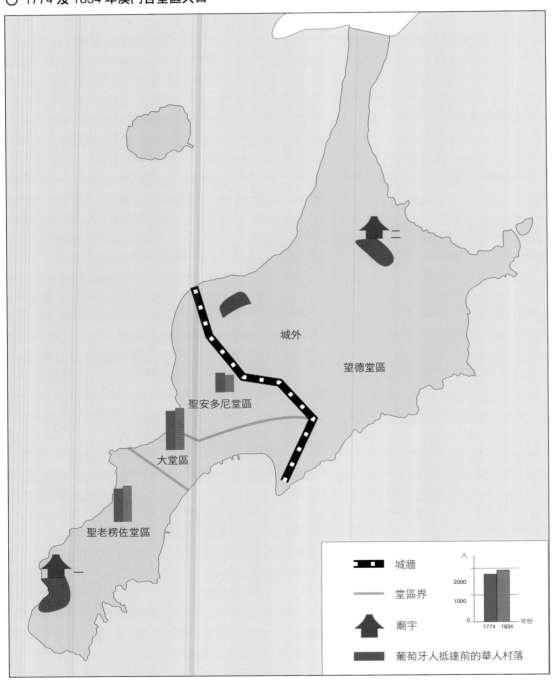

中文數字代表有關建築名稱，見目錄頁後的主要歷史建築標示圖。

○ 1720 年澳門人口結構

結構	人數
葡人（包括在澳出生子女）	274
葡籍兒童	99
葡籍少女	226
土生、已婚商人、士兵	842
自由婦女	504
土生兒童	232
已婚白人女性	504
白人寡婦	265
奴僕	2040
教士	34
學生	34
華人	6000
總數	10856

自 1760 年代起「一口通商」及「住冬」政策開始見效，以及鴉片走私開始興旺後，澳門一些本地鴉片富商，開始建築豪宅，外商及後來的各國領事官亦紛紛建造或租用葡人大宅（如十六柱），同時外商的巨大倉庫亦成為澳門的新城市元素。這些都可以在 1780 至 1820 年間的澳門地圖及油畫中體現。

1800 年的半島面積為 3.03 平方公里，比 1627 年增加了少許，主要是內港沙灘上的新填地及新建屋宇。澳門城的面積亦增加了 0.15 平方公里，總面積為 1.16 平方公里。

○ 1834 年澳門人口

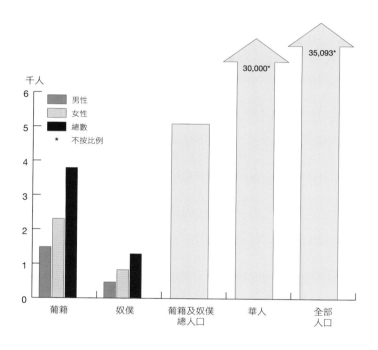

○ 1791 年澳門兒童及女性奴隸在基督徒人口中的比例

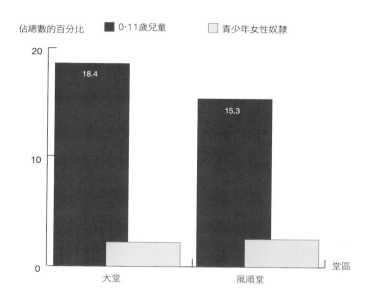

○ 1775 及 1800 年澳門的外國人口分佈

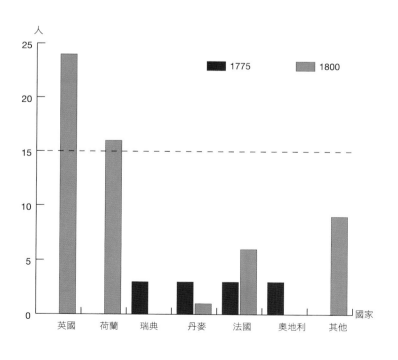

○ 1791 年澳門各堂區人口的社會階層

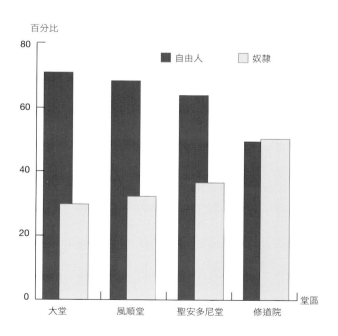

○ 澳門土地利用及主要防衛設施（1764 年）

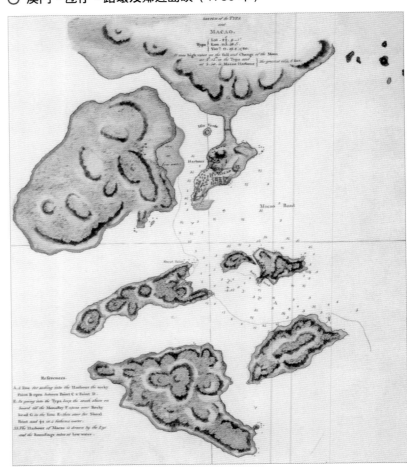

澳門城的範圍很明顯，通過連接的道路突出前山寨與澳門的關係，圖中沒有忘記放上代表宗教之城的恥辱柱。港口很寬闊且明顯地體現避風的優點。

○ 澳門、冰仔、路環及鄰近島嶼（1780 年）

詹姆斯．庫克繪。這是首張展示組成澳門的三部份，及其地貌及沿岸水深的地圖。它還記錄了 250 年前由十字門到內港的船道的水深和寬度，以及澳門城的簡況。

○ 澳門油畫（1797 年）

由加思欄廟大台階望南灣。左邊是西望洋及主教小堂，最右方是大炮台及三巴廟牌坊頂部。正前方是南灣稅館前的旗桿，其後是大教堂。大教堂左面高大建築順序是龍鬚廟、小三巴寺及風順廟。南灣中部似在水中的是小炮台。大教堂及眾寺後的群山是內港對面的灣仔。

喬治・尼克爾繪。

明末清初，特別是自乾隆朝以來，中國欲將與「外夷」的貿易限制在澳門及其周邊。這明顯地是基於國家安全的考慮，同時也因為澳門夷目及議事會對中國官員及其治澳政策一直採取逢迎態度，甚至不怕違反葡印總督及葡王的命令。因此，中國曾三次決心將廣州的十三行遷至澳門，以與夷商分隔，便於防衛。然而，澳葡卻怕這舉措導致廣東官員更加大肆地干預澳門地方行政，及西方諸國乘機削弱葡人在澳的影響力。通過賄賂中國地方官員，澳門得以保持其廣州外港的地位，但長期與廣東官員的勾結亦使澳門成為鴉片走私城市和以鴉片毒害中國百姓的橋頭堡，不但打擊了中國經濟，而且變成新興帝國主義（英、美、法）對中國進行軍事侵略的前哨。澳門這 200 年的歷史，在宗教上，受中國禁教及天主教內部分化的影響而沒有太大的發展；在文化交流上，雖有進展，但比上一時代遜色；在城市發展上，亦比較僵化。因此，我們稱這 200 年的澳門歷史為「漫長的蛻變」。

○ 從東望洋炮台南望澳門半島（約 1830 年）

前方是一支出殯隊伍。左面高地上是東望洋炮台，右面是大炮台，其東西兩邊城牆內為澳門城。大炮台前方是瘋人寺及一些葡人及華人屋宇，都建在城外。圖中城牆以北為澳門城，可見到眾多教堂的高塔。半島的末端是媽閣山。內港在半島右，對面群山為灣仔。

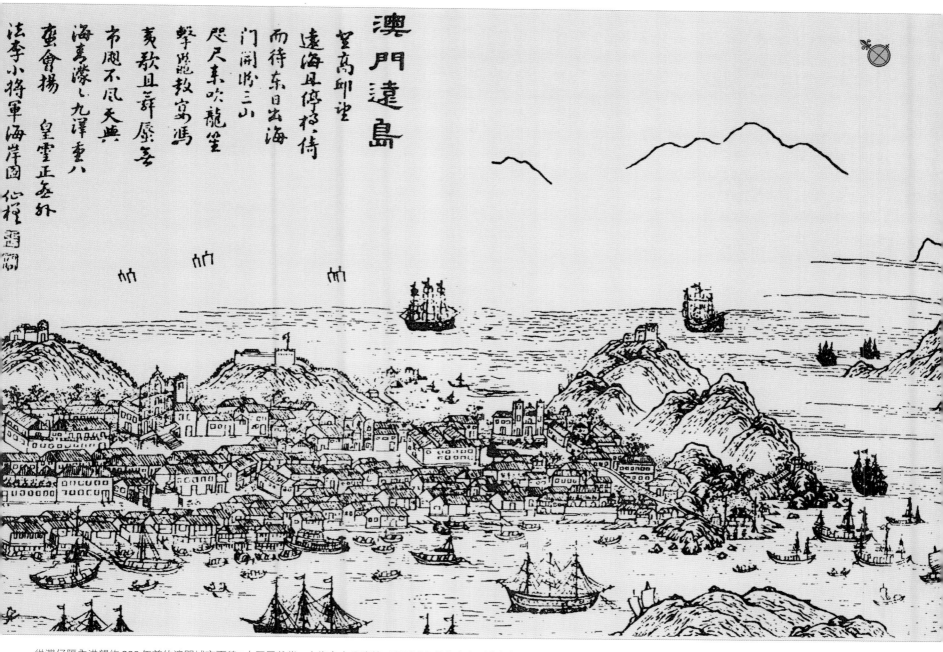

○ 澳門遠島（1819年）

澳門遠島

望高卽望
遠海且停杖倚
而待東日出海
门闸防三山
咫尺束吹龍笙
擊照敔宵焉
麦欹且舞麾舂
市閙不風天興
海喬灂〆九澤重八
蛮會揚　皇堂正坐外
法李小將軍海岸圖　似程雷隅

從灣仔隔內港望約200年前的澳門城市面貌：大三巴教堂、大炮台十分清楚。澳門城中部的大廟、議事會、仁慈堂及它們的前地亦很明顯。左上方的大樓是風順廟，左下方岸邊是媽閣廟。
上述建築不少是經過旋轉，以顯示出樓宇的正面風彩，而這些面貌保存至今。內港左岸是大碼頭及岸邊的稅館，其後是關部行台。由關部行台向右行便進入繁盛的大市場及營地大街。

此圖除了顯示上圖的主要建築及城市風貌外，還顯示19世紀初在澳門城中設立的中國地方行政機構：左堂署（O）、18世紀末中方容許澳葡建立的稅口——澳夷抽分館（P）、英國東印度公司在南灣建立的商館及倉庫——紅毛公司館（Q），以及由大炮台遷移至南灣的新建澳督辦公大樓——兵頭衙（R）。其他數目字及英文字母的解說，見目錄頁後的主要歷史建築標示圖。

大礫

雞頭山

D

10

b

4

3

C

B

e

會館

兵頭衙 紅毛公司館

R

Q

2

h

14

澳夷抽分館

1

P

11

蝦墓石

a

一

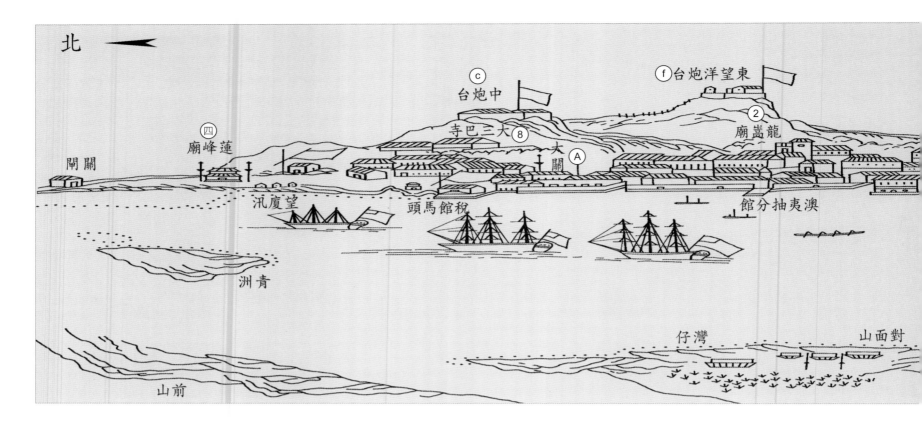

北

ⓒ 台炮中　　　　ⓕ 台炮洋望東
　　　　　　　　　　　　　　　　②
④ 廟峰蓮　　寺巴三大　⑧　　　廟嵩龍
閘關　　　　　　　　　　Ⓐ大關
　　　汛廈望　頭馬館稅　　　館分抽夷澳
洲青
　　　　　　　　　仔灣　　山面對
山前

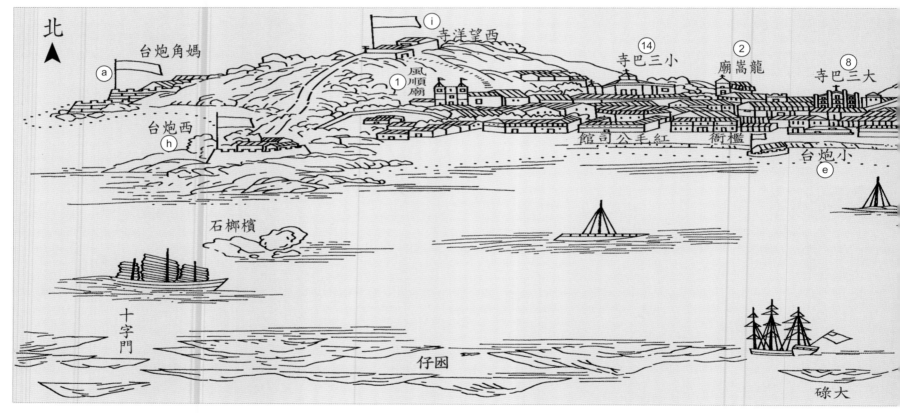

北

台炮角媽　　　ⓘ 寺洋望西　　　　　⑭　　　②　　⑧
ⓐ　　　　　　①風順廟　　　小三巴寺　廟嵩龍　大三巴寺
台炮西　　　　　　　　　館司公毛紅　衙檻　　台炮小
ⓗ　　　　　　　　　　　　　　　　　　　　ⓔ
石榔檳
十字門
仔囝
碌大

○ 南灣（1860年）

1860 年澳門已進入新的殖民地時代。南灣小炮台及南灣稅館已拆掉，更多洋房出現在岸邊，大教堂在 1850 年重建後成為南灣另一地標（位於大炮台下方）。

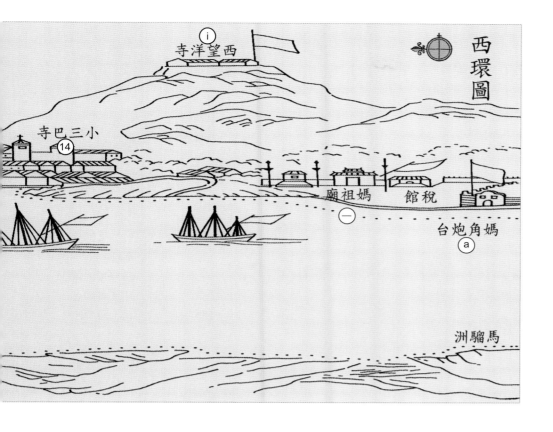

《香山縣志》之西環圖（1828 年）

此圖是《香山縣志》有關澳門的三圖之一。它用廣角素描法由內港西的灣仔，將澳門西側面由關閘至媽閣炮台的地貌及城市風貌保存下來。可見到主要中國廟宇蓮峰廟、媽祖廟和三大教堂，及四個主要炮台。中國駐澳總稅館及其中兩個分館亦標示出來，體現了中國的主權，澳葡的稅館亦在。此圖的另一手法乃內港西的諸島的方向與澳門是相反的。

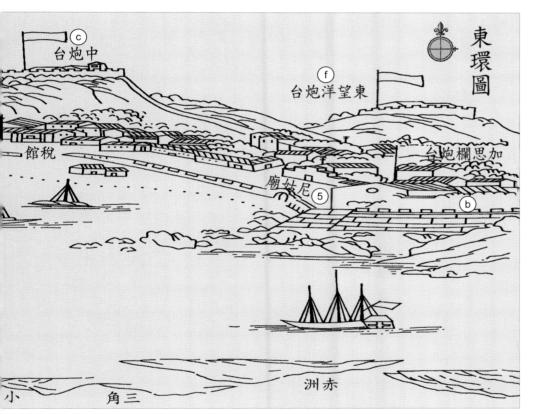

《香山縣志》之東環圖（1828 年）

此圖由半島南面的氹仔將半島側面可見的地貌及主要防衞設施及城市風貌顯示，包括七大炮台和四大教堂。南灣稅館、澳葡總督衞署以及英國商館同在南灣海旁。其中一些主要建築的樣貌至今不變。

○ 澳門圖（1848 年）

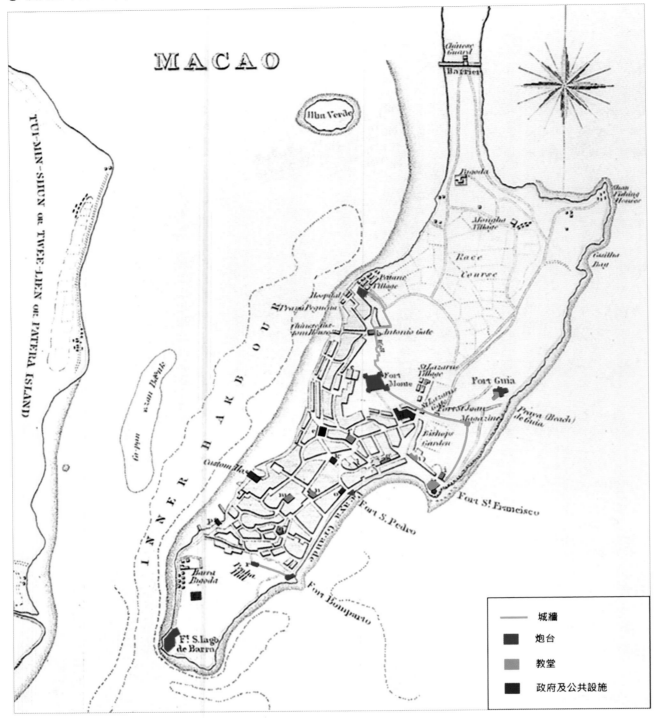

圖中山崗是望廈（蓮花）山，其北是狹窄的蓮花莖，其上的關閘清楚在望。關閘後隱約見中國駐兵。望廈左方是青洲島，山前為望廈村，其前還有兩個小村及不少農田。圖下方見葡兵及帳幕，可見邊界軍事緊張。

城牆
炮台
教堂
政府及公共設施

○ 望廈村及關閘（約 1830 年）

圖中山崗是望廈（蓮花）山，其北是狹窄的蓮花莖，其上的關閘清楚在望。關閘後隱約見中國駐兵。望廈左方是青洲島，山前為望廈村，其前還有兩個小村及不少農田。圖下方見葡兵及帳幕，可見邊界軍事緊張。

4 殖民地：擴張與現代化

(1845—1949)

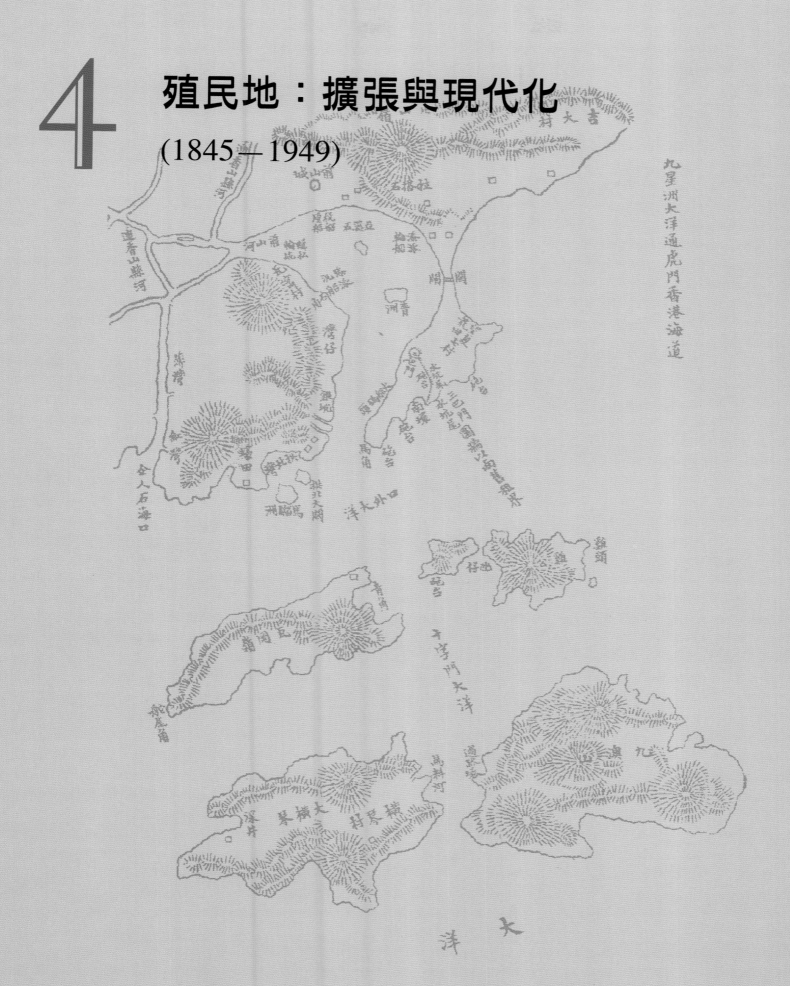

4.1 鴉片戰爭後葡人爭奪殖民地的野心

中國自 1840 至 1842 年的鴉片戰爭後，不斷受到列強的欺凌，淪為「次殖民地」。積弱的清朝，在 1911 年被推翻，但新成立的民國又是一個軍閥割據、南北分裂的亂局。在這約一百年的歷史中，葡萄牙雖已淪為西方弱國，卻乘機將澳門長達 300 年的在中國主權下的「番坊」改變成為其衰落的中國的一個殖民地。不但如此，葡人還在澳門城周邊搶佔土地，並在半島沿岸大規模填海。在這期間逃難而來的中國人逐漸成為澳門人口及工商業的主體，促進了澳門向現代社會的轉變。

1844 年，葡萄牙宣佈將澳門、帝汶、蘇祿組成一省，獨立於印度之外。

1845 年，葡人擅自開放澳門為自由港，任命海軍上校阿馬留為澳門總督，授命他奪取澳門主權，擴張疆界，以建立新殖民地。阿馬留在 1846 至 1849 年任內將安放在議事亭走廊過百年的《澳夷善後事宜條議》（1749年）搗毀，拒向中國納地租，擴佔氹仔及關閘以南地區。在這過程中，他無視中國傳統，挖掉望廈各村的祖墳，引致龍田村村民沈志亮等假裝「告狀」向他伏擊，砍下他的頭和手。然而在列強的支持下，澳葡反而乘機拆毀中國海關，驅逐中國官員，同時將殖民地領土擴張。

○ **廣東全圖**（1879 年）

對澳門的管治範圍的標示及其反映的中國海防意識與 18 世紀雷同，不同者乃鄰近的橫琴位置的標示已沒有 18 世紀的錯誤。

○ 半島及氹仔（1866 年）

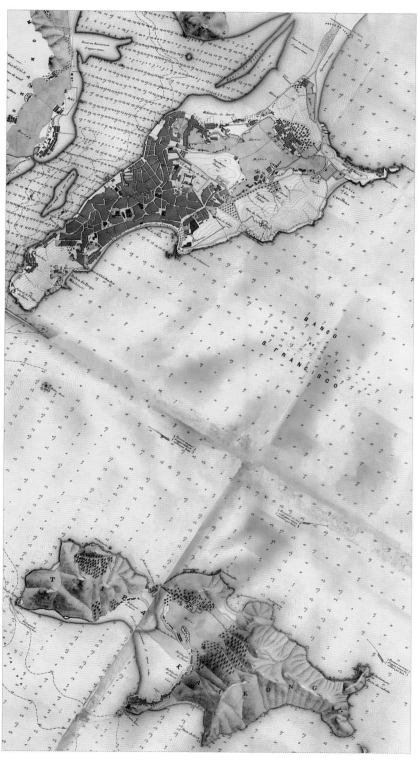

○ 1844 至 1897 年葡人擴張行徑

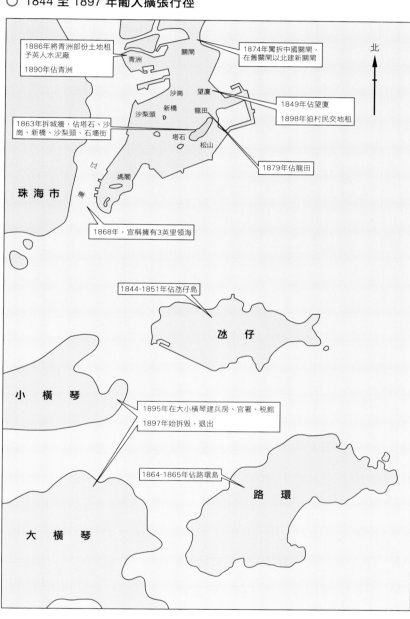

1844 年葡人開始侵佔氹仔，1864 年在島岸填海及批准開設字花廠，氹仔儼然成為葡人統治區。這是首張把澳門半島和氹仔島放在一起的土地利用詳細圖。

○ 關閘北面中方的駐兵（1830 年代）

○ 關閘油畫（1849 年）

圖中的中國城樓由明至清歷 300 年，至 1874 年被葡人拆毀，並在其北面建造西方凱旋門式的新關閘，作為自定邊界，之後便以低價收購舊關閘以南的農村土地。

○ 1910 年的關閘（葡佔方）

○ 紀念亞馬留的銅馬像

銅馬像位於 1970 年代的葡京門前廣場，用以紀念亞馬留（João F. do Amaral）1846 至 1849 年對澳門領土的擴展。回歸前，銅馬像被搬回葡萄牙。

1887 年在清朝的英籍海關總稅務司赫德有意的偏袒和主導下，中、葡達成 1887 年《中葡友好通商條約》。條約在 1888 年被確認，給予葡萄牙在澳門的永久治權，但這權利卻不能在中國沒有同意下向第三方轉讓；澳門領土範圍要保持現狀，待中、葡測定確認。不過，雙方卻遲遲未能定界。其間葡方侵佔青洲，一度侵入北山、沙尾、灣仔和銀坑，但最後只能佔有青洲。由於國際和中國國內形勢的變化及葡國地位轉弱，葡人在澳的管治範圍難以再度擴張。30 多年後（1909 年），中、葡新一輪談判在香港展開。葡方提出勘界方案，將領土及海域擴至 326 平方公里，比 16 世紀末的半島大 100 多倍，但中方一直不同意。因此，澳葡便在 20 世紀初，寄望在澳門半島及外島填海以擴大其領土空間。

○ 1909 年葡方劃界建議

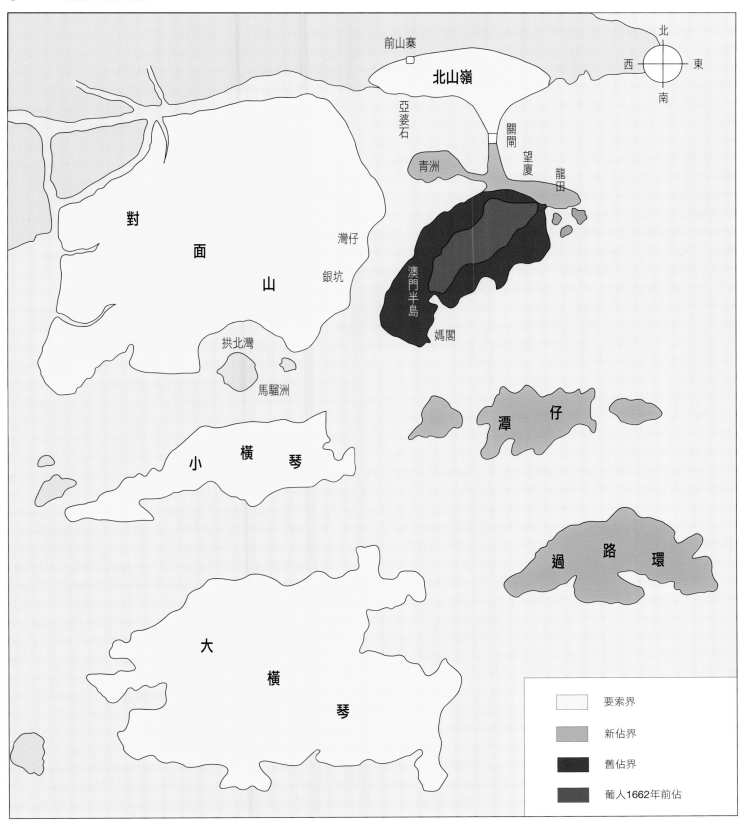

葡方代表在中、葡澳門劃界談判時向中方代表提出的勘界方案。它是個粗糙的手畫本。

4.2 大規模填海與現代城市建設

　　由於 1888 年的條約沒有對澳門領土範圍作出明確界定，且又要求不能單方面改變現狀，澳門只能在淺海近岸作小規模填海，如 1866 至 1868 年在西望洋海濱及北灣、1871 至 1881 年在下環和內港、1887 年在沙梨頭的填海。因此在 1800 至 1899 年間，半島面積由 3.03 平方公里增加至 3.31 平方公里，只增加了 0.28 平方公里。加上氹仔和路環，葡佔澳門面積擴大為 10.45 平方公里。

○ 澳門半島（1873 年）

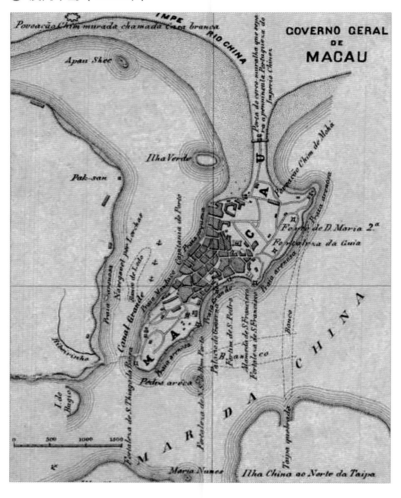

○ 澳門半島（1881 年）

爹美刁・施拿地繪。

○ 澳門陸地面積演變（1500=100）

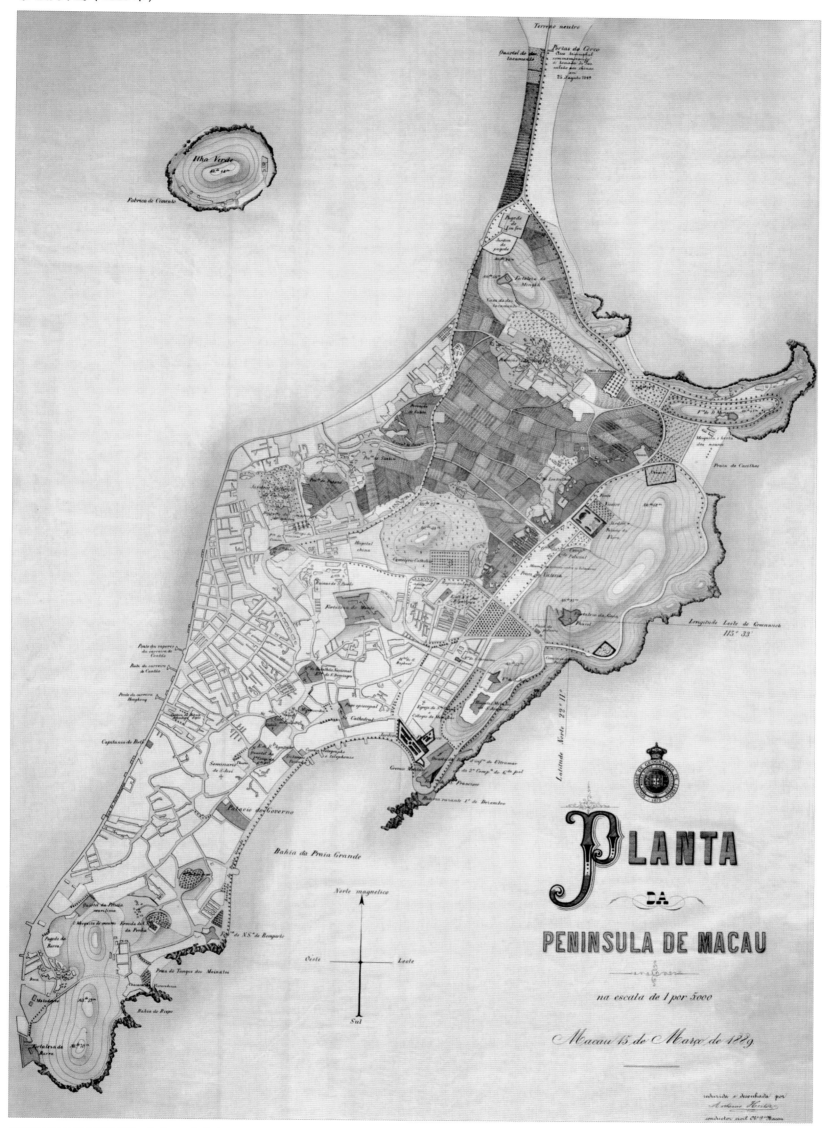

舊澳門城外的新佔區仍以農田為主，現代道路網仍未出現。

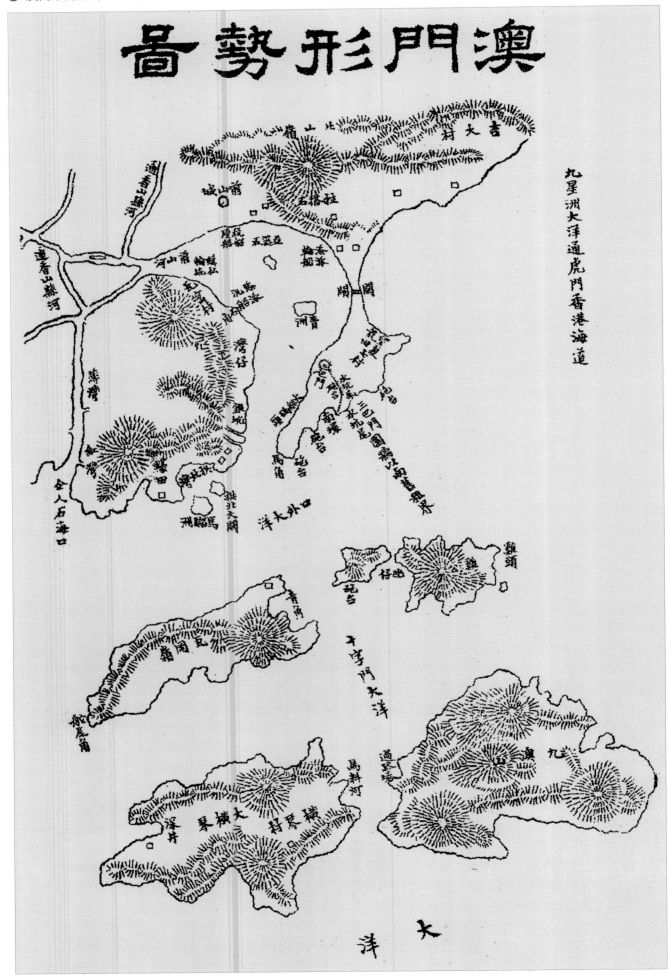

中國人，尤其是廣東人，對澳門的認識及關注越來越多。他們對葡人擴張的不滿形成了對中國官府的壓力，使官府不得不同意葡人擴張的要求。左圖是民間首張介紹澳門形勢的圖，是首位談及澳門地理的中國地理學家所繪，見羅汝楠《中國近世輿地圖說》。

填海除了作為新的空間擴展辦法外，還具有改善港口水深及泊碇設施的作用，使澳門在香港開埠及中國加設上海等沿岸通商口岸後，仍可在中外貿易上保持一定的優勢。由於淤塞嚴重，澳門內港低潮時平均的水深已由 1865 年的 3 米，下降至 1881 年的 1.7 米。首次改善內港工程的研究已在 1864 年展開，至 1881 年完成，但由於規模太小，作用不大。1884 年提出了另一計劃，包括在氹仔建伸向半島的防波堤。1905 年制定的《城市總體治理計劃》才包括大型的填海計劃和港口整治工程，但由於多次遭

中國反對而不能成功。結果只有待孫文的廣東政府建立後，出於對澳門總督表示友好及「孫黨」在澳門的活動等考慮，中國南方政府才默許澳門在 1917 至 1927 年間的大規模填海。這次填海，加添了新港口，奠定了澳門至 1970 年代的現代城市的界限和規模，並給予它 50 年以上的發展空間。這計劃由 1918 年設立的港口改良委員會主導，在 1891 至 1909 年多次研究的基礎上，於 1919 至 1920 年制定具體計劃，其中內港工程 1919 年開始，1924 年完成；外港工程 1923 年開始，1927 年完成。一份 1928 年的報告指出，共填海三平方公里，新港區水深 20 英尺，由四英里的防波堤保護。同時氹仔和路環亦在 1910 至 1927 年間分別填海 1.5 及 1.01 平方公里，使城市面積擴大了一倍以上。

○ **青洲港口及氹仔防波堤工程規劃**（1884 年）

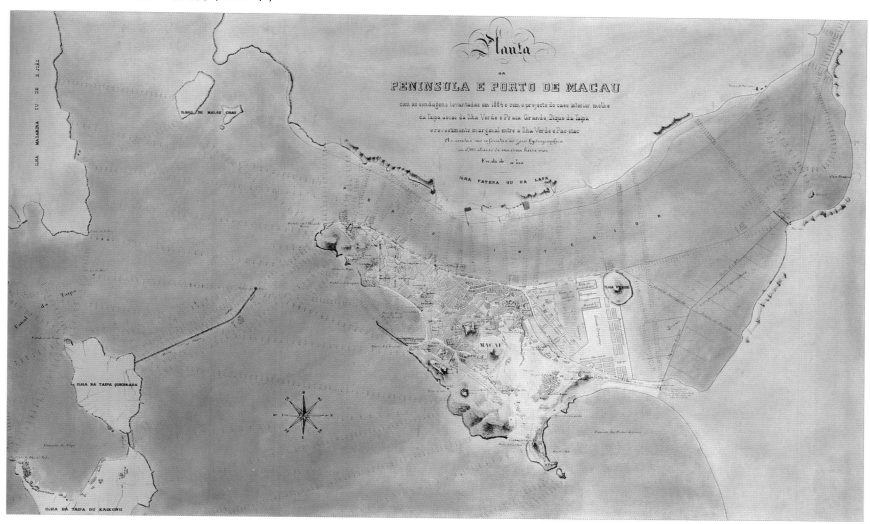

這是 1884 年欲挽救澳門經濟的海港擴充計劃，包括由半島至青洲的大規模填海及碼頭建設，以及在氹仔建伸向半島的海堤。前者部份被落實，後者並未實現。

○ **1863 至 1927 年澳門面積變化**

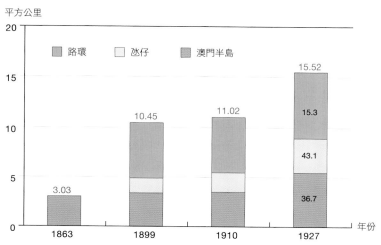

平方公里

註：藍色數字是總面積；黑色數字是 1910 至 1927 年填海增加佔總面積的百分比。

由 1860 年開始，澳門分三階段逐步由有地中海風格的中國「番坊」蛻變為按葡國規劃標準建成的現代城市。1864 年建成的東望洋燈塔是中國首座現代化航海燈塔。1869 年建立了現代郵政。1864 年引入《王國城鎮修葺總規劃》，逐步修建現代化道路、城市照明，以及填平污水坑，拆除危房等。在第二階段，1883 年成立了「澳門城市改善研究會」，對十二個方面的城市環境衛生、交通、居住、市場、農村、綠化等進行整治改善。在 1883 至 1911 年間，澳門一共修建了 20 公里公路，對各區的市場、衛生、居住條件和現代城市設施等的改造計劃基本完成。1905 年的《城市總體治理規劃》標誌着第三階段的展開。在這期間，建成了區際公路，開通了粵港水上交通線，組建了市內公共巴士公司，及開辦了澳門航空公司等區內外現代交通設施和服務。

○ **澳門半島發展計劃（1905 年）**

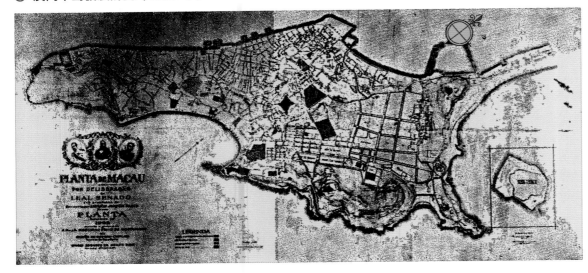

此圖是兩位澳門葡人工程司欲將澳門舊城北面新佔地城市化的計劃，包括兩大方面：擴充及改善海港；建造現代路網。

○ **澳門及鄰近地區（1912 年）**

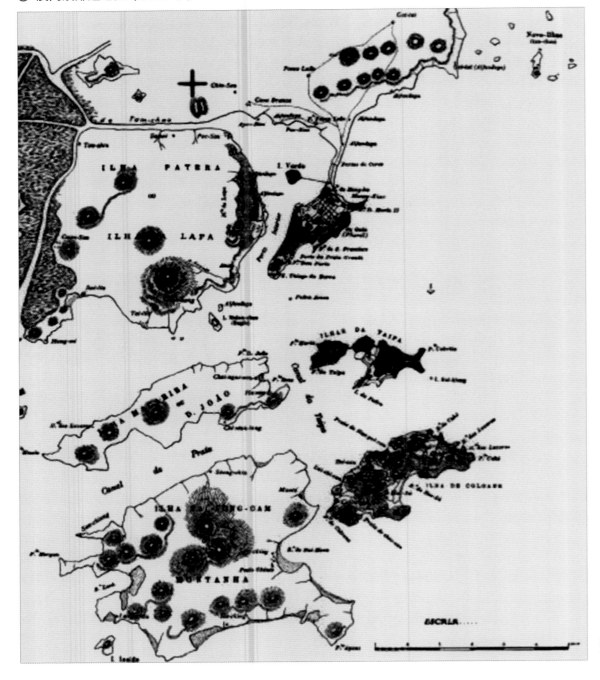

由於中方的反對，1884 至 1905 年的海港及填海計劃至 1912 年時基本沒有實現。

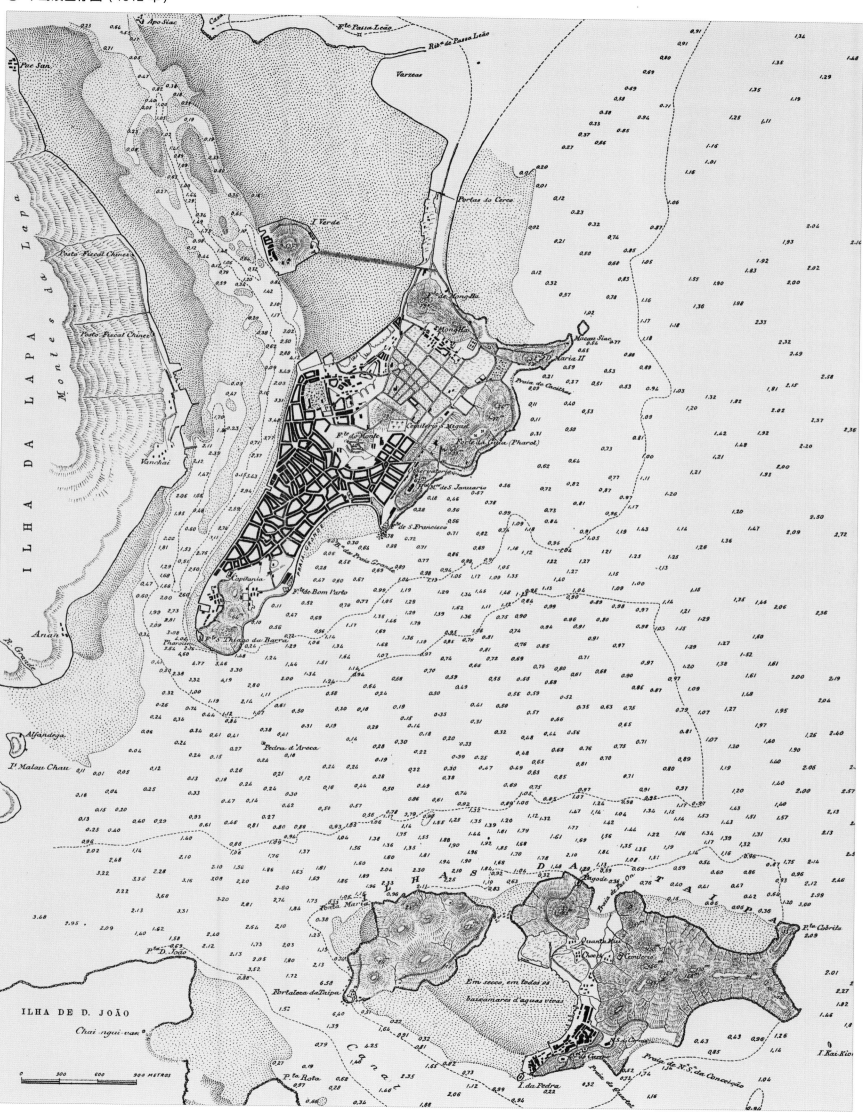

○ 半島圖（1912 年）

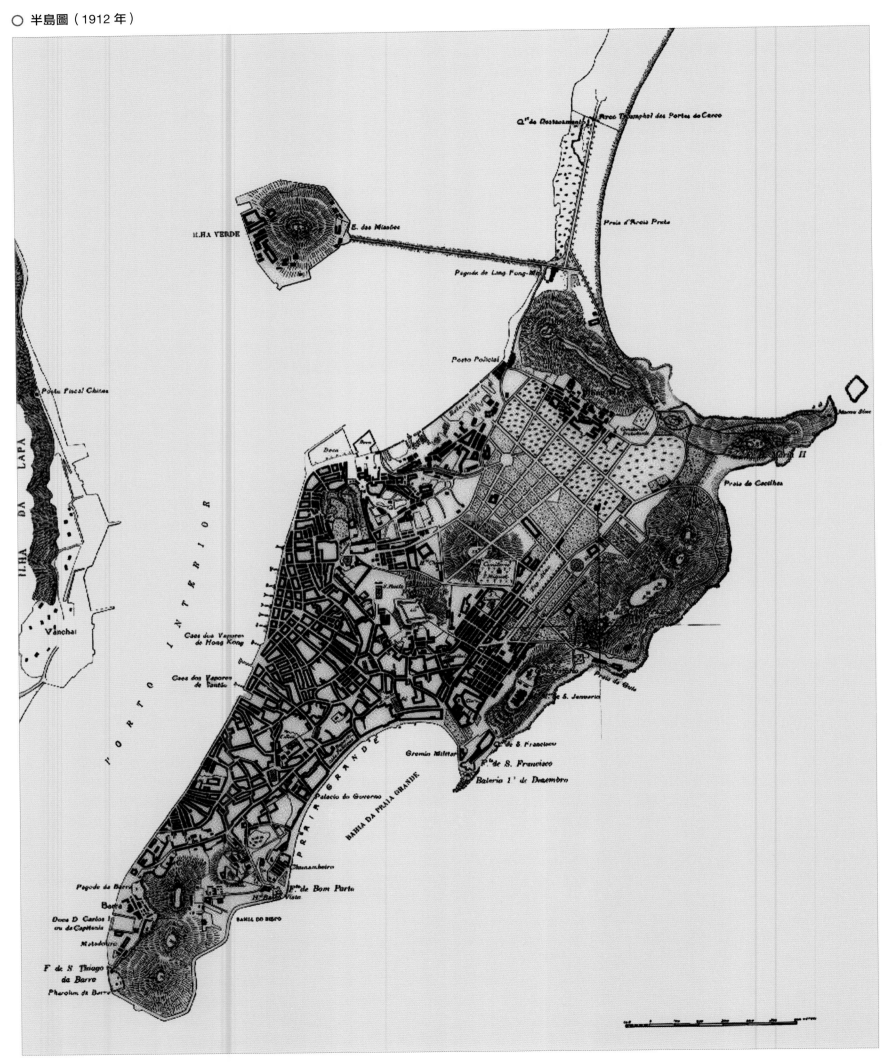

圖中可見連接青洲島與澳門半島的堤道已建成，而氹仔及路環亦有新發展。

○ 氹仔圖（1912 年）

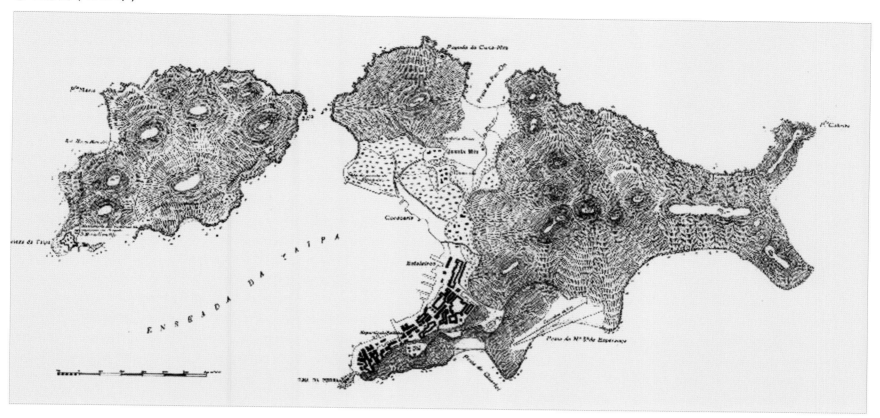

○ 路環圖（1912 年）

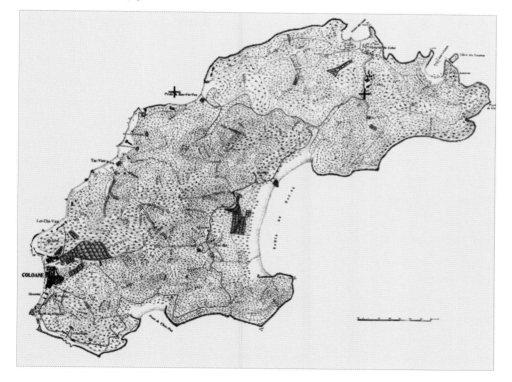

○ 半島圖（1919 年）

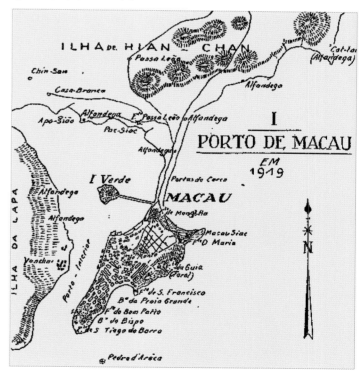

○ 罅些喇

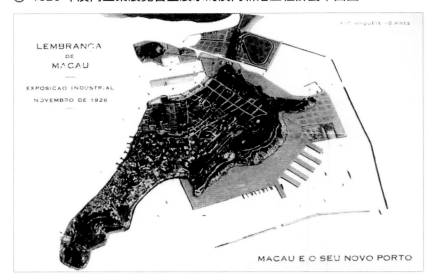

○ 1926 年澳門工業展覽會上展示的澳門新港工程計劃平面圖

1918 年，澳門政府成立澳門改良口岸委員會，罅些喇出任口岸工程處處長，負責包括新口岸填海在內的新港工程。

○ 填海工程前的蓮花莖（約 1920 年代初）

進行填海工程前，從東望洋山向北鳥瞰澳門：左面是筷子基，右面是祐漢。前面是蓮峰，其後是蓮花莖。兩旁仍是廣闊的海面。

○ **內港及新港規劃圖**（1927 年）

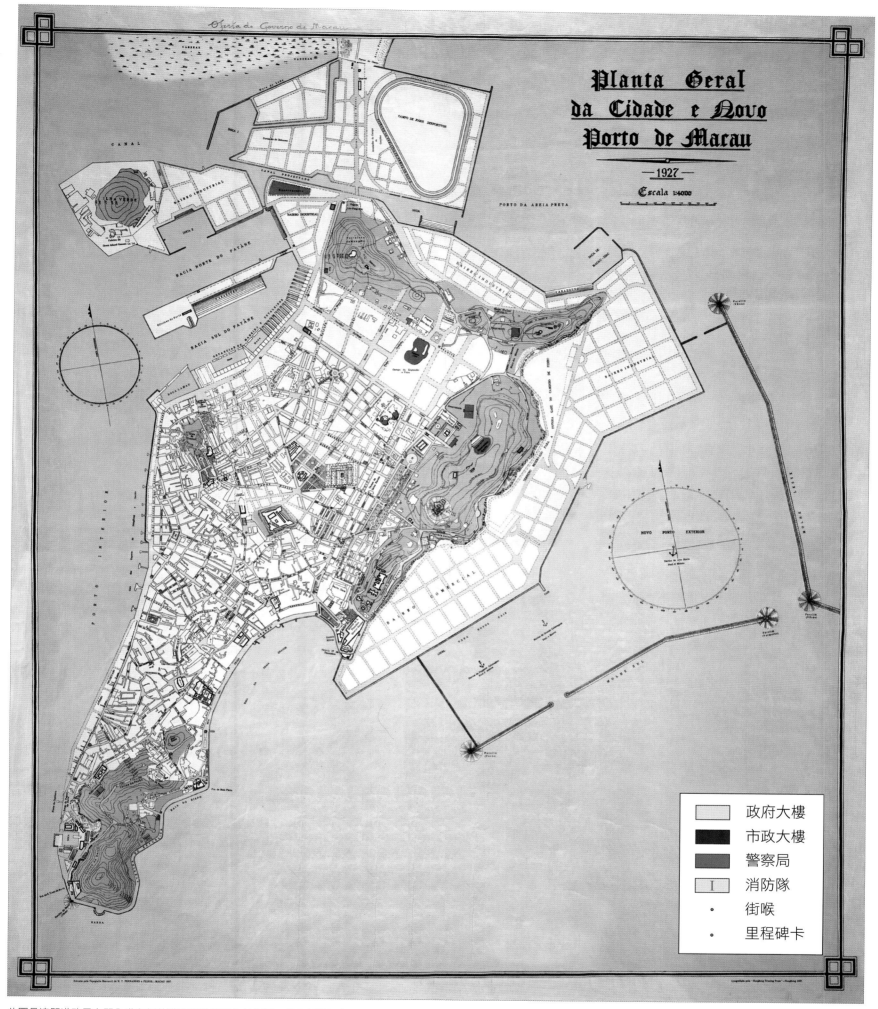

此圖是澳門港務局有關內港與新外港工程及填海的計劃圖，其目標是要在 1927 年 5 月完成這些建設。

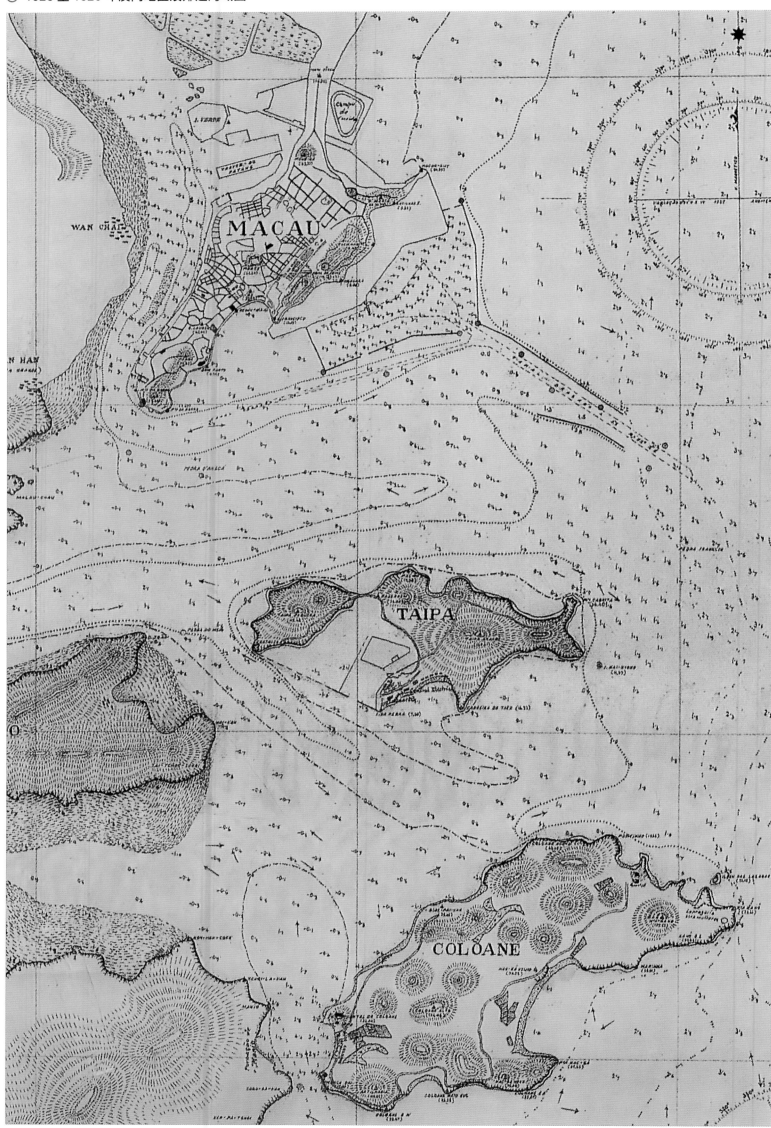

此圖顯示內港和新港的填海大部份已完成，新港海堤與航道亦已竣工。

○ 1913 至 1995 年填海造地的擴張

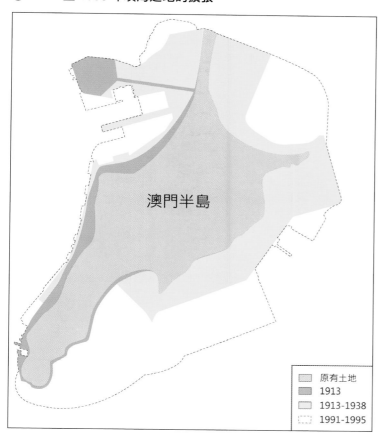

澳門半島

原有土地
1913
1913-1938
1991-1995

○ 1912 至 2011 年澳門填海範圍

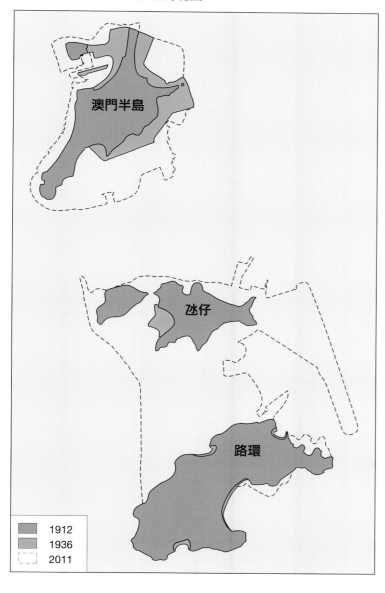

澳門半島

氹仔

路環

1912
1936
2011

○ 從西望洋山遠眺 1923 年填海前的南灣外港（約 1890 年）

○ 新口岸填海工程完成後，新增大片土地（約 1927 年）

○ 南灣東部填海工程（約 1935 年）

工程於 1931 至 1938 年完成，由華人合組的申達置業公司承建，從加思欄炮台到政府合署大廈前的一帶海面，近半個南灣填成陸地。

4.3 畸形經濟：「特殊行業」的出現

上述的現代城市發展，當然要有強大的財政支撐。但澳門過往近乎獨佔中外貿易的門戶功能卻已消失，因為隨着列強強迫中國開放貿易和在中國治外法權的增加，相對於廣州、上海及香港等新興商埠，澳門在中國對外貿易的地位日漸下降。

此外，澳門地方狹小，港口水淺，難以容納大量的新型遠洋輪，因此在鴉片戰爭後的初期，澳門尋求轉變為次地區性中轉中心，並以中國的西南地區及鄰近的西江流域為腹地。它開始為這個腹地出口生絲和茶等商品，並通過香港轉口外國。不過，由於西江流域地區（如北海、三水、江門等）在 1876 至 1897 年間亦陸續開放，成為對外貿易競爭對手，澳門最後只能淪為香港的「附港」，而其貿易貨品亦從一般生活和生產資料轉為以鴉片為主。因此，其經濟轉向為發展包括鴉片貿易在內的一些不健康的「特殊行業」。

○ 上海黃浦江外灘風光（1860 年代）

此圖展示了上海外灘自法國領事館至英國領事館的景色，外灘的最右方是英國領事館，屋旁豎着英國旗，其左方的兩層長形建築是怡和洋行，左旁的三層建築是赫爾德洋行（兼作俄國領事館），中央是江海關，其右側懸葡萄牙旗的是寶順洋行，畫的左方懸瑞典旗的是旗昌洋行，最左方懸法國旗的是法國領事館。外灘標誌着上海成為中國的最大外貿口岸，超越澳門，甚至廣州。圖的左方出現了新型的蒸氣輪，標誌着新的遠洋運輸時代的開始。澳門港小水淺的自然條件並不適合這種新航運技術。

○ 香港維多利亞城遠眺（1854 年）

1850 年代的香港已略具大商港的雛形，各項建設已告展開，而主要的建築物：聖約翰座堂、會督府、三軍司令官邸均已落成，督憲府亦接近竣工（圖中央的草蓋屋便是）。香港港闊水深，在往後的數十年國際貿易中將澳門輕易地壓下去。

19世紀末的廣州城

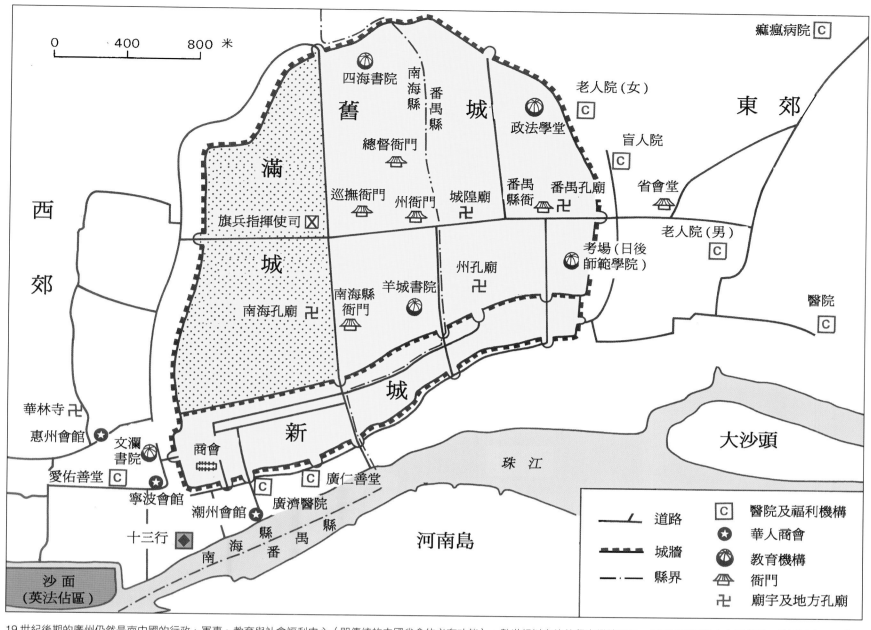

19世紀後期的廣州仍然是南中國的行政、軍事、教育與社會福利中心（即傳統的中國省會的必有功能）。數世紀以來的外貿也繼續開展，但已不再局限在十三行裡。英國及法國已成功取得廣州西郊的一個小島——沙面，作為它的殖民地。沙面和其他中國城市的租界及割讓地一樣，成為中國沿海主要城市內的西方列強的特區。

廣州河南江邊起卸貨物（1855年）

這是從廣州河南眺望火災後重建的新商館區，前景可看到揹夫在挑運一箱箱的商品下駁艇，然後運到輪船上，輸出海外。十三行對岸的河南，倉棧林立，貨物多在此裝卸。珠江上停泊着「火花號」，這艘木製的美式蒸氣輪，從1850至1880年代行走於省、港、澳之間。自從廣州開放予外商從事直接貿易後，澳門貿易商港的地位便開始衰落了。

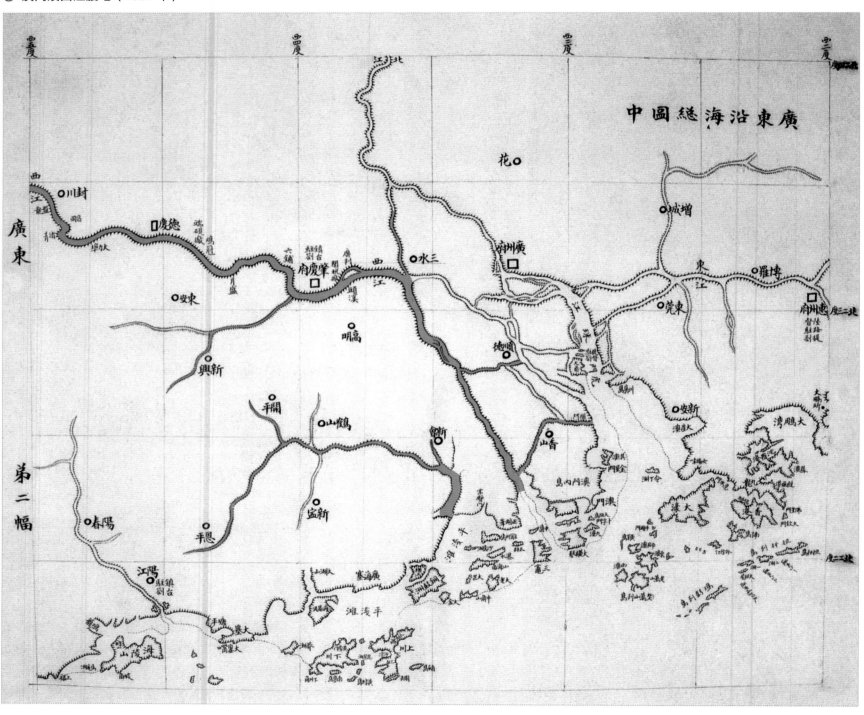

4.3.1 「賣豬仔」：苦力的出口

葡萄牙人作為最早一批奴隸販子，於 1443 年已在今天的尼日利亞首都開設了奴隸貿易站。葡人在澳門落腳後，於 1563 至 1583 年已有拐賣中國兒童的記錄，鴉片戰爭前亦時有類似記錄。中國苦力貿易在鴉片戰爭後迅速地畸形發展。起初，苦力出口港口有廈門、香港及澳門，1856 年後集中在澳門。1859 至 1868 年中國政府在新的不平等條約下被迫承認西方有在華招工權利，使澳門這一畸形行業更大規模地發展，直至 1874 年。之後，在中國的壓力下，澳門表面上禁止華工出口，但直至 1894 年仍有 450 名華工由澳門被運往聖多美的記錄。1847 至 1874 年，澳門出口華工已達 20 萬人。各國湧至澳門成立的代理公司也由 1850 年代的數間，增至 1873 年的 300 多間，該年從事這一畸形行業的勞動力達三萬至四萬人，約為澳門人口的一半。由澳門出口的華工約有 95% 被運往古巴及秘魯，每名華工價錢平均為 70 澳門元。估計澳門政府在華工貿易高峰期年收入達 20 萬澳元，約為 1845 年前關稅年收入的五倍。華工抵達目的地後處境近乎奴隸，至古巴及秘魯的苦力在航行中的死亡率高達 35%。禁錮華工的澳門「豬仔館」集中在福榮里、聚龍里（苦力圍）、華旺街、白馬行街等地。1895 年，最大的「豬仔館」和生記停業，澳門的苦力出口才正式走向衰微。

○ 1856 至 1873 年從澳門出發至古巴及秘魯的苦力人數

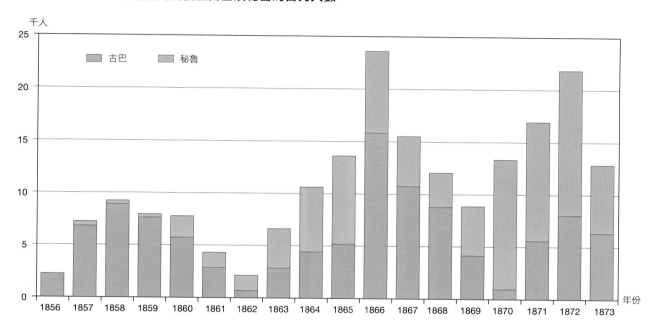

○ 1856 至 1868 年經澳門遷移國外的中國移民

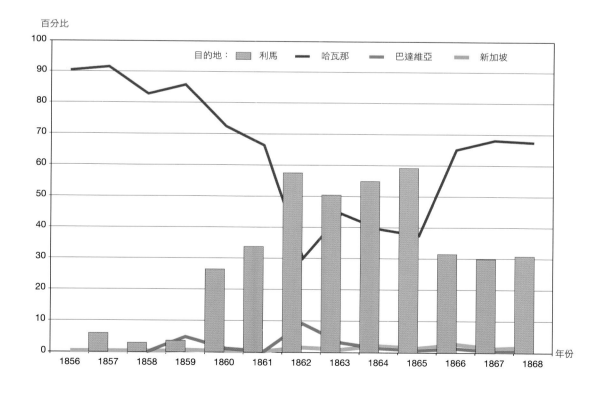

○ 1805 至 1872 年澳門年均出口華工

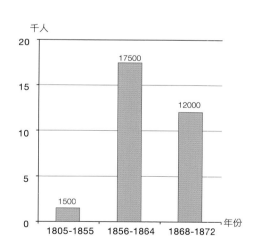

4.3.2 鴉片專營

澳門自開放為自由港及驅逐中國海關後，便與香港一起成為中國乃至全球最大的合法及走私鴉片基地。1840 年代，每年進入中國的鴉片估計在三萬箱以上，其中近半數來自澳門。澳門進口的鴉片部份經製煉後，又以優質熟鴉片形式運往美國及澳洲。因此，在 1845 至 1925 年間，澳門不但是中國的鴉片走私中心，亦是國際鴉片貿易及加工中心。據估計，在 1887 年前，由澳門運入中國內地的鴉片，約八成是走私的。該年，中國和葡國簽定《和好通商條約》，為的是打擊走私，並在港澳邊界設立海關以收取鴉片厘稅，這亦是中國在澳門行政管治權上向葡人讓步的主要原因。新的辦法推行後，進口中國的走私鴉片總量由 1881 年的二萬箱減至 1892 年的 5,000 箱，而合法進口則由 1,265 箱升至 15,207 箱。1888 至 1891 年，澳門邊界的中國拱北關進口貨值中，鴉片佔了 44% 至 51%，鴉片厘稅年均收入有 42 萬兩（每箱正稅 30 兩，厘金 80 兩）。至 1909 年，拱北關的鴉片進口仍佔總進口值的 47%。然而走私鴉片量遠大於年均合法進口的 3,000 至 4,000 箱。

1909 年美國禁止進口鴉片；1912 年海牙國際會議對澳門鴉片貿易進行討論。這些國際壓力，使澳門在 1913 年將進口額減為每年 520 箱（其中一半本地銷售）。至 1919 年，澳門仍每年自香港進口鴉片，但實際進口量遠大於官方數字。1925 年澳門才正式禁煙，但鴉片在澳門的禁絕要到 1946 年才實現。

自 1850 年起，澳門對鴉片的貿易、加工及營銷開始了專營制度。專營期一般數年，專營業主每年向政府交納固定的費用。這個制度一直延至禁煙後兩年，即 1927 年才被政府專營所取代。在政府年度財政收入中，鴉片專營費由 1851 年佔總收入的 4.2%，增至高峰期（1905 年）的 30.9%。鴉片不但毒害內地及海外的華人，1940 年代初澳門本土還有鴉片煙館 50 多家，煙床數千，以及零售鴉片的商店 80 餘家，可見鴉片對澳門居民亦危害巨大。

○ 「茶話館」：鴉片煙館

○ 1842 至 1871 年中國年均鴉片輸入

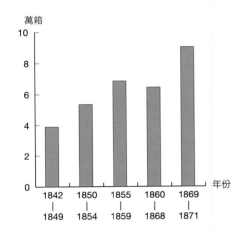

○ 實行厘稅制前（1883 至 1885 年）澳門的鴉片貿易

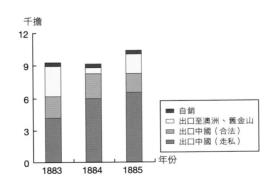

○ 1908 至 1932 年澳門的鴉片貿易

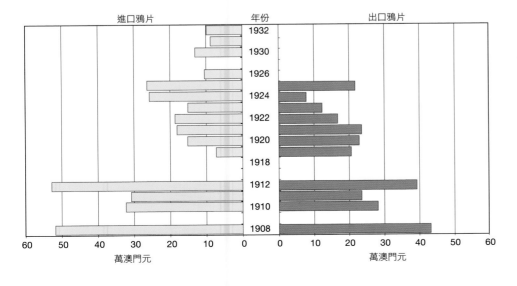

○ 1914 至 1919 年香港進口及轉口鴉片

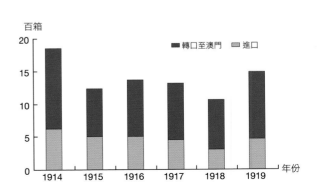

4.3.3 賭業與娼業

1742 年便有報導說澳門「充滿賭博」，而 1840 年的澳門更被形容為「賭館林立」。但賭博合法化並將賭稅列入政府財政收入則始於 1847 年，這時的賭博為中式，分為彩票與賭館賭枱兩種。早期彩票主要是白鴿票，即以《千字文》前 80 字中 20 字為謎底，猜中其中五字得獎，每天開獎一次。

其後，因為香港在 1872 年嚴禁賭博，以及廣東省在 1875 年禁止當地日漸流行的、以猜估科舉中舉人姓氏的「闈姓」彩票（字花），使澳門「闈姓」賭博大為發展並超越白鴿票成為最流行的賭博。1911 年，廣東省禁止「番攤」，令澳門賭業掀起了另一次發展高潮。1924 至 1941 年澳門又在關閘的新填地開設賽馬場，及於 1932 至 1936 年在蓮峰山下開設跑狗場。1934 年，泰興娛樂總公司成功競投承辦全澳賭業，首次引入西方式的集團經營，它的首個娛樂場在中央酒店開業。泰興的專營至 1960 年代才結束。因此，在二次世界大戰前，澳門已建立了中西合璧的、多元的賭博結構和管理體制，並獲得「東方蒙地卡羅」的名聲。

澳門的娼妓行業與賭博幾乎是在同一時期（1851 年）被立法批准的。1932 年起，香港禁娼，澳門娼業更興旺。1938 至 1940 年，澳門有娼寨 120 家、妓女 1,500 多人。

賭業和娼業在福榮里、福隆新街、新馬路、宜安街等空間上重疊。賭業還分佈在十月初五、清平、營地等街；而清和里、新市巷、柴船尾街等地，亦有不少妓寨。

賭博自 1851 年起佔澳門財政收入的 1/3，一直是澳門政府財政收入的最主要來源，年均佔財政收入的一半左右。

○ 華人「番攤」賭檔（1890 年）

○ 澳門白鴿票票根

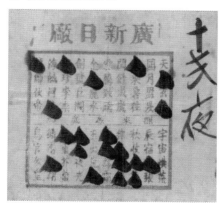

上圖紅色墨點乃開彩開出的 20 個字，即「謎底」。每票可在 80 個（《千字文》中前 80 個）字中選 10 個字，猜中五字以上有獎。

○ 福隆新街是妓寨集中地之一（約 1900 年）

○ 酒店和賭館（1920 年代）

○ 1851 至 1922 年澳門財政收入

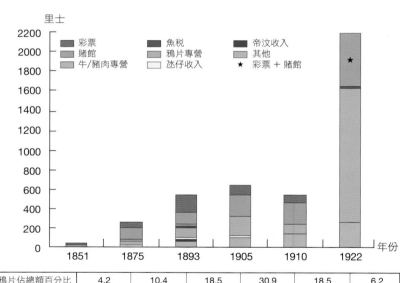

里士

圖例		
彩票	魚稅	帝汶收入
賭館	鴉片專營	其他
牛/豬肉專營	氹仔收入	★ 彩票＋賭館

年份

	1851	1875	1893	1905	1910	1922
鴉片佔總額百分比	4.2	10.4	18.5	30.9	18.5	6.2
賭博佔總額百分比	33.4	51.7	55.9	49.7	54.4	25.2

4.4 工商業、漁農業

4.4.1 工商業

19世紀末，澳門出現了一些依附於中國轉口商品的加工工業。蒸造鴉片煙膏在上文已提及。1867年，澳門約有四家茶葉加工工場，僱用工人430人，由內地進口茶葉，加工後經香港出口至世界各地，特別是歐洲。1887年，有記錄的製茶工場有15家，約僱用900工人，茶製品年出口達41,000擔。1882年，澳門開設了四家機械繅絲廠。同一時間，還有五至六家絲織廠和14家爆竹廠。中小型船廠一直存在，為進出港口的商船和龐大的漁船隊服務。在1847至1855年間，由於傳統貿易衰退，澳門葡人轉而建造護航快船（Lorcha）。船重50至150噸，配西式火炮4至20門，由5至6名葡兵及10多名廣東水手操作，為粵、閩、浙三省商船護航。每次費用5至50萬元，成為葡人主要職業。當時的船廠有30餘家，因此澳門的工業化已於19世紀的最後20年展開。1896年的數字顯示：半島、氹仔和路環都有不少工業場所。

雖然以青洲英泥廠（1889年）、電廠（1906年）為標誌的現代工業在20世紀初已開始，但一項對1900至1930年澳門工業的研究發現，73%的工廠仍然只用純人力進行生產，都是傳統手工業。以就業及產價來說，至1947年止，三大傳統工業（神香、爆竹、火柴）共僱用了約6,000人，並成為澳門最大的出口工業。其次是英泥，50年來，澳門成為港澳和東南亞的主要英泥供應地。

○ **火船頭街（約1890年）**

這是內港漁獲批發及漁船補給的主要服務中心。

○ **浮家泛宅（約1925年）**

漁業仍是當時重要的行業。南灣堤邊罕有地搭木棧橋，方便艇家上落。

○ 青洲英泥廠（約 1900 年）

○ 1926 年澳門工展會內景

○ 20 世紀中葉的爆竹製作

李超宏攝。婦女及兒童為爆竹製作業提供了廉價的勞動力。

○ 1896 及 1910 年澳門的工業活動

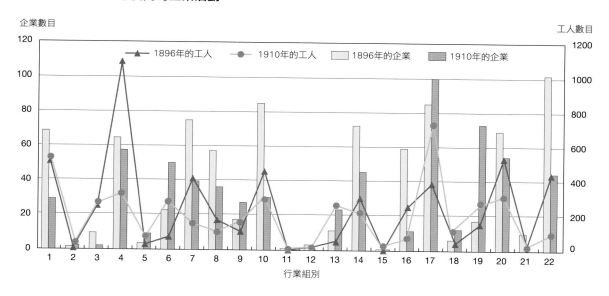

企業數目　　　　　　　　　　　　　　　　　　　　　工人數目

　　▲ 1896年的工人　　　● 1910年的工人　　　□ 1896年的企業　　　■ 1910年的企業

行業組別

註：
1. 食品業
2. 飲品業
3. 煙草業
4. 紡織業及製衣業
5. 皮革工業
6. 製鞋業
7. 木材工業及傢具廠
8. 紙及紙品工業
9. 印刷、雕刻、出版及有關工業
10. 其他化學產品工業
11. 陶瓷器及彩釉陶器
12. 玻璃及玻璃製品
13. 製造其他非金屬礦產品
14. 金屬製品
15. 非電力機械
16. 交通運輸原料建造
17. 其他製造業
18. 石匠及油漆匠
19. 零售業
20. 餐廳及酒店
21. 通訊
22. 其他服務

○ 1929 年澳門製造業企業數目

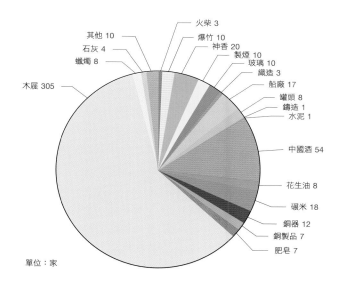

其他 10
石灰 4
蠟燭 8
木屐 305
火柴 3
爆竹 10
神香 20
製煙 10
玻璃 10
織造 3
船廠 17
罐頭 8
鑄造 1
水泥 1
中國酒 54
花生油 8
碾米 18
銅器 12
銅製品 7
肥皂 7

單位：家

○ 1896 及 1910 年澳門的製造業

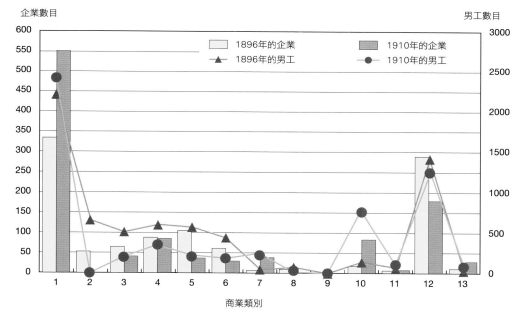

企業數目　　　　　　　　　　　　　　　　　　　　　男工數目

　　□ 1896年的企業　　　■ 1910年的企業
　　▲ 1896年的男工　　　● 1910年的男工

商業類別

註： 1. 食品店
　　 2. 熟鴉片及其剩餘物
　　 3. 押店、找換店及商號
　　 4. 賭博：字花、彩票及番攤
　　 5. 紡織、衣履
　　 6. 木材、傢具及繩纜
　　 7. 紙及其用品
　　 8. 玻璃及陶瓷
　　 9. 石灰及磚
　　 10. 加熱產品及燃料
　　 11. 爆竹及煙花
　　 12. 其他未列明之產品
　　 13. 葡式商業場所

○ 1931 年澳門對外貿易

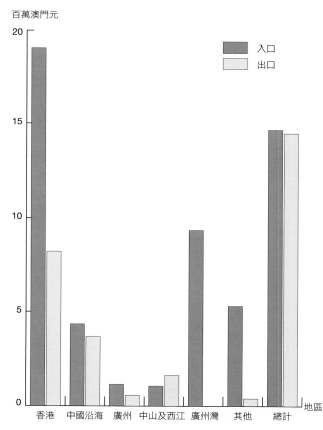

百萬澳門元

　　■ 入口
　　□ 出口

香港　中國沿海　廣州　中山及西江　廣州灣　其他　總計　　地區

4.4.2 漁農業

澳門位於珠江口鹹淡水交匯處，鄰近地區多港灣，又和南中國海的外海漁場接近，因此有利漁業發展。1912 至 1921 年的拱北關報告稱澳門為「中國第二漁港」，約有漁船 1,800 艘、漁民四萬人（佔人口 28%），是澳門最大就業行業。每年 3.6 萬元的專營稅是政府的重要收入之一。在上述 10 年間，年均出口漁產 300 萬元，多運至香港、廣東及海外。在氹仔和路環，1931 年時，亦有 12 個蠔塘，年產蠔 1,200 擔，用以製蠔油及蠔乾。澳門在 1939 年仍有漁民三萬至四萬人。

19 世紀以前的地圖顯示，大炮台北及北城牆外的郊野多是農田。19 世紀初福建鄧姓移民落戶瘋人廟（望德堂）周邊，以務農為業。當時亦有幾戶葡人在廟旁務農。中國官員將有關地租作為瘋人廟的收益。1887 年中方官員對在北城牆外至關閘間的七村進行祕密調查，發現其中只有望廈有農地四頃，年納田糧稅 30 兩。

○ **1910 至 1939 年澳門主要進口貨物**

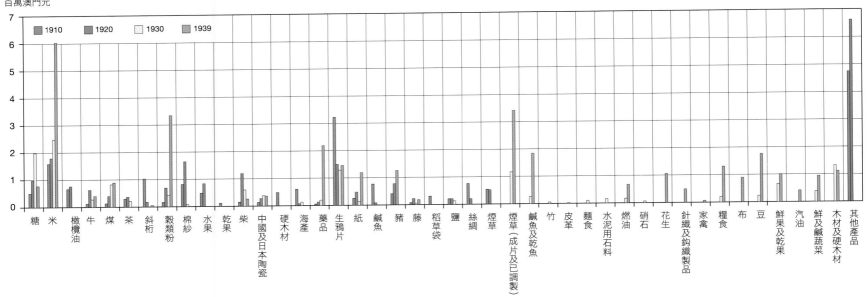

○ **1910 至 1939 年澳門主要出口貨物**

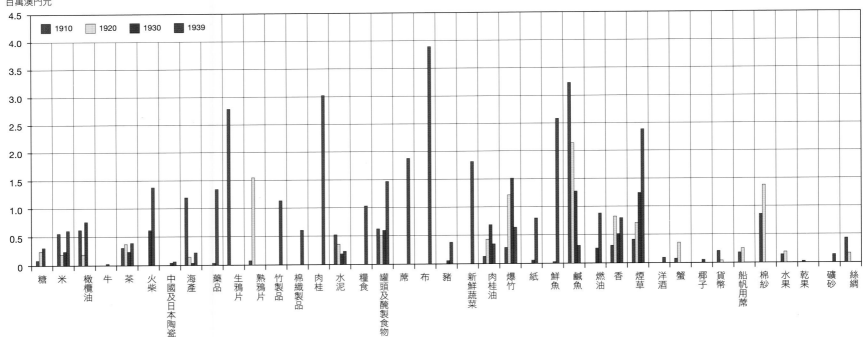

4.5 人口變遷

這一百年的澳門人口變化，主要是受政治因素影響。在殖民地擴張初期，葡人人口因為葡兵增加而上升。1850 年代因為兩廣的太平天國動亂及第二次鴉片戰爭，使華人增加到五萬至六萬人，佔澳門人口大多數。澳門人口的華葡比例，由 1839 年的 1.25 華人對 1 葡人，變成 1860 至 1910 年間約 17 華人對 1 葡人。而遷入澳門的華人亦首次包括了官吏和紳商。他們不少人挾帶巨資和技術，不但改變了澳門的華人社會結構，也為澳門的經濟、城市及社會的轉變輸入了新的元素。早期工業中的製茶、織造和三大傳統工業，乃至鴉片專營和賭博都與華商和華人有莫大關聯。他們自 1850 年代起主導了澳門的經濟，包括工商業和進出口行業。1898 年數字顯示：全澳有 1,075 間生產及商業場所，僱用 6,838 人，其中只有 11 間為葡人擁有，僱用僅 35 人。

◯ 1847 至 1939 年澳門人口

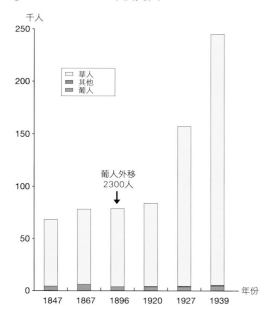

◯ 1868 及 1896 年中國籍居民職業

（佔總人口的百分比，%）

職業	1868	1896
海員		29.5
工人		0.4
裁縫	2.1	6.3
未指定的被僱者		2.8
僕人	15.6	11
商人		2
小販	3.7	2.7
木匠		1.1
搬運工人		0
貿易	2.3	1.2
商業僱員	18.3*	4.8
其他	34.5	11.9
工藝工匠	1.8	1.9
學生		2.1
無業		22.4
總數	78.3	100

* 包括貿易押店，商店內店主經紀、出納文員及僱員。

◯ 1878 至 1950 年澳門人口國籍

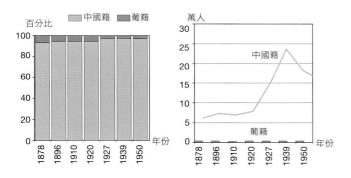

◯ 1896 年澳門工商業分佈

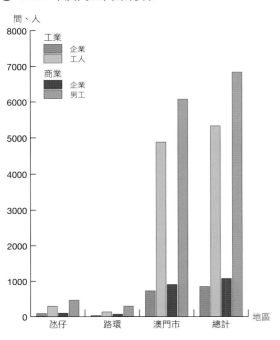

◯ 1871 及 1896 年澳門人口分佈

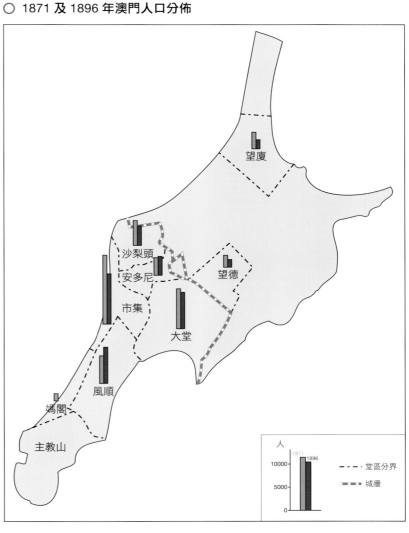

當然，澳門人口的增加也和領土的拓展相關，特別是 1880 年代後，氹仔和路環逐漸併入澳門，其人口亦壯大了澳門的總人口。1924 年廣州的「商團事件」使澳門華人人口驟增 10 萬，其總人口由 1880 至 1920 年的年均約八萬，增至近 20 萬人。其後降至約 15 萬人。1939 年日軍開始入侵廣東，使澳門人口由這一年以前的 14 萬多，驟增至 24.5 萬。1940 年廣州淪陷以後，澳門人口飆升至 40 萬。新增人口包括來自香港、廣東和上海等地。1945 年抗戰勝利，逃難華人多返回原居地，澳門人口驟降

至 15 萬人左右。日軍侵華使 1940 年的華葡人口比例升至約 100：1。該年的葡人只有 4,624 人。在 1860 年代的葡人人口高峰時期，總數為 6,000多人，但由於澳門失去了中國外貿門戶的地位，不少葡人便轉移至香港和上海等中國外貿條件更好的新興商埠。1896 年的資料記錄了最大的葡人遷出數字：共 2,300 人，其中 1,300 人往香港、738 人往上海、98 人往日本、68 人往廣州。

○ 1871 及 1910 年澳門人口分佈

1871

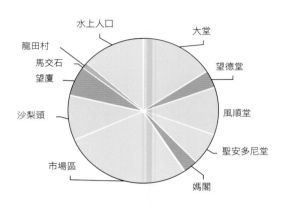

1910

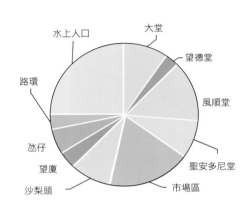

○ 1910 及 1920 年按堂區劃分的澳門人口分佈

1910
（總人口 74766）

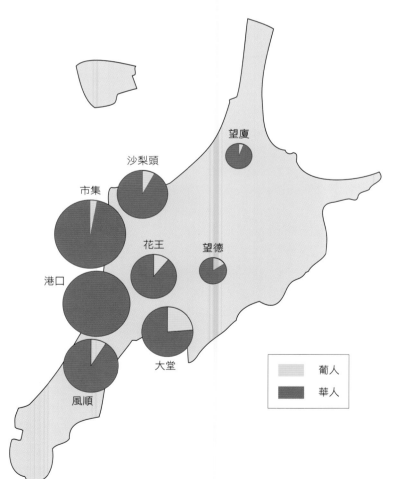

1920
（總人口 90000）

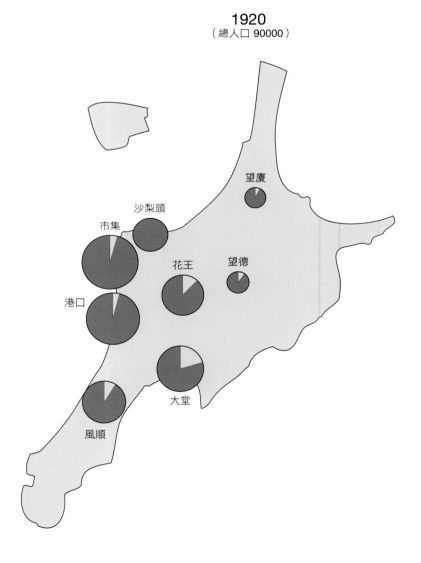

○ 人口金字塔

1871

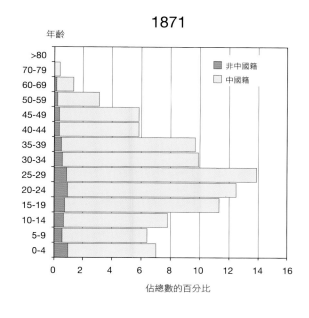

1910

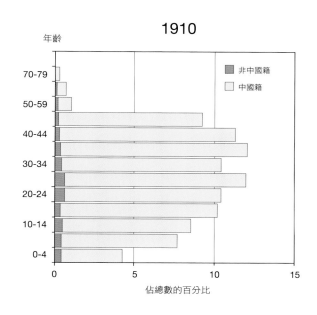

1871

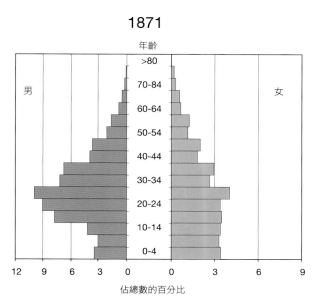

1950

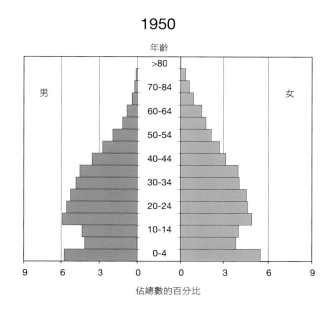

○ 1929 至 1932 年澳門教學狀況

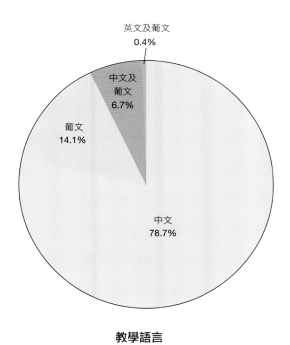

教學語言

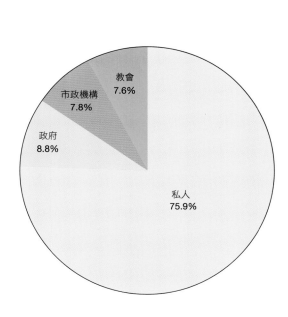

教育機構屬性

人口分佈明顯地集中在內港及主要商業區「大市集」周圍，包括了過萬的水上人口（漁民）。一個新趨勢乃人口超出了「澳門城」，向關閘和路、氹兩島伸延。1896年，路、氹兩島的人口，包括水上人口，已佔全澳人口的16.4%。

1924年《澳門年鑒》指出，當時澳門已形成四個商業中心：華人中心，主要圍繞內港及「大市集」；平民作坊及商業中心，主要是內港的下環區，亦以華人為主；歐洲居民服務中心，可分為風順堂前地一帶及水巷屋至東望洋山腳；金融服務業中心，集中在南灣大馬路和議事亭前地一帶。

○ 1891 及 1910 年在遠東港口的葡萄牙人口分佈

1891

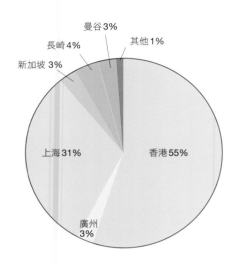

曼谷 3%
長崎 4%
新加坡 3%
其他 1%
上海 31%
香港 55%
廣州 3%

1910

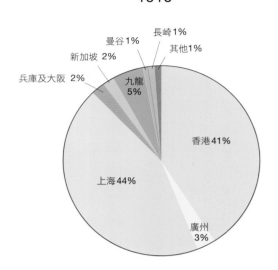

長崎 1%
曼谷 1%
新加坡 2%
其他 1%
兵庫及大阪 2%
九龍 5%
香港 41%
上海 44%
廣州 3%

○ 1924 年澳門四大商業中心位置

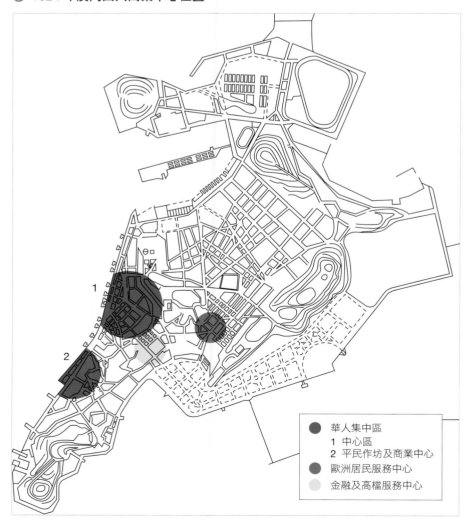

● 華人集中區
 1 中心區
 2 平民作坊及商業中心
● 歐洲居民服務中心
○ 金融及高檔服務中心

○ 1900 年代南灣的西段街景

三層高大樓乃興記酒店，是當時最高級酒店，後改為澳門酒店及利為旅酒店，並於1971年拆除。其右乃書信局（郵政局）。書信局大樓於1916年拆除，郵局搬往市政廳地下，1931年又遷至新落成的郵政局大樓。

○ 1930 年代的新馬路

4.6 結論：「梳打埠」與「東方蒙地卡羅」

1845 至 1900 年間，因中國積弱和列強縱容，澳葡改變了以往對中國政府的順從態度，轉而採取強硬的軍事和行政手段，進行兩次擴界，將原來在 1845 年管治的只有 1.16 平方公里的「澳門城」，至 1899 年擴大至包括氹仔和路環的總面積達 10.45 平方公里的澳門殖民地。由於擴界的企圖在 1888 年後難以實現，澳葡遂利用中國的內部分裂，以及對鄰近的中國地方政府及政客表示友好和容忍，終於在 1922 至 1927 年間以填海形式將管治範圍再次擴大至 15.52 平方公里。然而，直至 1940 年，不少新填地仍然空置，如東望洋西南和南灣的新填地。

○ **南灣（1875 年）**

Vista da Praia gd de Macao

南灣上的中國海關已拆除，官署的旗桿已不見，代之而起的是一西式建築。南灣右端的加思欄炮台清晰可見。海上除了眾多中國帆船外，還有西洋汽船，顯示新的海運時代的來臨，以及澳門因為港口水淺而很快地走向衰落。西望洋山上蓋了很多房子，以往的園地早已建滿。

○ 從聖方濟各炮台望南灣（1842 年）

南灣稅館前的清朝旗桿附近，船舶及貨物往來十分繁忙。圖中出現的主要是中國人。稅館以西沿岸已建起高大的歐式多層商廈及高級住宅。前方是西望洋及其上的主教小堂。西望洋周邊仍然是郊區。沙灘左面中國稅館前旗桿上掛了清朝國旗，顯示中國的主權。西方商人及國家領事的大樓達四五層高，排列在灣前。西望洋主教山山坡仍是青綠色的園地。

○ 從東望洋山遠眺南灣外港（約 1890 年）

○ 從西望洋山眺望南灣（1853 年）

大炮台及東望洋炮台分別位於左右兩高地。中間重建的主教堂及其雙鐘樓成為南灣最大建築，此教堂保存至今。

○ 1903 至 1904 年南灣景色

此照片顯示南灣中部的小炮台舊址及其周邊地區。圖中的小樹已長得茂密並成為南灣的新景觀，這是 1870 年後澳門綠化的成果。

○ 半島鳥瞰（1869 年）

由西望洋山向北望，中部偏西的小島是青洲，它與半島相隔很遠。青洲以南，半島的西岸仍是遼闊的內港，船舶很多，包括葡國大帆船及中國沿岸小船。圖中偏東的山崗上是大炮台，左下方是聖保祿大教堂的前壁，大炮台右下方是宏偉的主教堂及其雙鐘樓。圖中央藍白色教堂是聖老楞佐堂，其左是聖約瑟修院及聖堂，聖老楞佐堂的上方是聖奧斯定堂。在圖右方的山崗上有東望洋堡壘，其右下方海邊是聖方濟各炮台及聖方濟各修院。

○ 1550 至 1988 年半島、氹仔及路環土地面積

平方公里

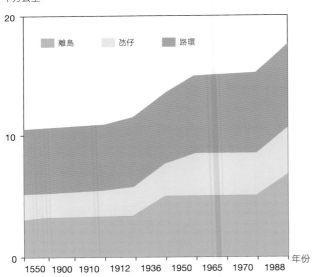

○ 南灣澳督府（約 1890 年）

施嘉爾子爵住所，於 1876 年租為澳督官邸，1881 年 5 月由政府購入，一直沿用作澳督府，澳門回歸後成為澳門特別行政區政府總部。

○ 議事亭前地

議事亭原是葡人在澳門實行自治及辦公的官署，創建於 1583 年，於 1784 年改建為二層大樓，1938 年改建為現今的模樣。大樓前面的廣場在 1869 年正式命名為議事亭前地。

○ 新馬路（約 1929 年）

從議事亭前地向西眺望，樣貌與今天差不多。

列強對中國的侵略和中國內部的動亂，使失掉了中國對外貿易門戶功能的澳門，能夠利用這個機會，發展畸形的「特殊行業」來支撐其經濟發展與城市建設。在 20 世紀上半葉，澳門已蛻變為以賭業為經濟主體的「東方蒙地卡羅」，並以香港和廣東的百姓為其主要客源，這使它贏得了這些地區給予的惡名——「梳打埠」（意為賭輸得徹底的地方）。不但澳門在 20 世紀下半葉的城市設施和對外交通的建設的資金來自這個行業的高昂利潤，而且這些建設本身也保證來自周邊地區的客源。這個依存關係，直至二次世界大戰後的 50 年，仍維持不變。

日本侵佔廣東和香港期間，澳門保持其特殊的中立地位，使這些鄰近地區湧入澳門避難的人口大增。澳門也奉行一貫的傾向於最大地區勢力的政策，即對日本採取合作和服從的姿態，而實現另一次特殊繁榮。雖然人口驟增一度導致糧食短缺及餓死人的現象（1942 年初每月餓死 1,500 人以上），但澳門卻避過了戰火的破壞，教育與文化事業也得到空前的發展。1941 年，隨着內地大量難民湧入，廣東不少名校也遷來，在澳學生人數從 8,000 增至三萬，遷來的名校包括嶺南中學、執信中學、協和女子中學、培正中學、廣中中學和中山聯合中學等。

○ **日本秘密繪製的澳門地圖**（1938 年）

此圖顯示澳門的範圍比當時葡佔範圍大很多，包括灣仔、對面山及橫琴部份地區和周邊廣大海域。

5 當代澳門：世界級博彩、旅遊、會展城市
(1950—2010)

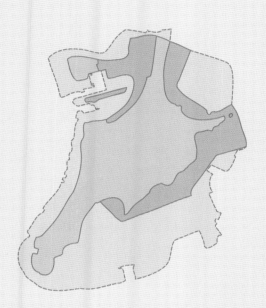

5.1 當代澳門的政治變遷：以「一國兩制」模式重返中國

5.1.1 從旗幟標記看澳門歷史

　　歷史上，中國一直以「天朝」自居，從來只有國號而沒有國旗，或只在旗幟上寫出國號，如「大明」或「大清」。地方官員或機構，就在旗幟上寫上官員的姓或機構的簡稱。在明清兩朝，駐澳的中國官署，如海關總口，就掛上「關部」兩字的旗幟。這在 17 至 19 世紀的中西方澳門城市畫中都可見到。清末，在李鴻章的建議下，清政府才採納了黃底青龍旗為國旗，但這已是 1890 年的事了。因此，在澳門「番坊」內，葡人最初掛的

是白底有皇冠的紅白雙層盾葡國旗。之後，葡國旗變為白藍雙底色，反映出葡國及其大片殖民地的現實。20 世紀初葡國革命成功後，國旗底色改為代表革命流血與國家發展的紅綠雙底色，並且去掉了雙層盾上的皇冠，而代之以環盾的混天儀（航海測方位儀器）。1951 年之後澳門更制定區旗。在回歸儀式上，這面區旗和葡萄牙國旗豎立在大堂中的葡方位置上。上述旗幟的變化，從側面反映了澳門政治地位的變化。

○ 明朝在澳海關總口關部行台懸掛寫上「關部」的旗幟

○ 清末（1890 至 1912 年）用作代表中國的黃龍旗

○ 1578 至 1616 年澳門懸掛的葡萄牙國旗

白底來自勃艮第的亨利伯爵的白盾藍十字。阿芳素一世時（1180-1247），藍十字變為多個小盾，其中間的白點代表銀幣，表示已建國及發行貨幣。1247 至 1481 年，白盾加了紅色外層及其上七座金色城堡，表示征服敵城，而紅色用以紀念阿芳素三世的媽媽。

○ 1830 至 1910 年澳門懸掛的葡萄牙國旗

藍底色代表葡萄牙廣大的海外殖民地。

○ 1911 至 1999 年澳門懸掛的葡萄牙國旗

紅綠雙色是葡萄牙共和黨的代表色。紅色意為革命流血，綠色為國家發展。此旗在澳門回歸典禮中懸掛。

○ 1951 至 1999 年葡屬澳門旗幟式樣

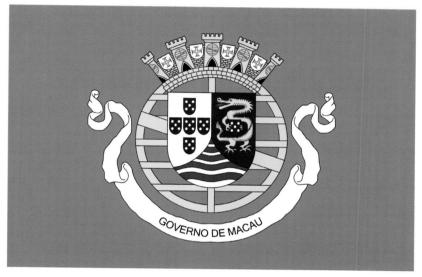

這是澳門回歸前參與一些國際會議時所用旗幟，但它不是正式的區旗。

○ 澳門市政廳旗幟（澳門區旗）

這是 1975 至 1999 年的澳門區旗。中為葡萄牙國徽，兩天使代表宗教傳播，藍底代表海外省。此區旗在回歸典禮上與葡萄牙國旗豎立在葡方位置上。

5.1.2 回歸第一步：澳葡與內地及本地左派的磨合

中華人民共和國於 1949 年成立，在同年通過了使用新的國旗與國徽。內地政局的變化再一次對澳門產生重大影響。但這一次影響，對澳門這個特殊中國城市的長遠發展，其意義遠超過往四百多年的任何一次（包括了明清以及清末民初的朝代更替）。其背後的主要原因是，中國這個古老的世界級帝國，將出現五百年來首次真正的再崛起。澳門這個經歷數世紀的中國番坊，適逢此歷史機遇，走向全面的回歸祖國，與香港一起（晚於香港兩年回歸）成為再次強大的中國的兩個特別行政區。

1949 年初，毛澤東領導的解放軍，已席捲中國大部份領土。該年一月，國民黨在廣州的政府倉皇撤走，雖然葡國總領事仍留駐至 1950 年，但葡人已開始從上海撤僑往澳門（人數達 200 人），為澳門帶來一批人才及資金。在中華人民共和國建國初期，葡國在美國「冷戰」策略的主導下，對中國抱着明顯敵意，不但依然承認國民黨政權，而且容許國民黨在澳門設立官方辦事處。1952 年，葡兵更在邊界向解放軍開火，欲迫使邊界線北移，導致雙方持續兩天的炮擊衝突。最後，由於澳督道歉及接受廣東的停火條件，邊界才回復正常。除此之外，澳門在 1950 年代及 1960 年代的上半期，局面基本穩定。

1966 年內地「文革」開始，在澳國民黨機構乘機生事，其中包括了對親內地華人代表何賢的暗殺行動，以及企圖在澳設立反共華語電台。另

○ 建國大典照片

○ 中華人民共和國國旗

五星代表中國人民在中國共產黨領導之下。大星代表中國共產黨；四小星代表中國人民，或士、農、工、商四個階層；紅底色是中國色，代表中華大地，也代表社會主義。國旗於 1949 年通過及開始使用。

○ 中華人民共和國國徽

中上部為五星紅旗（即國旗）。中為天安門，代表國都，也代表國家的傳統形象。周邊圍以麥穗，其下有齒輪，意為工農聯盟及工農業的重要性。

一方面，受到內地青年在文革中「大鳴大放」，及香港左派工人在勞資糾紛中的抗議行動的影響，適逢澳葡政府使用過份警力強拆在氹仔的左派街坊團體正在興建的小學，導致澳門居民發起了一場「反葡抗暴行動」。數千青年在約一星期間與警方對峙，最後衝擊代表澳葡四百多年統治的政府辦公大樓、市政廳及仁慈堂。新上任的澳督無法控制局面，於 12 月 3 日及 4 日，動用了軍隊開槍鎮壓，結果引起更大的反彈。最後，澳督在 4 日下午宣佈投降道歉。在這個被稱為「一二‧三」的政治事件中，平民死亡 8 人，傷兩百多人。事件逼使澳葡政權開始了親左派的政策，禁止任何機構在澳門懸掛國民黨政權旗幟及限制親國民黨團體在澳活動。這個轉變改善了澳葡和內地政府的關係，也走出了澳門邁向回歸祖國的第一步。

中國新政權對澳門的態度一直是十分明確的，這早已反映在 1949 年廢除《中葡友好通商條約》和由毛澤東主導制定的 1950 年「對港澳的方針和政策」中，包括：暫時維持現狀；防止邊界糾紛；雙方進行貿易；制定相關外貿及通匯條件等。

因此，內地加強了在經濟上支持澳門，如大米開始進入澳門市場並於 1958 年佔了市場總供應量 80% 以上，鮮活產品佔 90% 以上，以及供應 1960 年代澳門工業化所需 60% 的布料，全部是羊毛和兔毛。

○ 示威群眾在市政廳（議事亭）前地

○ 澳門居民慶祝澳葡政府簽署了認罪書

○ 1960 年議事亭前地

左邊的龍記酒家營業至 2011 年，現已被一間「手信」店代替。中間聳立的美基士打（Mequista）銅像於 1940 年豎立，但在 1966 年「一二‧三」事件中被群眾拉倒。其後，在原位建了噴水池。

○ 1964 年新馬路慶「雙十」的牌坊

左邊是郵政總局。當時國民黨在澳力量十分強大。「一二‧三」事件後，慶「雙十」及國民黨公開活動都被禁止。

5.1.3 回歸安排：籌備「一國兩制」

1963 年《人民日報》發表社論，提到中國的一些領土問題，例如香港、九龍、澳門問題，「在條件成熟的時候，經過談判，和平解決，在未解決前維持現狀」，揭示了談判及和平解決的處理方向。

1972 年中國駐聯合國大使向「非殖民地化特別委員會」提出：港澳地區是中國主權內的事，不包括在非殖民地化的討論之內。因此，雖然葡萄牙在 1974 年發生革命，推翻了獨裁統治，並立即對殖民地展開了走向獨立的「非殖民地化」進程，但對澳門卻宣稱是「葡人管治下的中國領土」。葡國執政黨通過《組織法》賦予澳門很大程度的行政、金融和經濟

上的自治，但澳門仍由葡國總統負責，並將其外交事務交由里斯本處理。1976 年，新澳督李安道到任，舉行了首次立法會選舉，其中六個議席更由直接選舉產生。1979 年中國與葡萄牙建交，雙方同意「澳門是葡國管治下的中國領土」，走向了商談澳門回歸的第一步。

1982 年中國修改憲法，加入可成立「特別行政區」條文，為香港及澳門回歸後被安排為特殊地方行政單位建立了法律基礎。

1984 年的澳門立法會選舉，華人參與率大大提高，登記選民由 1976 年的 3,647 人及 1981 年的 4,195 人，增至 1984 年的 51,000 人，其中

○ **1979 年中葡兩國建交聯合公報**

○ **中葡雙方代表草簽聯合聲明並交換文本**

○ **前國家主席江澤民為澳門回歸親筆題字**

29,946 人投了票。在 1984 年選舉中,親北京的華人佔了 16 席的大多數。華人的政治活動亦日漸活躍,1985 至 1989 年間,一共有 23 個近似政黨的團體成立。

1986 年中葡開始就澳門回歸正式展開商談,並於 1987 年達成協議,決定葡萄牙將澳門的治權在 1999 年 12 月 20 日移交中國。為此,中國成立了「澳門特別行政區基本法起草委員會」以制訂澳門回歸後的「一國兩制」小憲法。委員會包括 48 名成員,大部份是澳門居民。1993 年,中國全國人民代表大會通過了《澳門基本法》。

在 1987 至 1999 年的過渡期,澳葡政府推行了「三化」以迎接「澳人治澳」,即公務員本地化、法律本地化和中文官方化。

1998 年澳門特別行政區籌備委員會成立,為澳門特區首屆政府、立法會、司法機關及其他相關事宜的具體成立作出安排。

1999 年 12 月 20 日,葡萄牙治澳終結,特區成立,澳門正式回歸祖國。

○ 澳督府前最後一次舉行葡萄牙國旗降落儀式

○ 澳門回歸大典

中葡雙方代表在 1999 年回歸的重要一刻:葡萄牙國旗及舊澳門區旗已降落,左方的中國國旗及澳門新區旗已升起。這標誌着澳門已正式回歸祖國。

5.1.4 配合國家崛起：走向世界級博彩、旅遊、會展城市

1950 年起，澳門出現了現代出口型輕工業，這期間，博彩及旅遊業亦有長足發展。回歸後，在國家的大力支持下，澳門領土面積有明顯的擴大，加上其他特殊政策的支持，澳門地區經濟正充分發揮着「一國兩制」及其地理優勢，近十年來經濟發展速度加快，並且更具歷史特色，成為全球最大、最有特色及最具吸引力的博彩、旅遊、會展城市。同時，澳門亦發揮歷史優勢，成為中國與葡語國家發展經貿、文化交流合作的平台。

○ **澳門特別行政區區徽**

○ **澳門特別行政區區旗**

綠底代表葡萄牙時代的歷史，五星代表國旗及中央領導。含苞待放的蓮花，代表澳門前途無限（澳門歷史上稱為蓮花之地，因半島形似蓮花，與珠海相連狹長陸地歷史上稱為蓮花莖）。蓮花下方粗綠條者為澳氹大橋，其下為海水，寓意外島氹仔和路環及澳門在區內的海港功能。

○ **澳門特別行政區基本法**

中華人民共和國
澳門特別行政區基本法

5.2 自然地理

5.2.1 地理位置

第一章第一節已將澳門在亞太地區的位置及經緯度予以介紹。在過往的四百多年間,特別在近一百年來,亞太區有不少大城市崛起。不過,這裡再一次顯示出澳門在今天仍位於全球最發達及最有發展潛力的地區——亞太區的核心地帶,珠江三角洲之內,是東北亞、東南亞和內地的交匯點。

珠江河道經過五百年的圍墾,部份已消失,改變很多。澳門的半島及路、氹二島亦有很大變化。旁邊的橫琴,其大小島嶼已連成一片,是澳門將來城市及其功能擴展的重要場所。

自 1841 年起,香港成為澳門關係最密切的鄰居,相互間的資金、人員、貨物往來頻繁,香港亦成為澳門重要的經濟夥伴及支柱。中國於 1978 年實行改革開放後,廣東省的珠三角地區成為最開放和出口蓬勃的經濟區,加上中央特殊政策的扶持,為澳門的發展提供了具競爭力和可靠的腹地。

○ **澳門在東亞的位置**

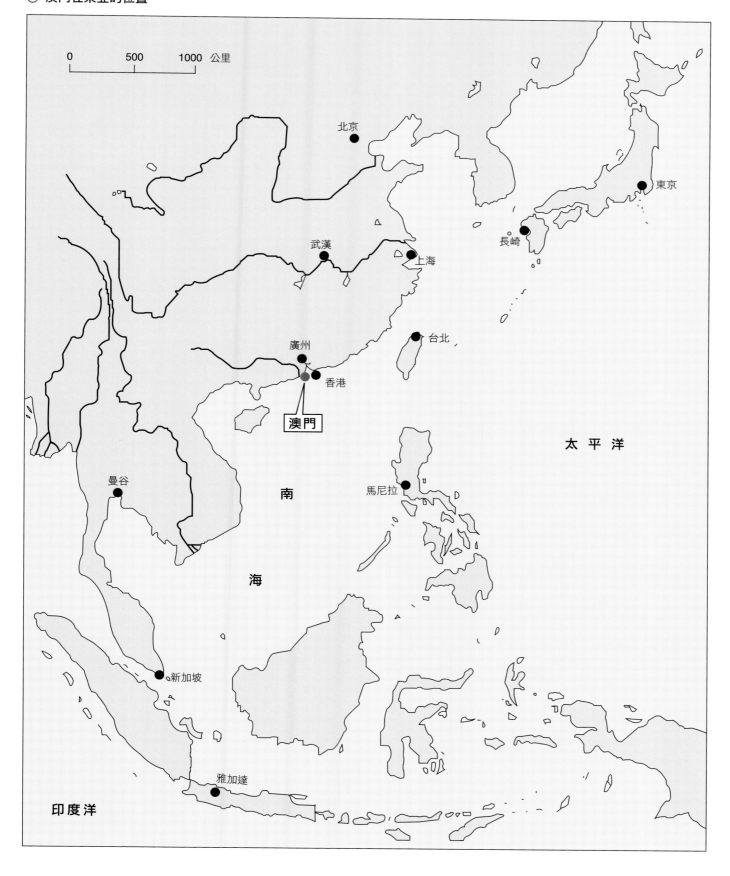

○ 1994 年澳門與珠三角主要交通聯繫

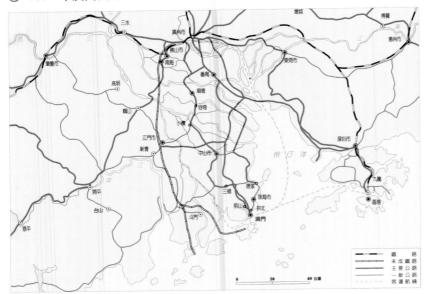

○ 珠三角航空照片

○ 2009 年澳門特別行政區與其鄰近地區

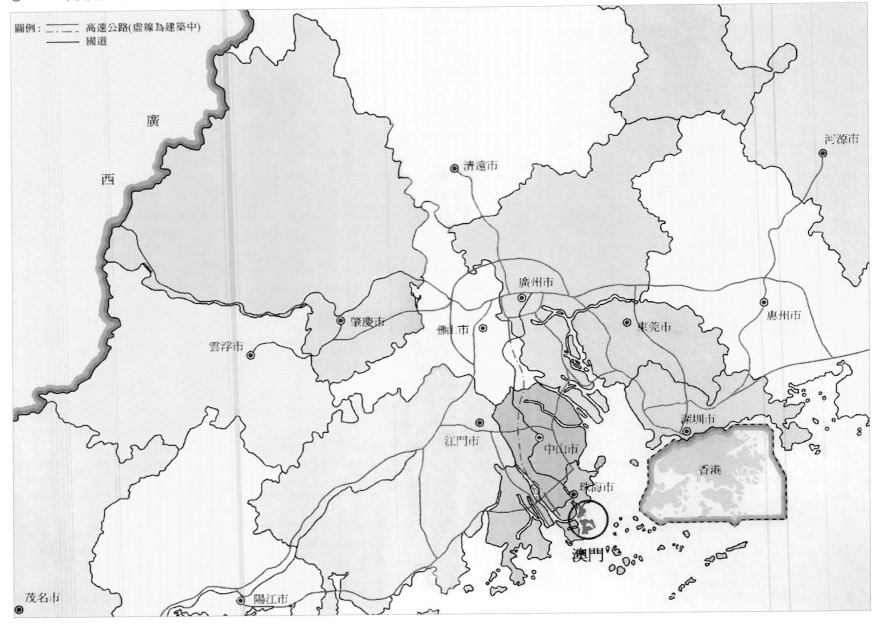

○ 澳門與珠海、香港的毗鄰關係圖

○ 衛星影像圖中的澳門與珠海、香港的毗鄰關係

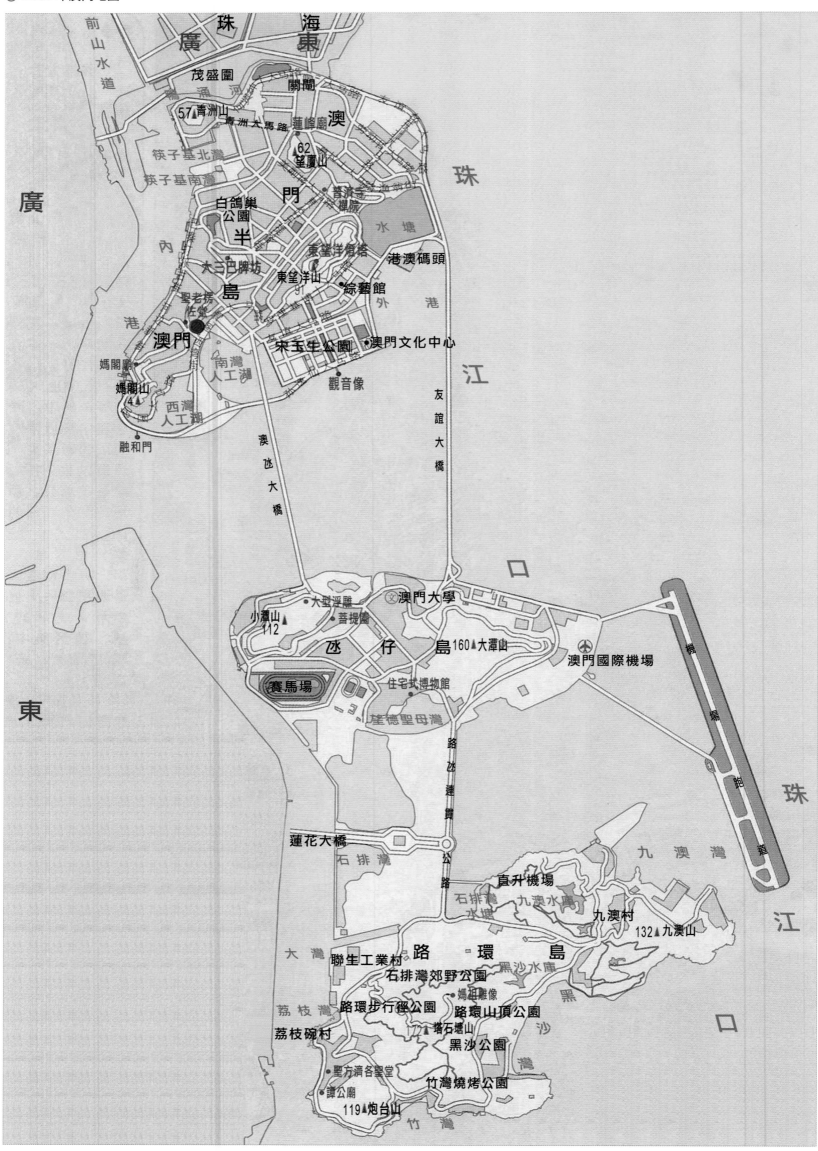

珠 海 廣 東

前山水道
茂盛圍
關閘
57▲青洲山 青洲大馬路 蓮峰廟 澳
筷子基北灣 62▲望廈山 珠
筷子基南灣 門
廣 東 普濟寺禪院
白鴿巢公園 半
內港 水塘
東望洋燈塔 港澳碼頭
大三巴牌坊 東望洋山
聖老楞佐堂 綜藝館 外港
澳門 島
港 南灣人工湖 宋玉生公園 澳門文化中心 江
媽閣廟 觀音像
媽閣山 友誼大橋
4▲ 西灣人工湖
融和門
澳氹大橋

廣 東
口
大型浮雕 澳門大學
小潭山 菩提園
112▲
氹 仔 島 160▲大潭山
澳門國際機場
賽馬場
住宅式博物館
望德聖母灣
東 路氹連貫公路
蓮花大橋 機場跑道
石排灣 九澳灣
直升機場
石排灣水塘 九澳水庫
九澳村
聯生工業村 路 環 島 132▲九澳山
石排灣郊野公園 黑沙水庫
大灣 媽祖雕像
荔枝灣 路環步行徑公園 路環山頂公園 黑
荔枝碗村 ▲塔石塘山
黑沙公園 沙
聖方濟各聖堂 竹灣燒烤公園 口
譚公廟
119▲炮台山 竹 灣

珠 江

★ 澳門大學新址

★ 澳門大學新址

5.2.2 地勢及地質

　　澳門本來平地少，山崗多，特別是在氹仔和路環島。後來因為填海，平地的比率大增，才使今天澳門給人地勢平坦的感覺。事實上，直到約1980年，澳門仍有超過四成的面積為丘陵。半島的主要山丘，在歷史上成為堡壘及教堂的場址，形成特色人文景觀。至20世紀後期大量高樓出現之前，這個景觀延續了四百多年。

　　澳門半島及氹仔，原本是數個小島，最後由被珠江泥沙所孕育的連島沙洲連成今天的半島及氹仔島。而2000年後的填海，又將氹仔島和路環連在一起。

　　從地質圖看出，除了最大的填海，即「人工堆積物」外，澳門主要由堅固和穩定的花崗岩岩基構成。雖然澳門還有在地質上遠古時代留下來的斷裂帶，但因地層穩固，故甚少出現有感地震。

　　沿岸的水深在歷史上也不斷變淺，今天的港口已不能停泊大船。往來港澳的飛翔船亦要依靠不停地疏浚的狹窄的固定航道。

○ 1986年澳門半島地形構造

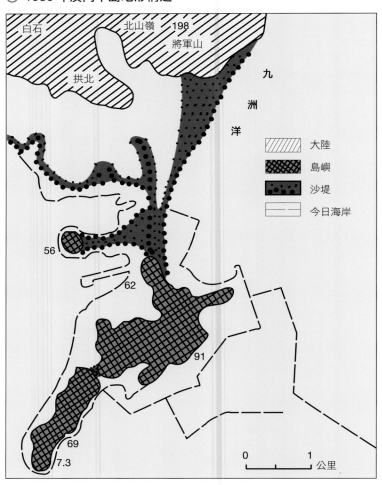

○ 1994年澳門地勢圖

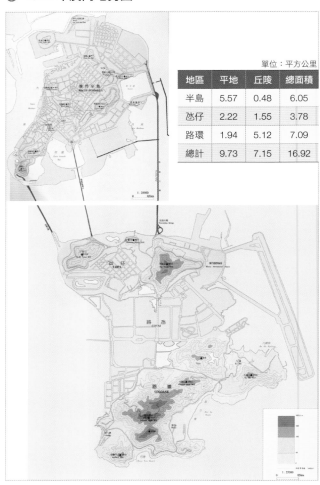

單位：平方公里

地區	平地	丘陵	總面積
半島	5.57	0.48	6.05
氹仔	2.22	1.55	3.78
路環	1.94	5.12	7.09
總計	9.73	7.15	16.92

○ 1997年澳門現狀三維鳥瞰圖

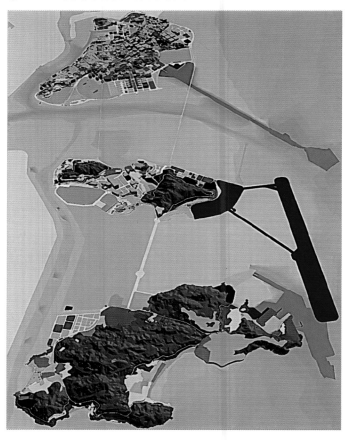

○ 澳門分區面積

單位：平方公里

	2002	2003	2004	2010
澳門半島	8.5	8.7	8.8	9.3
離島	13.8	13.9	14.0	14.4
路氹填海區	4.5	4.7	4.7	5.8
澳門總面積	26.8	27.3	27.5	29.5

○ 澳門主要山丘高度

主要山丘	海拔（米）
東望洋山	90
大炮台山	57.3
西望洋山	62.7
媽閣山	71.6
望廈山	60.7
細氹山	158.2
大氹山	110.4
疊石塘山	170.6
九澳山	123.8
路環中間	136.2

○ 1993 年澳門地質略圖

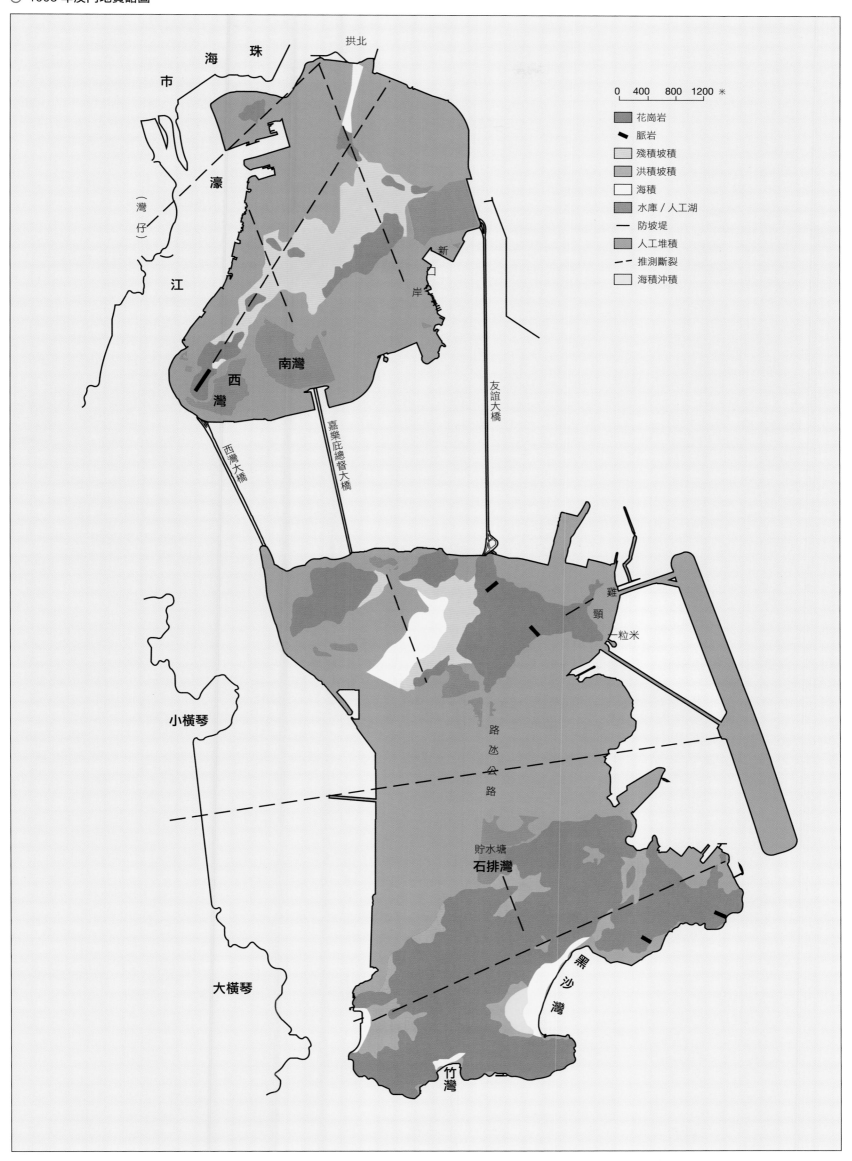

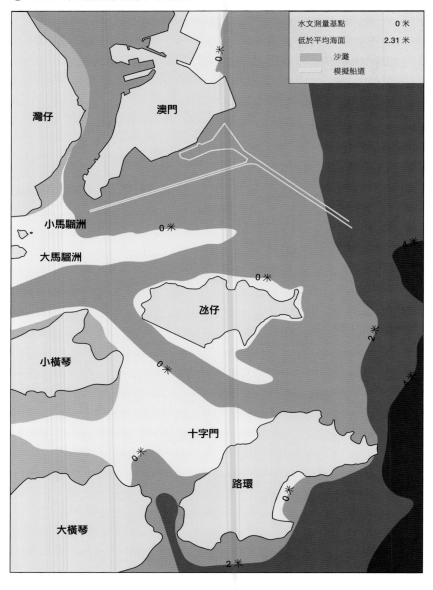

○ 1930 年代初澳門沿岸水深圖

水文測量基點　　　0 米
低於平均海面　　2.31 米
沙灘
模擬船道

灣仔

澳門

小馬騮洲

大馬騮洲

冰仔

小橫琴

十字門

路環

大橫琴

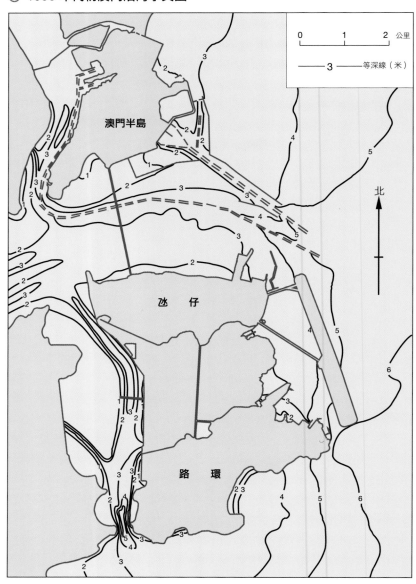

○ 1990 年代初澳門沿海水文圖

0　　1　　2　公里

3　等深線（米）

澳門半島

冰仔

路環

北

5.2.3 氣候

澳門屬潮濕的亞熱帶季風氣候，年均溫度高，夏季特別潮熱、多雨，時出現颱風。七月平均溫度 28.9℃。冬季短暫而溫和，一月平均溫度 15℃，但少見 5℃ 或以下。冬季較乾燥，全年降雨量 2,120 毫米。但歷史上降雨量變化很大。

澳門氣候受中國季風系統影響。風向和降雨每每由大陸的夏季低壓及冬季高壓核心所控制。由於澳門在夏天處於颱風路線上，每年都有颱風吹近，甚至登陸，在歷史上曾經多次造成重大災害。

○ 亞太區氣壓圖及澳門季節性氣壓變化

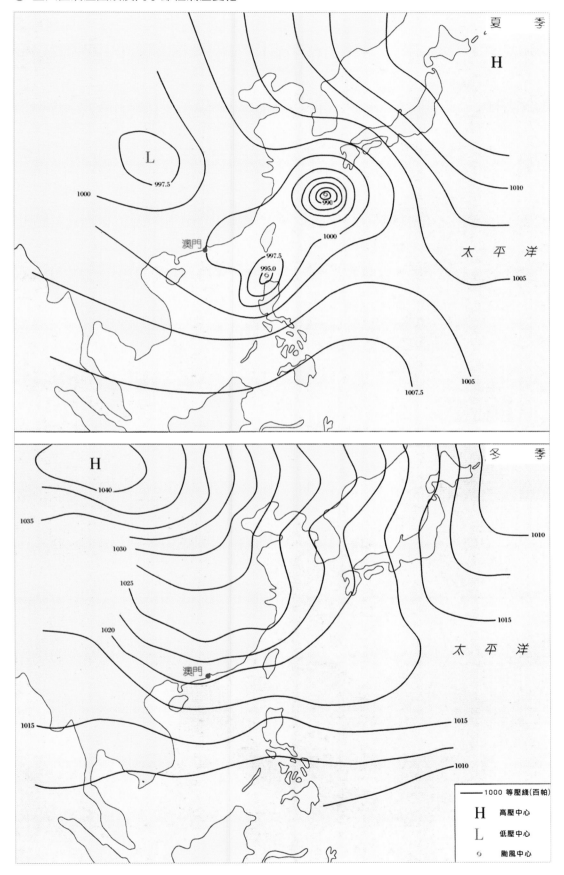

○ 月平均溫度

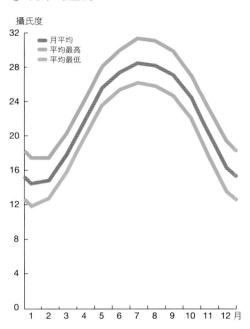

○ 太陽輻射月總量及月平均相對濕度與日照百分比

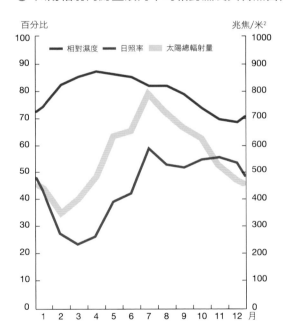

○ 七月份颱風平均路徑

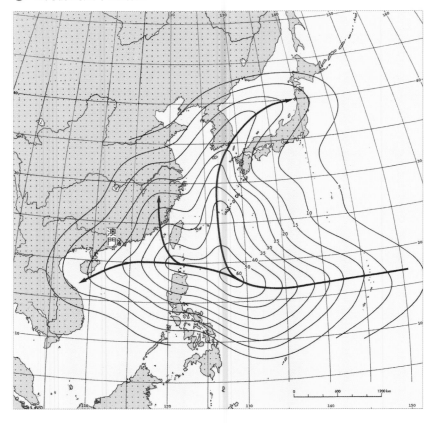

○ 八月份颱風平均路徑

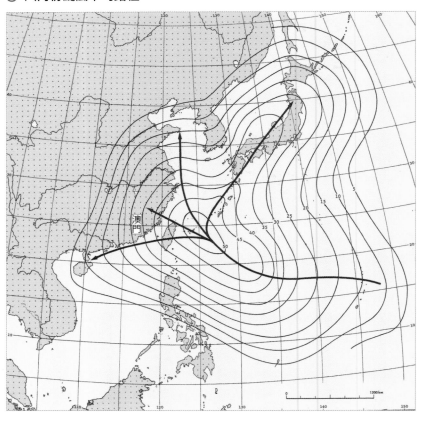

○ 各月雨量分佈

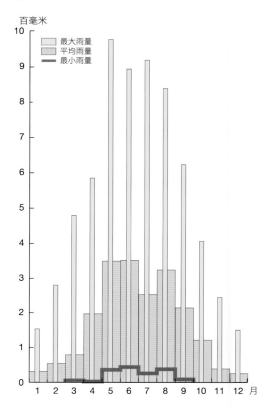

○ 平均雨日及霧日

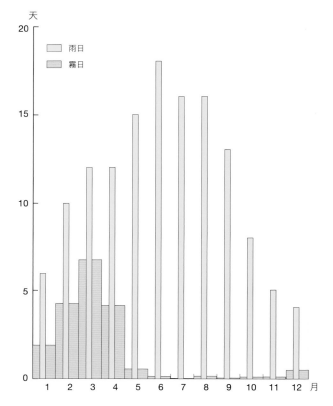

○ 颱風次數

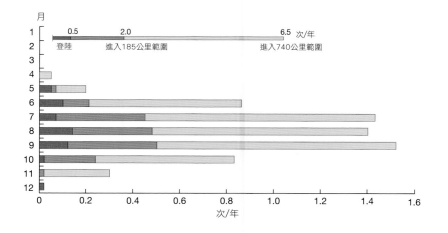

○ 月平均風速及盛行風向

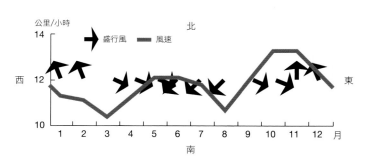

5.2.4 行政、統計及規劃分區

澳門的行政區域及規劃分區是由始於 16 世紀末的天主教堂區逐漸演變而來，並在 1960 年代起慢慢成為了統計、行政、選舉的分區基礎。

澳葡政府在 1986 年訂定了《澳門地區指導性規劃》的內部指引，將全澳分為 21 個規劃分區，其後在規劃分區的基礎上又分拆出小區（都市

化計劃或都市整治區），以便於定出小區土地發展用途、建築密度、基礎建設、交通網絡及社會設施等規劃指標，如《青洲都市化整治計劃》、《路環舊市區詳細建設規劃》等。

○ **2003 年半島政區**

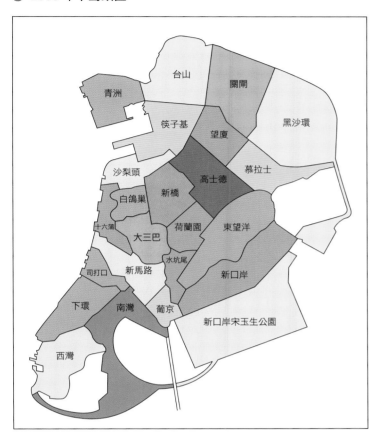

○ **行政分區**

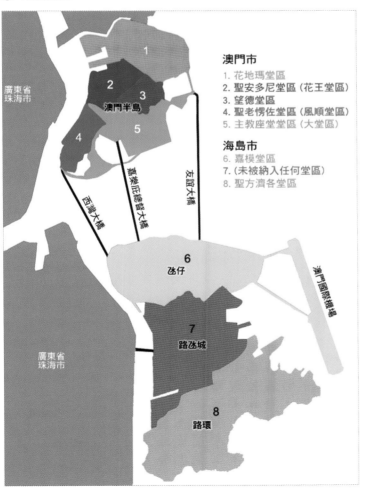

澳門市
1. 花地瑪堂區
2. 聖安多尼堂區（花王堂區）
3. 望德堂區
4. 聖老愣佐堂區（風順堂區）
5. 主教座堂堂區（大堂區）

海島市
6. 嘉模堂區
7. （未被納入任何堂區）
8. 聖方濟各堂區

○ **規劃分區**

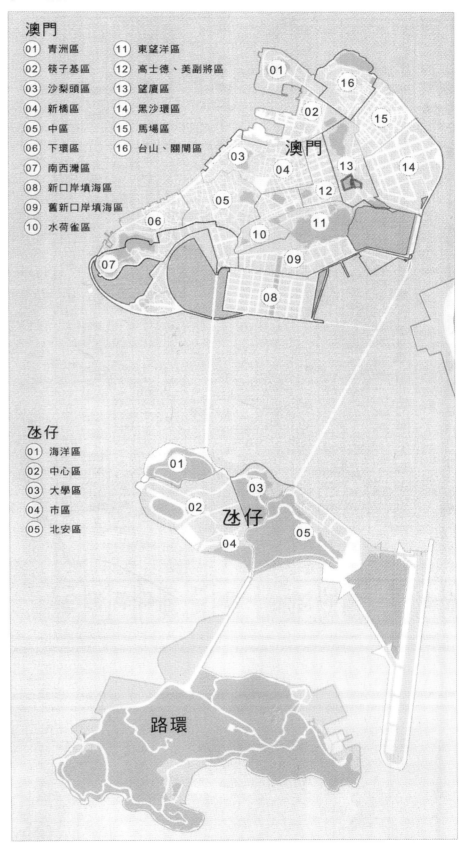

澳門
01 青洲區
02 筷子基區
03 沙梨頭區
04 新橋區
05 中區
06 下環區
07 南西灣區
08 新口岸填海區
09 舊新口岸填海區
10 水荷雀區
11 東望洋區
12 高士德、美副將區
13 望廈區
14 黑沙環區
15 馬場區
16 台山、關閘區

氹仔
01 海洋區
02 中心區
03 大學區
04 市區
05 北安區

青洲分區規劃整治圖

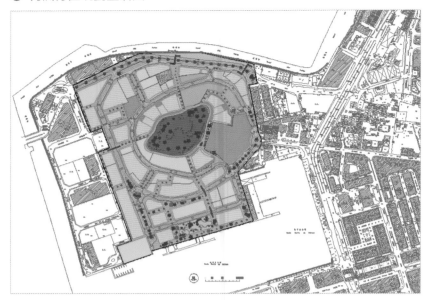

澳門城市規劃分區

1996 年青洲用地結構

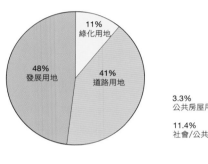

- 11% 綠化用地
- 48% 發展用地
- 41% 道路用地

2001 年青洲用地結構

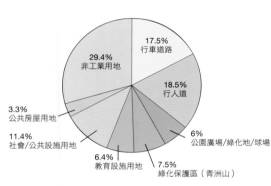

- 17.5% 行車道路
- 29.4% 非工業用地
- 18.5% 行人道
- 3.3% 公共房屋用地
- 11.4% 社會/公共設施用地
- 6.4% 教育設施用地
- 7.5% 綠化保護區（青洲山）
- 6% 公園廣場/綠化地/球場

路環舊市區詳細建設規劃

路環舊市區詳細建設規劃
Urban Renewal: Coloane

已評定之文物建築
EDIFÍCIO CLASSIFICADO

非建築用地的綠化區
ZONA VERDE LOCALIZADA NA ÁREA NON-AEDIFICANDI

保留現有用途和特色（花園、庭院和公共活動空間）
PRESERVAÇÃO DE FINALIDADES E CARACTERÍSTICAS
EXISTENTES (JARDINS, LOGRADOUROS, ESPAÇOS PARA
ACTIVIDADES PÚBLICAS)

建築物須保留立面，不得增加高度
只有當建築物十分殘破時，才允許按原來的建築體量來重建。
EDIFÍCIO COM FACHADA A PRESERVAR SEM AUMENTO
DE CÉRCEA
PERMITINDO A RECONSTRUÇÃO DE ACORDO COM A VOLUMETRIA
EXISTENTE, CASO APENAS DA CONSTRUÇÃO MUITO DEGRADADA.

按下列特殊條件建築
- 遵守土地工務運輸局第01/DSSOPT/2009號行政指引。
CONSTRUÇÃO RESPEITANTE À SEGUINTE CONDIÇÃO ESPECIAL
- CUMPRIMENTO DA CIRCULAR N.º 01/DSSOPT/2009 DA DSSOPT.

1. 最大可接受的樓宇高度：5.7 米。
1. ALTURA MÁXIMA PERMITIDA DO EDIFÍCIO: 5.7m.

2. 按隔鄰建築的體量來建造：
2. VOLUMETRIA DO EDIFÍCIO CORRESPONDENTE À DOS EDIFÍCIOS CONTÍGUOS;

保留現有樹木
PRESERVAÇÃO DAS ÁRVORES EXISTENTES

註：所有建築物須遵守土地工務運輸局第01/DSSOPT/2009號行政指引。
OBS.: TODAS AS CONSTRUÇÕES DEVEM SER CUMPRIDAS A
CIRCULAR N.º 01/DSSOPT/2009 DA DSSOPT.

5.3 城市

5.3.1 填海造地

比對澳門半島 1862 年和 1995 年的海岸線，可見兩者幾乎完全不同。以面積來說，半島在這期間擴大了超過一倍。除了上一章提及的 1920 年代的大填海外，當代澳門以填海擴充城市可用面積的主要時段是 1966 至 1995 年間，即「一二·三」事件後。因為中葡達成諒解，中國政府為了支持澳門，容許在半島和路冰之間大規模填海造地。

在回歸 10 周年時，中央政府又批准澳門在沿岸六處淺水區分期填海共 3.5 平方公里，大抵等於今天半島面積的 1/3。此外，中央政府又在毗鄰的橫琴島撥出約一平方公里土地以建設澳門大學新校園（見附錄）。這些舉措擴大了澳門城市空間，不但改善著城市環境，也支持了澳門長遠的經濟發展。

○ **南灣填海地與新口岸填海地（約 1957 年）**

從西望洋山眺望，可見兩填海地連成一大片，形成新海岸線。

○ **南灣填海地（1960 年代）**

新建築已陸續出現。殷皇子中學 1958 年建成啟用。

○ **南灣填海地（約 1970 年）**

葡京酒店及娛樂場於 1970 年 2 月 3 日開幕。

○ **澳門土地面積演變**

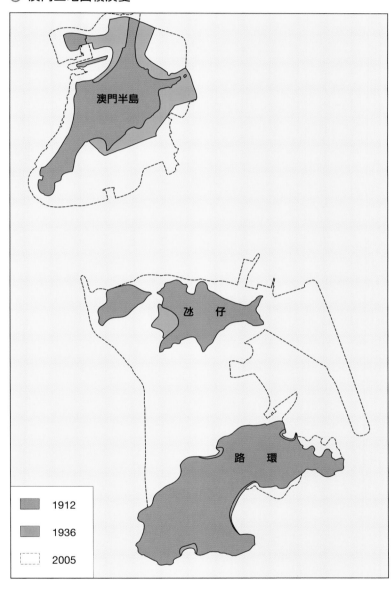

○ **1912 至 2010 年澳門土地面積**

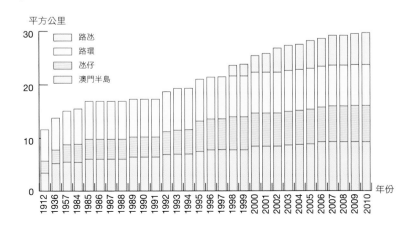

澳門半島各堂區面積

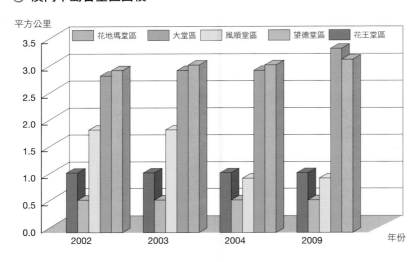

1862 至 2005 年澳門半島海岸線變遷

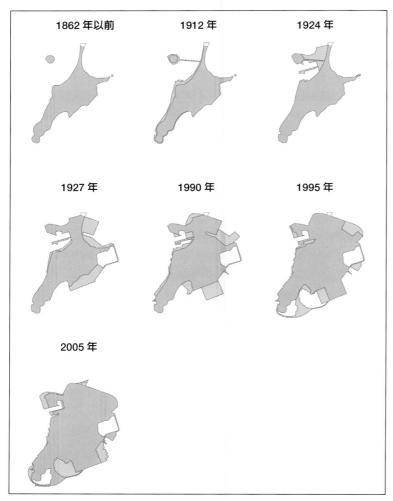

1919 至 2005 年路氹海岸線變遷

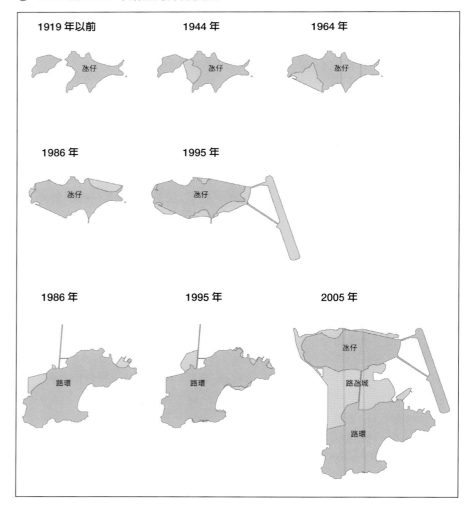

2000 年代末從灣仔望澳門半島、跨海大橋及氹仔

○ 回歸前南灣人工湖採玫瑰園式建築的藍圖

圖中最高的大廈為澳門中國銀行大樓，兩湖間的人工陸地主要是立法會及法院，旅遊塔仍未標示出來。圖中仍未規劃新葡京、永利和 MGM 酒店及娛樂場等 2000 年代中後期的建築。

○ 澳門西望洋山（2008 年）

圖中珠江支流形成的內港與珠海對面山及灣仔相望。

○ 1980 年代的澳門半島

當時澳門中國銀行大樓仍未興建。

○ 2000 年代的半島南部

旅遊塔成為全澳門最高建築。

5.3.2 土地利用

澳門詳細的土地利用狀況要到 1960 年代後，才有學者經過在澳門半島作出詳細調查後，繪成相關的土地利用圖。最早的一幅是 1962 年由陳正祥繪，之後是趙子能繪於 1972 年的半島圖和 Antonio Julio 的氹仔路環圖及 1983 年 Robert Simpson 的澳門圖。1990 年代後，澳葡政府才開始繪製土地利用圖。

1980 年代初，半島已形成了三個中心區：以火船頭、大馬路為主幹的舊商業中心、以市政廳前地為核心的行政中心區及以葡京為核心的旅遊中心區。在半島東北面舊港區邊沿，毗鄰低人息住宅區，則形成了輕工業區。舊有的葡人居住區已納入新興的高級住宅區內。至 1980 年代，半島東北角的新填海區，由於城市發展緩慢，需求不大，仍有大片土地暫時闢為農業用途。至於氹仔與路環，仍是郊區式的農漁之地，只在氹仔有一片土地用作危險工業用途（爆竹廠）。

○ **1970 年代西灣的高級花園大宅**

○ **1985 年澳門半島功能分區示意圖**

○ **1962 年澳門半島土地利用圖**

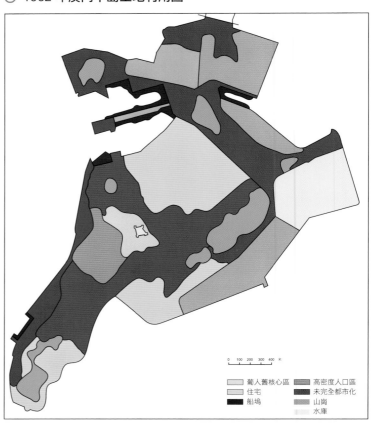

○ **1945 年新馬路**

李玉田攝。由東向望左邊，最高樓宇為新中央酒店。

自 1990 年代中期，隨着半島與路氹間的交通建設，加上新機場建成和投入使用，使人口及博彩旅遊業大幅擴張，而澳門大學自 1980 年代建成後，漸有規模，也促使不少人口從半島遷往氹仔。路氹新城的填海及基建在 2000 年代初已基本完成，提供了大量土地，配合澳門在功能上提升為世界級博彩、旅遊、會展城市的新增土地需求。

2006 年的澳門土地利用結構與規模早已突破了澳葡政府在 1986 年制定的長遠發展計劃。特區政府因此在該年推出了回歸後的全域新規劃。

○ **1972 年澳門半島土地利用圖**

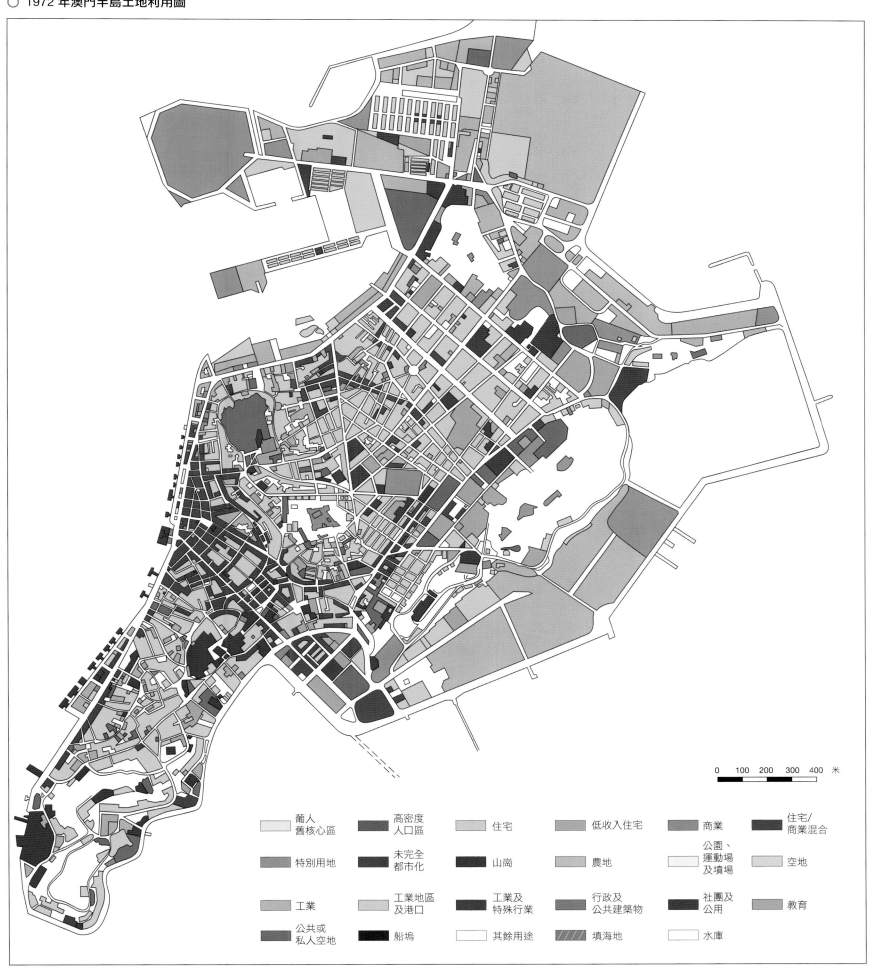

圖例					
葡人舊核心區	高密度人口區	住宅	低收入住宅	商業	住宅/商業混合
特別用地	未完全都市化	山崗	農地	公園、運動場及墳場	空地
工業	工業地區及港口	工業及特殊行業	行政及公共建築物	社團及公用	教育
公共或私人空地	船塢	其餘用途	填海地	水庫	

0　100　200　300　400　米

○ 澳門半島土地利用模式

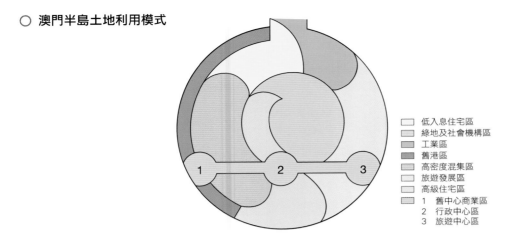

低入息住宅區
綠地及社會機構區
工業區
舊港區
高密度混集區
旅遊發展區
高級住宅區
1　舊中心商業區
2　行政中心區
3　旅遊中心區

○ 1983 年澳門半島土地利用圖

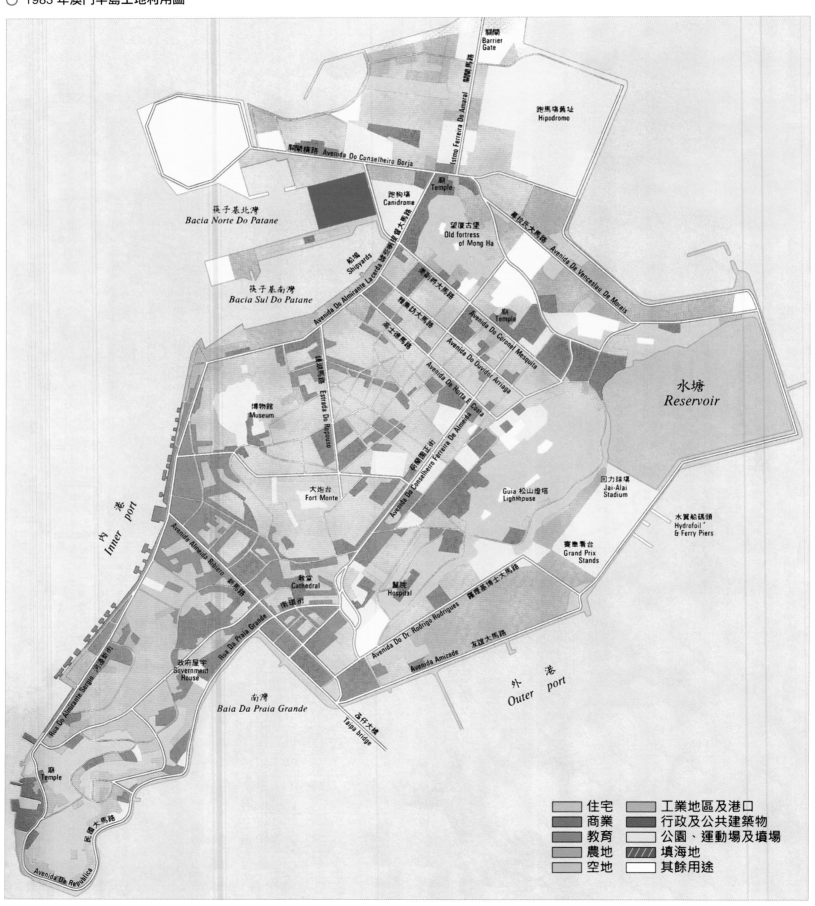

關閘
Barrier
Gate

跑馬場舊址
Hipodromo

關閘橫路 Avenida Do Conselheiro Borja

筷子基北灣
Bacia Norte Do Patane

跑狗場
Canidrome

廟
Temple

望廈古堡
Old fortress
of Mong Ha

罅些喇提督大馬路 Avenida De Vonceslau De Morais

船塢
Shipyards

筷子基南灣
Bacia Sul Do Patane

廟
Temple

Avenida De Almirante Lacerda

博物館
Museum

Estrada Do Repouso

Avenida Do Coronel Mesquita

Avenida Do Ouvidor Arriaga

Avenida De Horta E Costa

水塘
Reservoir

大炮台
Fort Monte

Avenida De Conselheiro Ferreira De Almeida

Guia 松山燈塔
Lighthpuse

回力球場
Jai-Alai
Stadium

內港
Inner port

教堂
Cathedral

醫院
Hospital

賽車看台
Grand Prix
Stands

水翼船碼頭
Hydrofoil
& Ferry Piers

Avenida Almeida Ribeiro

Rua Da Praia Grande

Avenida Do Dr. Rodrigo Rodrigues

Avenida Amizade

外港
Outer port

政府屋宇
Government
House

南灣
Baia Da Praia Grande

氹仔大橋
Taipa bridge

廟
Temple

民國大馬路

Avenida Da Republica

住宅　　　工業地區及港口
商業　　　行政及公共建築物
教育　　　公園、運動場及墳場
農地　　　填海地
空地　　　其餘用途

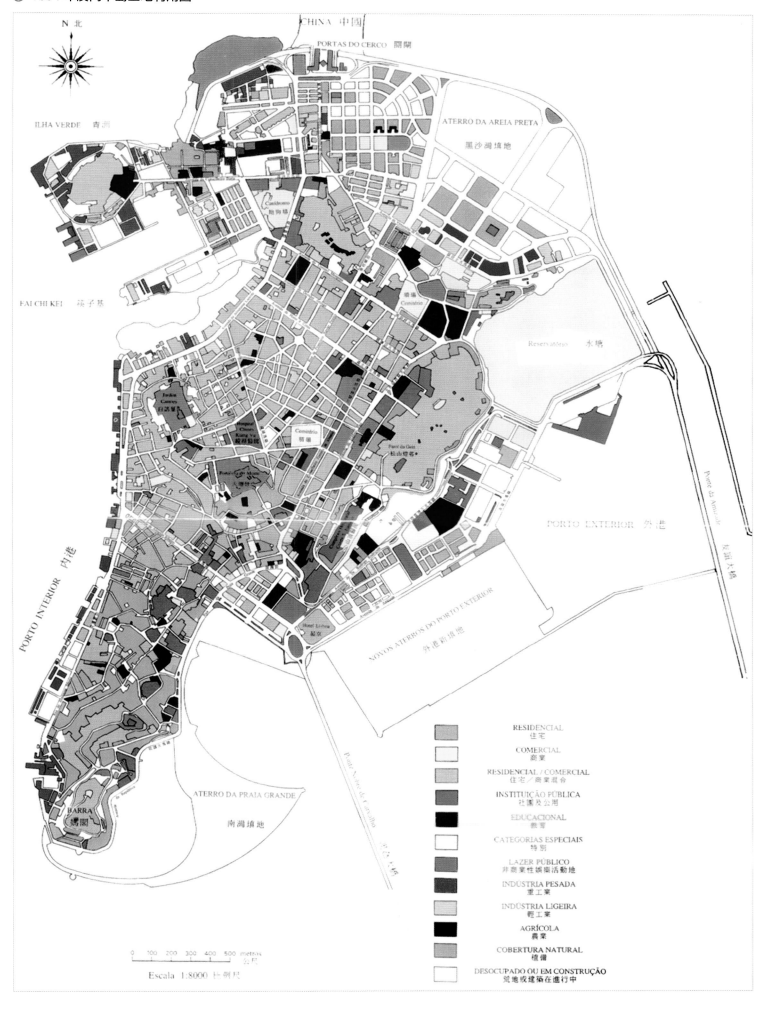

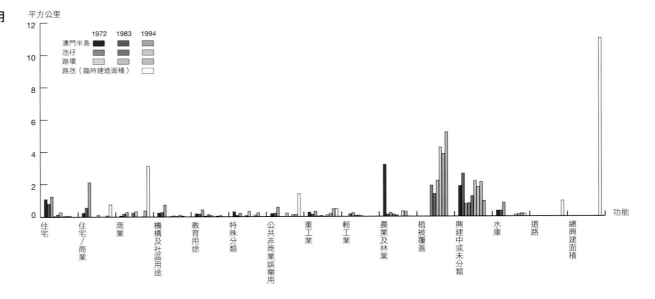

○ 1972、1983 及 1994 年澳門土地利用

平方公里

1972　1983　1994
澳門半島
冰仔
路環
路冰（臨時建造面積）

住宅　住宅/商業　商業　機構及社區用途　教育用途　特殊分類　公共非商業娛樂用　重工業　輕工業　農業及林業　植被覆蓋　興建中或未分類　水庫　道路　總興建面積　功能

○ 1972 年冰仔及路環土地利用圖

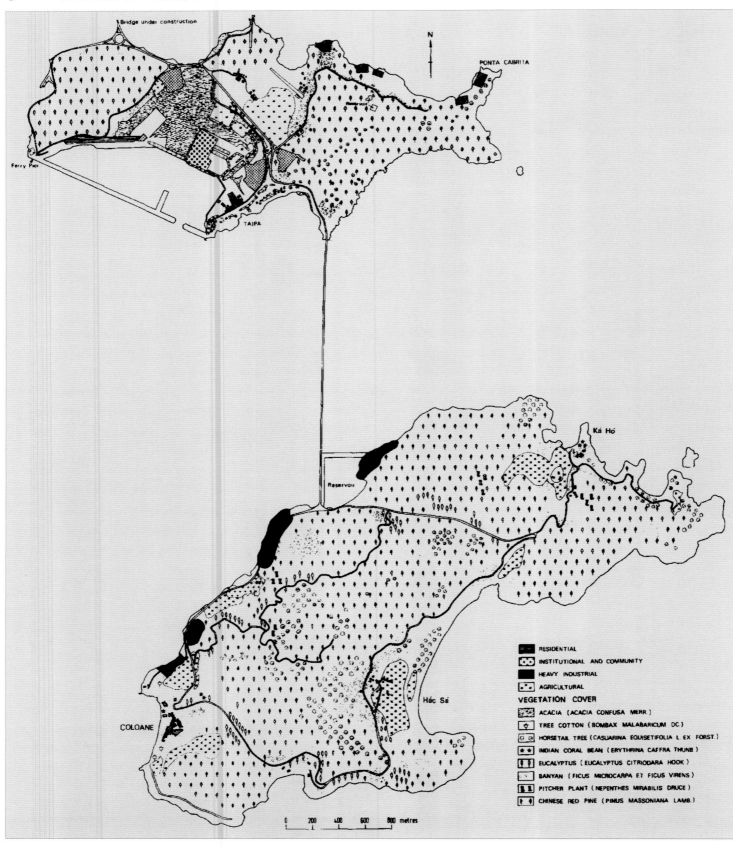

RESIDENTIAL
INSTITUTIONAL AND COMMUNITY
HEAVY INDUSTRIAL
AGRICULTURAL
VEGETATION COVER
ACACIA (ACACIA CONFUSA MERR.)
TREE COTTON (BOMBAX MALABARICUM DC.)
HORSETAIL TREE (CASUARINA EQUISETIFOLIA L. EX FORST.)
INDIAN CORAL BEAN (ERYTHRINA CAFFRA THUNB.)
EUCALYPTUS (EUCALYPTUS CITRIODARA HOOK.)
BANYAN (FICUS MICROCARPA ET FICUS VIRENS)
PITCHER PLANT (NEPENTHES MIRABILIS DRUCE.)
CHINESE RED PINE (PINUS MASSONIANA LAMB.)

Bridge under construction
N
PONTA CABRITA
Ferry Pier
TAIPA
Reservoir
Ka Hó
Hác Sá
COLOANE

0　200　400　600　800 metres

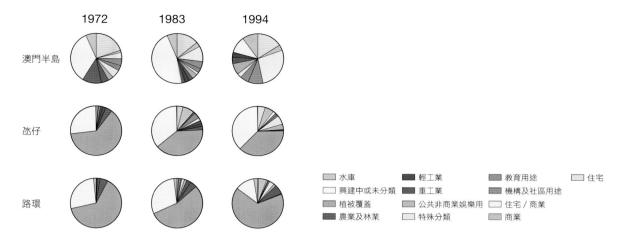

○ 1972、1983 及 1994 年澳門土地利用佔總面積百分比

1972　　　1983　　　1994

澳門半島

氹仔

路環

■ 水庫	■ 輕工業	■ 教育用途	□ 住宅
□ 興建中或未分類	■ 重工業		■ 機構及社區用途
■ 植被覆蓋	■ 公共非商業娛樂用	□ 住宅／商業
■ 農業及林業	■ 特殊分類	■ 商業

○ 1983 年氹仔及路環土地利用圖

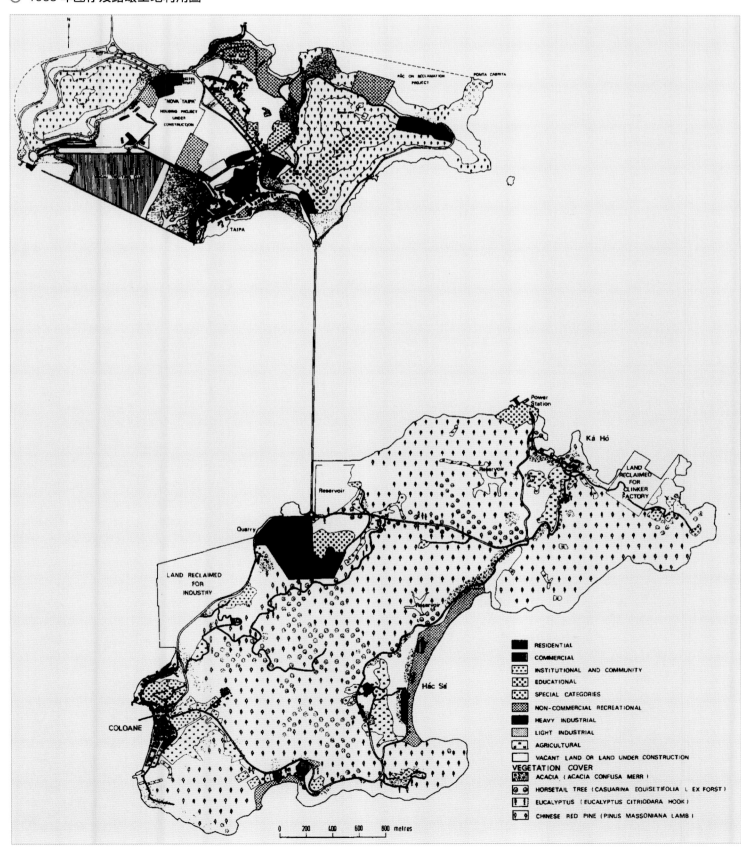

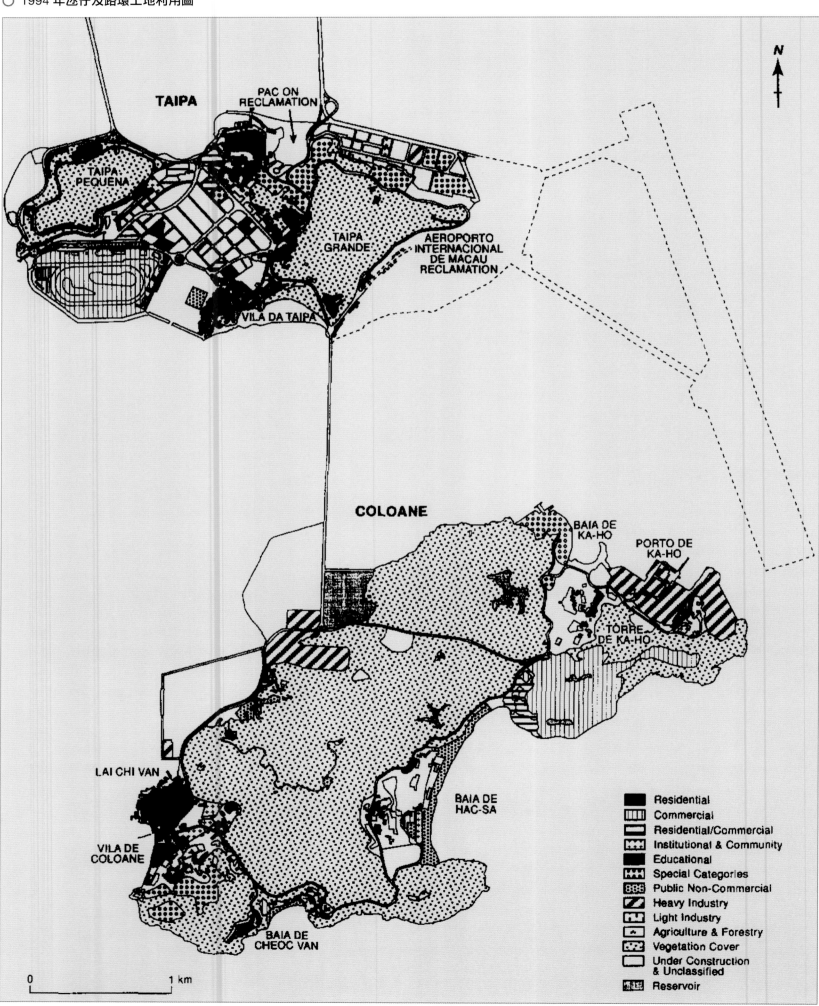

Residential
Commercial
Residential/Commercial
Institutional & Community
Educational
Special Categories
Public Non-Commercial
Heavy Industry
Light Industry
Agriculture & Forestry
Vegetation Cover
Under Construction & Unclassified
Reservoir

○ 1986 年澳門政府長遠發展計劃大略圖

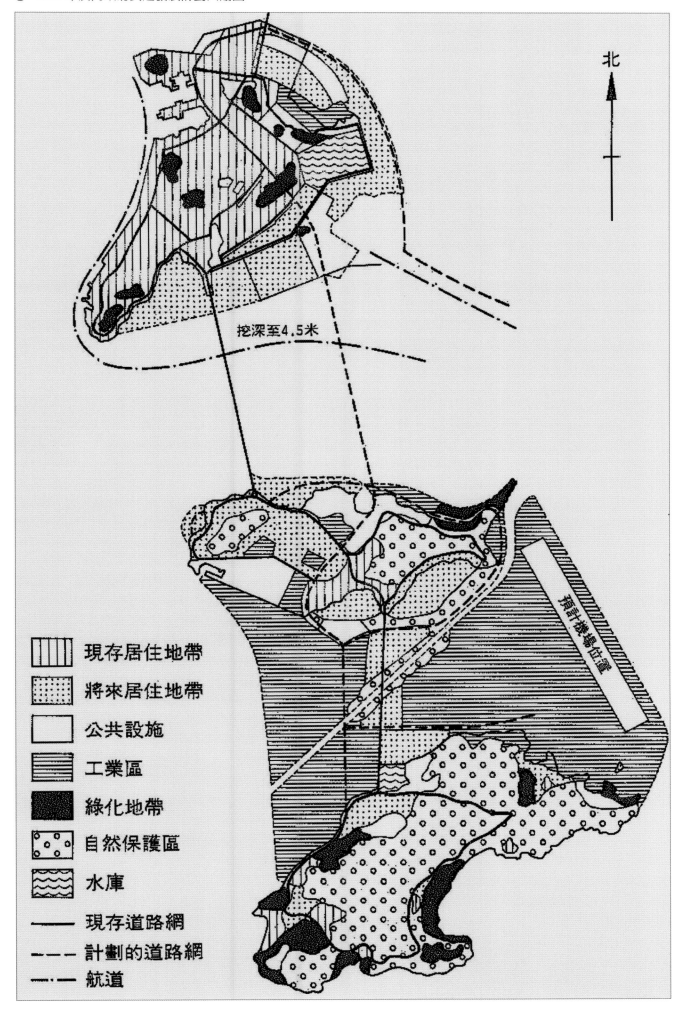

北

挖深至4.5米

預留機場位置

現存居住地帶

將來居住地帶

公共設施

工業區

綠化地帶

自然保護區

水庫

現存道路網

計劃的道路網

航道

○ 2006 年澳門城市功能區發展導引概念規劃圖

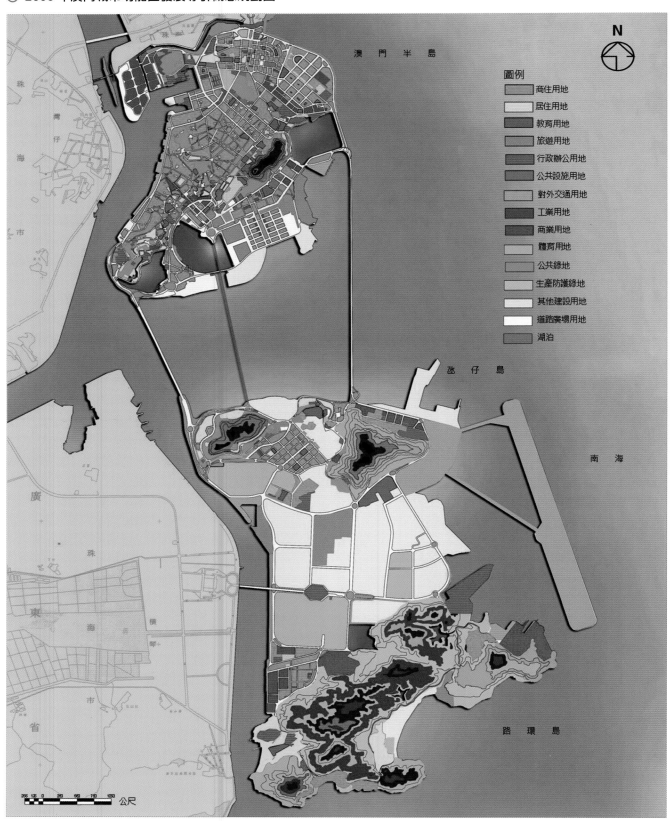

圖例
商住用地
居住用地
教育用地
旅遊用地
行政辦公用地
公共設施用地
對外交通用地
工業用地
商業用地
體育用地
公共綠地
生產防護綠地
其他建設用地
道路廣場用地
湖泊

澳門半島

氹仔島

南　海

路環島

珠仔海

廣　州　市

東　海　橫琴省

公尺

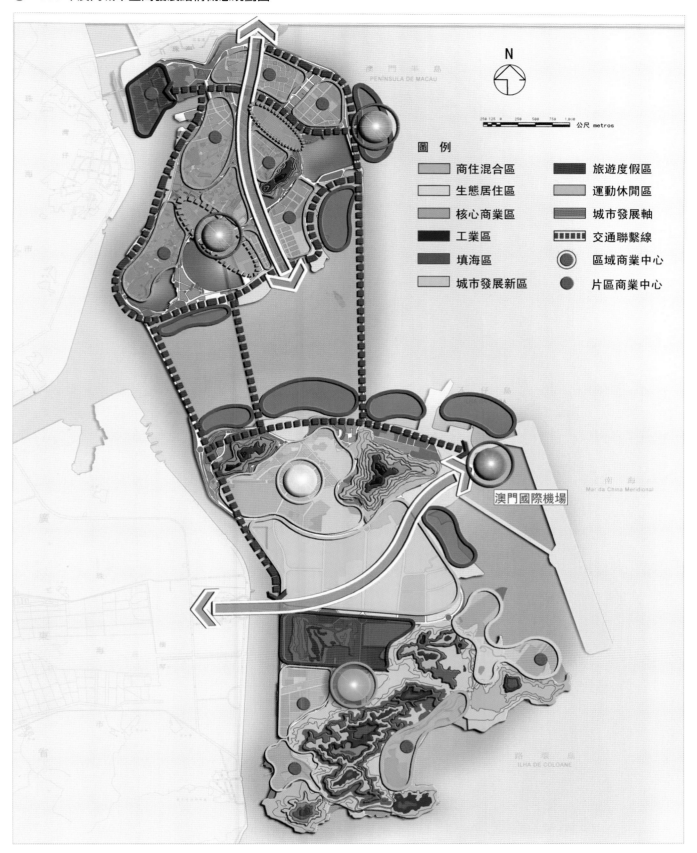

○ 2006年澳門土地利用情況

單位：平方公里

功能	半島					氹仔	路氹新城	路環
	花王堂區	望德堂區	風順堂區	大堂區	花地瑪堂區	嘉模堂區	路氹填海區	聖方濟各堂區
商住及住宅用地	0.5	0.17	0.32	0.3	0.6	0.47	—	0.32
商業用地	0.01	—	0.01	0.12	0.02	0.01	—	0.01
工業用地	0.03	—	0.02	—	0.19	0.1	0.03	0.46
機關及公共設施用地	0.12	0.08	0.11	0.24	0.39	0.23	0.06	0.61
教育用地	0.3	0.05	0.04	0.05	0.14	0.2	—	0.03
停車、對外交通、旅遊設施、體育、殯葬設施及相關用地	0.03	0.05	0.06	0.33	0.11	2.49	1.04	0.9
水體	0.9					0.51		
綠地及其他用地	2.45					10.01		
道路	1.83					1.82		

5.3.3 交通

　　澳門的市內交通，在 1950 年代仍處於落後狀態。居民往來半島、氹仔和路環仍十分不方便。路氹間的公路連接堤至 1968 年才建成，澳氹大橋也要在 1974 年才竣工通車。因此在 1950 年代，半島與離島交通只靠每小時一班的汽船。半島至氹仔的行程要 30 分鐘，至路環更長達一小時。當時的澳門城，基本上是個步行城市，和中世紀城市差別不大，全城少有現代化的交通工具。公共巴士在 1925 年才首次出現，當時只有六輛。至二次世界大戰後公共巴士增至八輛，路線由四條增至五條。到 1980 年代，

澳門開始步入現代城市交通行列。在 1985 年，機動車已過 30,000 輛，而私人汽車達 17,157 輛，大都集中在面積只有 5.8 平方公里的半島上。不過，大部份市民仍靠自行車及步行出行。

　　回歸後的澳門，旅客迅速增長，單靠公共及私人車輛已難以解決市內交通問題。特區政府有見及此，在建設環城快速通道之外，亦展開了全澳軌道交通網的興建，以期改善交通及改良城市環境，減少碳排放。

○ **1990 年代澳門半島公共交通情況**

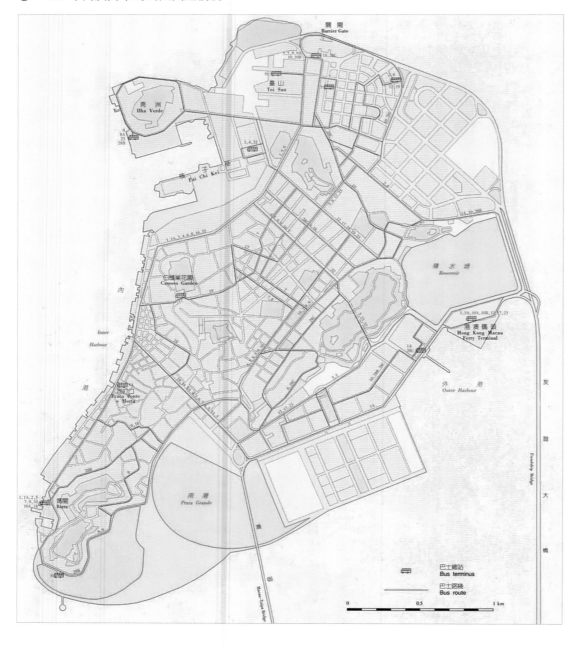

○ **1990 年代澳門公共交通情況**

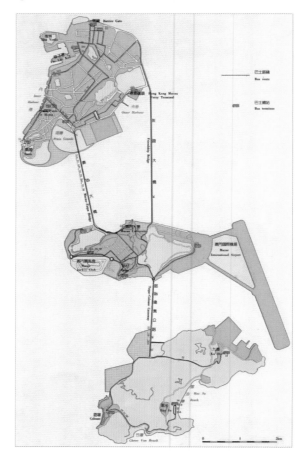

○ 1956 及 1985 年澳門市內交通狀況

		1956	1985
非機動	出租三輪車	712	456
	自行車	351	19815
機動	公共巴士	18	104
	計程車	11	560
	出租車	74	149
	貨車		4511
	私人汽車		17157
年度人口（萬人）		17	41.7
旅客總量（萬人）		70	418

○ 1970 年代的港澳快船

○ 1925 年大馬路上的巴士

○ 1970 年代澳門的雙層巴士

1919 年澳門開始有公共汽車，名為「自由車」。到 1925 年，稱「街坊車」。

○ 民國大馬路上的黃包車車龍（約 1920 年）

○ 議事亭前地美士基打像前的黃包車及三輪車車站（約 1950 年）

○ 2010 年澳門半島巴士路線圖

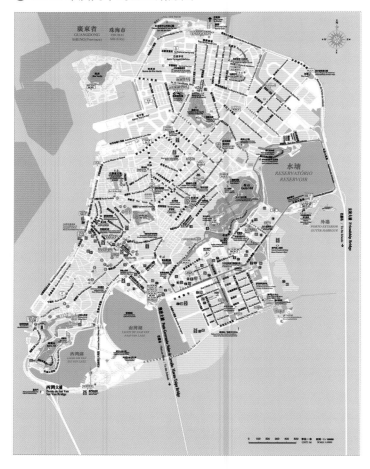

○ 1998 至 2008 年澳門的人口、旅客、車輛和車道增幅百分比

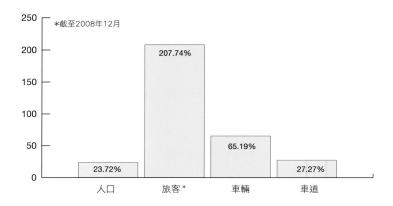

○ 2000 至 2010 年澳門的人口、旅客、車輛和車道增幅百分比

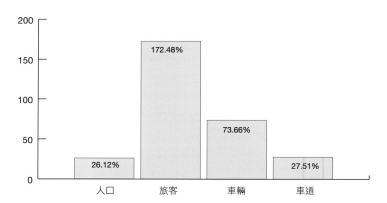

○ 2010 年路氹巴士路線圖

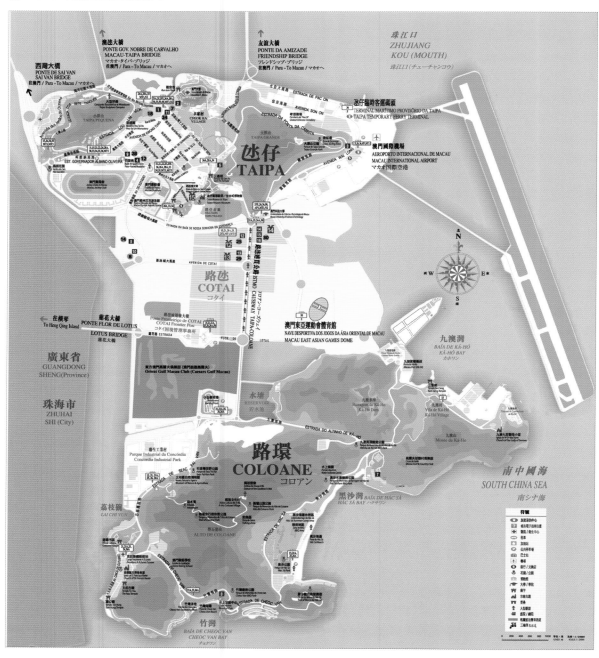

○ 外圍環城快速通道構想圖

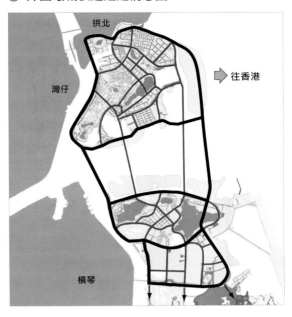

○ 澳門特別行政區交通概念規劃圖

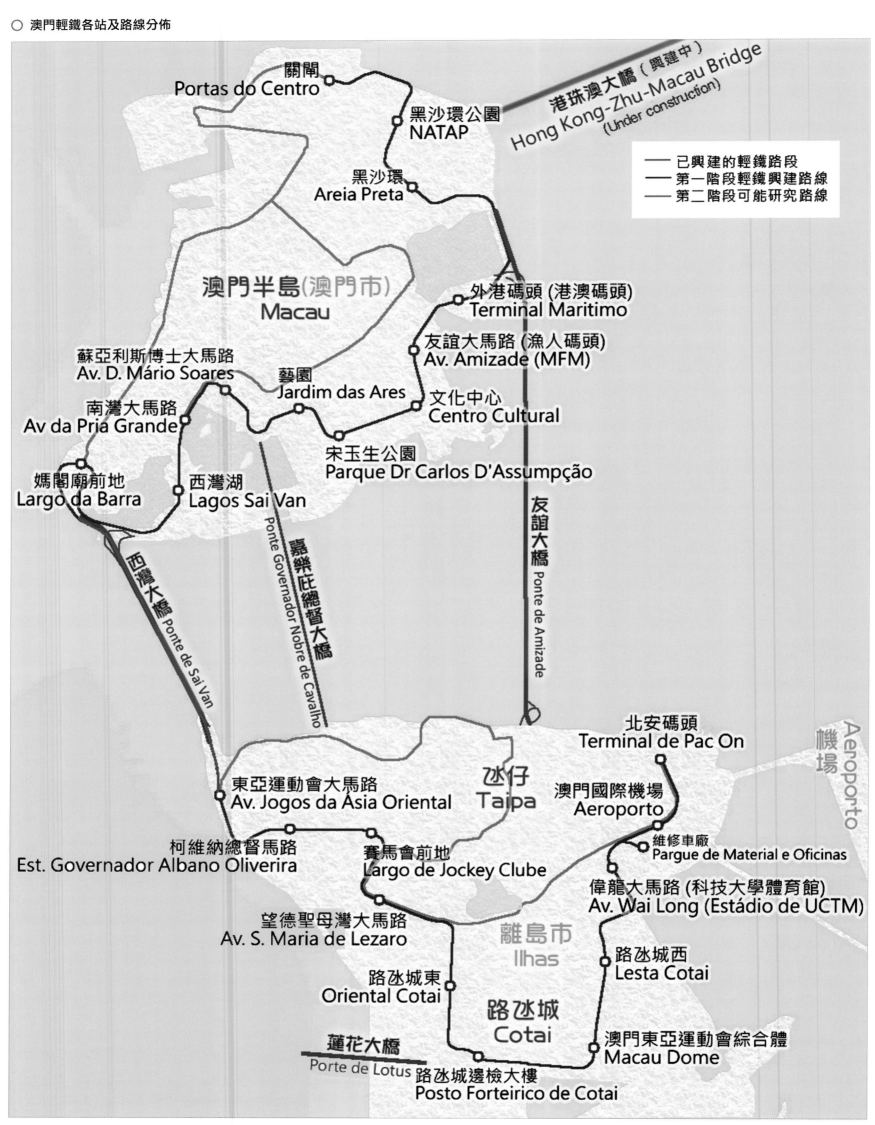

關閘
Portas do Centro

黑沙環公園
NATAP

黑沙環
Areia Preta

港珠澳大橋（興建中）
Hong Kong-Zhu-Macau Bridge
(Under construction)

──── 已興建的輕鐵路段
──── 第一階段輕鐵興建路線
──── 第二階段可能研究路線

澳門半島(澳門市)
Macau

外港碼頭 (港澳碼頭)
Terminal Maritimo

友誼大馬路 (漁人碼頭)
Av. Amizade (MFM)

蘇亞利斯博士大馬路
Av. D. Mário Soares

藝園
Jardim das Ares

文化中心
Centro Cultural

南灣大馬路
Av da Pria Grande

媽閣廟前地
Largo da Barra

西灣湖
Lagos Sai Van

宋玉生公園
Parque Dr Carlos D'Assumpção

西灣大橋 Ponte de Sai Van

嘉樂庇總督大橋 Ponte Governador Nobre de Cavalho

友誼大橋 Ponte de Amizade

北安碼頭
Terminal de Pac On

機場 Aeroporto

氹仔
Taipa

東亞運動會大馬路
Av. Jogos da Ásia Oriental

澳門國際機場
Aeroporto

柯維納總督馬路
Est. Governador Albano Oliverira

賽馬會前地
Largo de Jockey Clube

維修車廠
Parque de Material e Oficinas

偉龍大馬路 (科技大學體育館)
Av. Wai Long (Estádio de UCTM)

望德聖母灣大馬路
Av. S. Maria de Lezaro

離島市
Ilhas

路氹城西
Lesta Cotai

路氹城東
Oriental Cotai

路氹城
Cotai

蓮花大橋
Porte de Lotus

路氹城邊檢大樓
Posto Forteirico de Cotai

澳門東亞運動會綜合體
Macau Dome

澳門對外的現代化交通，主要是自 1920 年代起逐步形成的。關閘至石岐的公路建成後，岐關車路公司便在 1928 年開辦。1921 年疏浚港灣，使來往澳門—廣州和澳門—香港的大船投入服務。當時定期來往澳港之間的大船有七艘。澳門空運公司亦自 1920 年起，購置了 12 架水翼船往來澳港。在 1956 年，來往澳港的客人主要依靠大船。當時，大船要花 3 小時 30 分航行 36 海里的兩地距離。水上飛機每月只飛行五次，殊不方便。

○ 停泊於內港的佛山輪

圖中可見巴士、的士及黃包車。

○ 1920 年代的關閘

○ 新關閘邊檢大樓

2004 年啟用，其場址在舊關閘以北，由中央政府以象徵性價格撥給澳門使用 50 年。

○ 1999 至 2010 年澳門車輛和車道

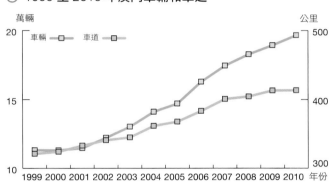

○ 1960 至 2009 年內地與澳門間的人員及交通往來

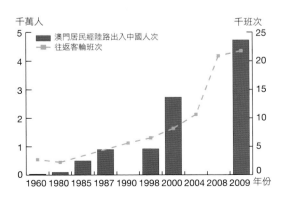

○ 1999 至 2010 年澳門人口和旅客

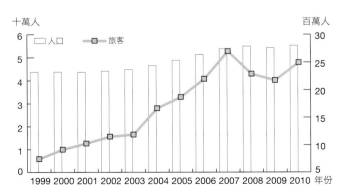

澳葡政府自 1962 年起利用博彩專營合約的特殊條款，令專營公司投資發展澳門、香港之間的航運設施。目前澳門已具有全球最龐大的噴射飛翔船船隊，高峰時每 15 分鐘一班往來澳門與香港島及九龍，船程只約一小時。專營公司又協同政府投資興建澳門國際機場及開辦澳門航空。新機場建設在 1952 年已由澳督提出。1984 年曾和珠海商討在橫琴島按日內瓦哥特靈機場模式共建共用一國際機場，其後終止談判。在路氹間填海建造的新機場在 1995 年建成開幕。在起初 10 年，機場的客貨流量受惠台灣與大陸間未能三通。但後來兩岸通航，澳門機場的客貨運量遂大受影響。

為了迎接澳門回歸，澳門陸上的最大口岸進行了擴建，回歸後又建設了連通橫琴的蓮花大橋及相關口岸，又開通氹仔客運碼頭。未來澳門將和京珠高鐵及廣珠西線連接，港珠澳大橋亦已在 2009 年動工，澳門不但會納入珠三角的「一小時生活圈」，同時也和全國的高鐵網接合，使它和內地在經濟和社會上緊密融合，為地區和國家發展發揮更大的作用。

○ **2011 年澳門噴射飛航航線**

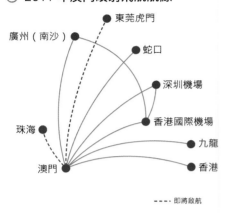

○ **1980 至 2009 年港澳往返客輪班次**

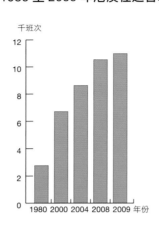

○ **1970 年代的港澳快船**

○ **機場客運量**

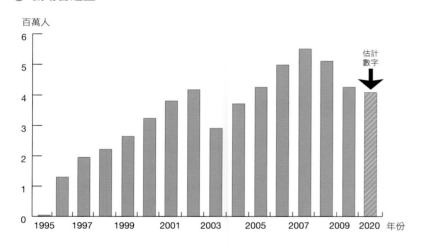

○ **飛翔船**

○ **機場貨運量**

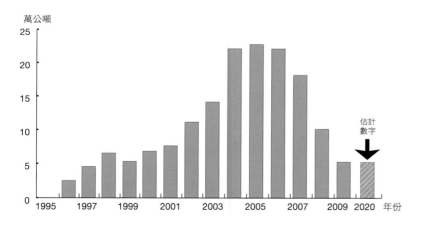

○ **澳門國際機場內停泊的澳門航空貨機**

○ 澳門國際機場草圖

機場大樓
擴展地段

貨物轉運

商業發展地段

填海區

與內地連接之鐵路

○ 2000 年機場航班圖

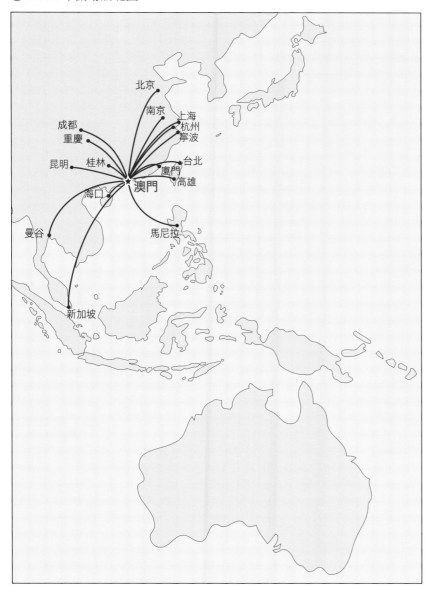

○ 2009 年機場航班圖

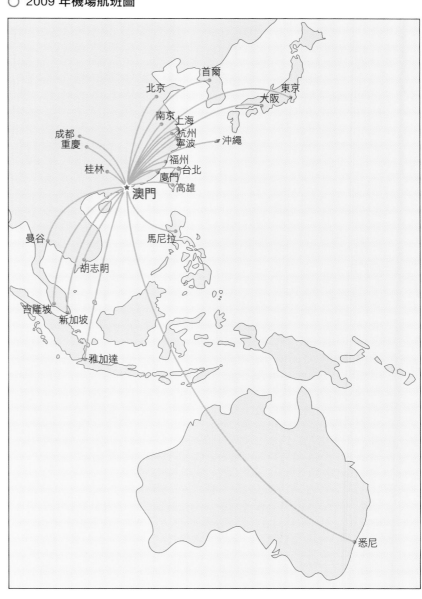

○ 澳門二元多核心城市結構的功能組團及對外交通軸線走向

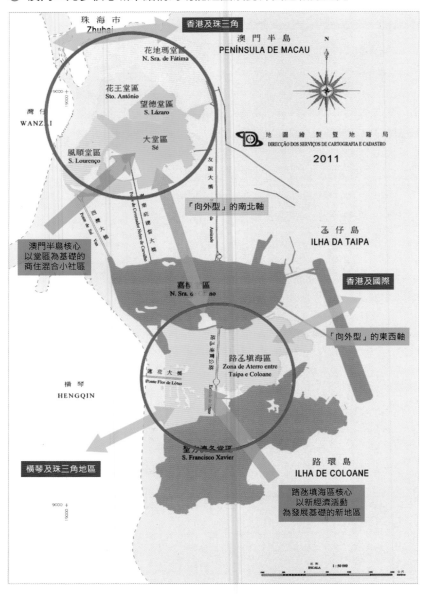

○ 澳門對外口岸與對外交通聯繫

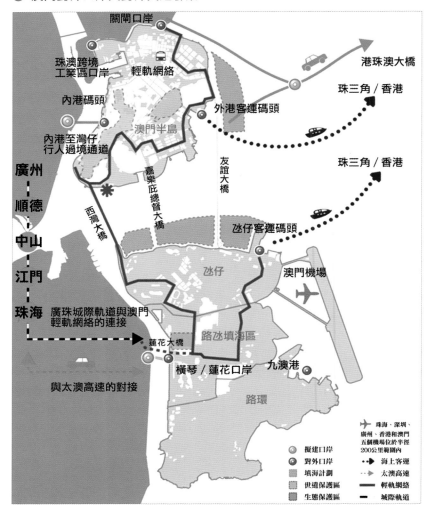

○ 澳門大學橫琴新校區選址

○ 澳門憑藉港珠澳大橋聯繫珠三角其他主要城市

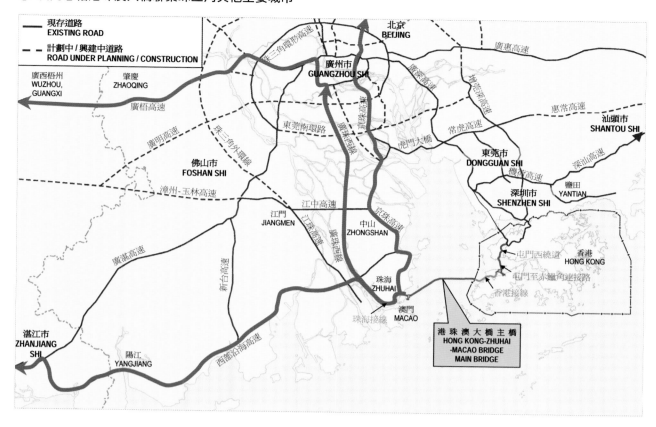

○ 港珠澳大橋主橋位置

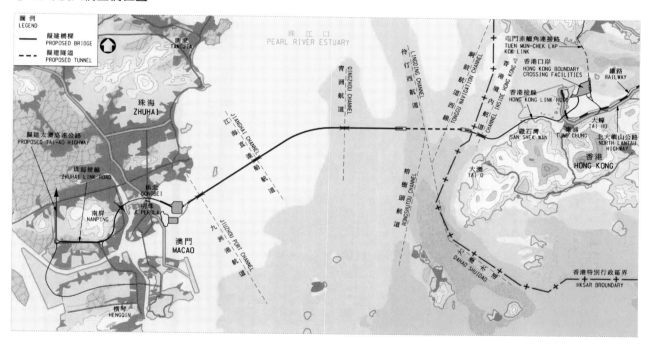

○ 港珠澳大橋珠澳口岸人工島效果圖

5.3.4 環境

澳門雖然沒有重工業，但由於地方小，人口密度高（特別是在半島），汽車多，而外來旅客又多，環境質量一直是個備受關注的問題。作為世界級博彩、旅遊、會展城市，藍天綠地成為澳門的重要資源。然而澳門的空氣質量受到本身及珠三角的區域性影響。本地的交通與發電廠是本地主要污染排放源。珠三角近三十年的經濟崛起也成為外在的排放源。因此要整治澳門的環境污染，除了在本土上努力外，還需要加大區域合作。

總括來說，澳門回歸以來的電廠的排放，因為採用了改良技術，已有明顯的降低。但空氣質量與汽車及 GDP 增長成正相關關係，使中長期發展逐步以輕鐵替代汽車成為必然選擇。

澳門自 1958 年因嚴重乾旱而要輸入內地食水。至 1983 年，澳門已完全依賴內地供水。為此，珠海在灣仔和西江建造了兩個供澳食水加工廠。在澳門，食水經青洲、新口岸及路環水廠處理後再輸送至用戶。輸澳內地水量每年增加約 3%。近年，由於天氣暖化，海平面水升，致海水倒灌西江，成為鹹潮，危及供澳食水水質。

○ 1999 至 2008 年澳門社會經濟環境趨勢圖

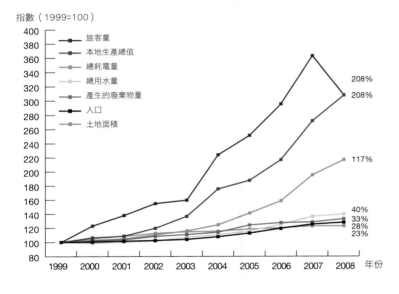

○ 2008 至 2021 年澳門用電增長估算

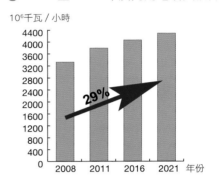

○ 1998 至 2009 年澳門生產總值、終端能源消耗量及能源強度

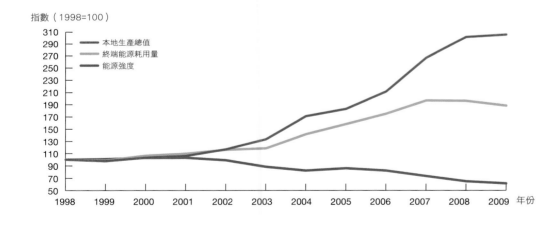

○ 2000 及 2009 年澳門不同領域的終端能源消耗

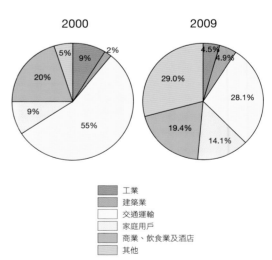

○ 1990 至 2009 年澳門發電及溫室氣體排放

指數（1990=100）

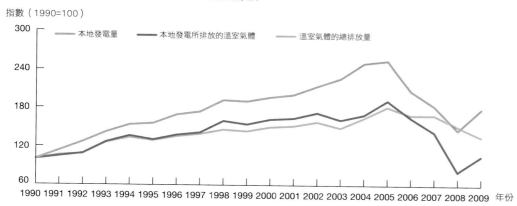

○ 2007 至 2021 年澳門溫室氣體排放量增長估算

千噸等值二氧化碳

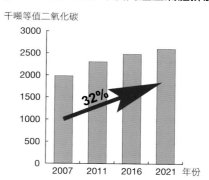

○ 1990 至 2009 年鉛排放量

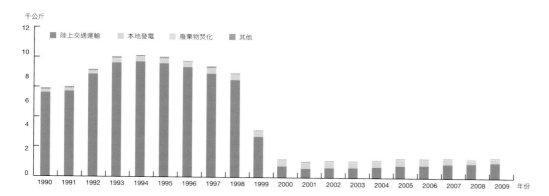

○ 1990 至 2009 年總懸浮粒子排放量及可吸入懸浮粒子的排放量

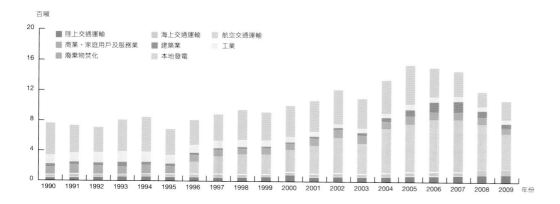

○ 2005 至 2009 年空氣質素

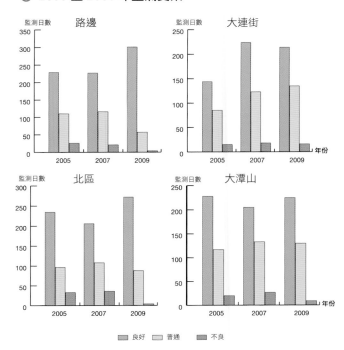

監測日數 路邊
350
300
250
200
150
100
50
0
2005　2007　2009

監測日數 大連街
250
200
150
100
50
0 年份
2005　2007　2009

監測日數 北區
300
250
200
150
100
50
0
2005　2007　2009

監測日數 大潭山
250
200
150
100
50
0 年份
2005　2007　2009

■ 良好　□ 普通　■ 不良

○ 2010 年澳門各自動空氣質量監測站分佈

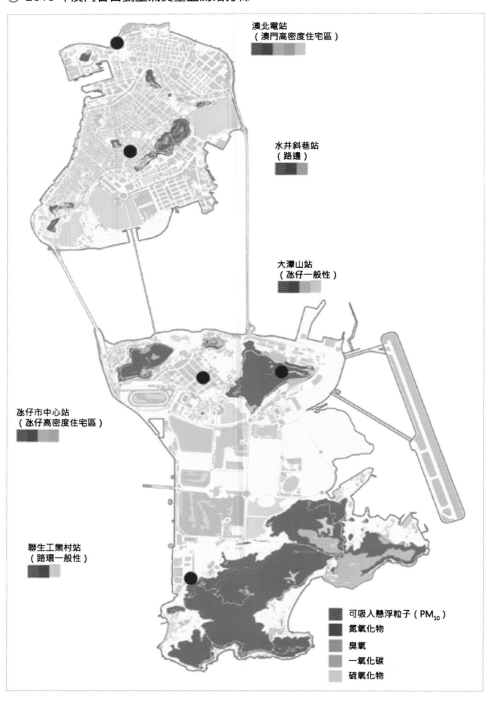

澳北電站
（澳門高密度住宅區）

水井斜巷站
（路邊）

大潭山站
（氹仔一般性）

氹仔市中心站
（氹仔高密度住宅區）

聯生工業村站
（路環一般性）

■ 可吸入懸浮粒子（PM$_{10}$）
■ 氮氧化物
■ 臭氧
■ 一氧化碳
□ 硫氧化物

○ 2002 至 2008 年噪音投訴

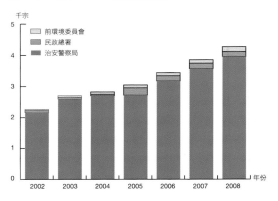

千宗
5
4
3
2
1
0
　　　　　　　　　　　　　　　年份
□ 前環境委員會
■ 民政總署
■ 治安警察局
2002　2003　2004　2005　2006　2007　2008

○ 1999 至 2009 年噪音投訴

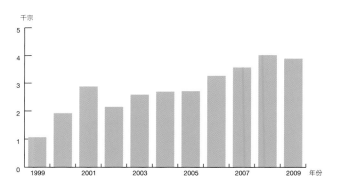

千宗
5
4
3
2
1
0
1999　2001　2003　2005　2007　2009 年份

○ 全年月平均每小時等效連續聲級值（Leq）

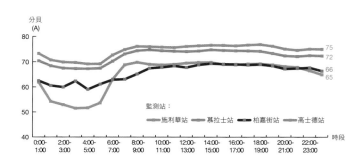

分貝
(A)
80
70
60
50
40
75
72
66
65
監測站：
—施利華站　—幕拉士站　—柏嘉街站　—高士德站
時段
0:00-　2:00-　4:00-　6:00-　8:00-　10:00-　12:00-　14:00-　16:00-　18:00-　20:00-　22:00-
1:00　3:00　5:00　7:00　9:00　11:00　13:00　15:00　17:00　19:00　21:00　23:00

○ 1991 至 2008 年沿岸水質污染指數

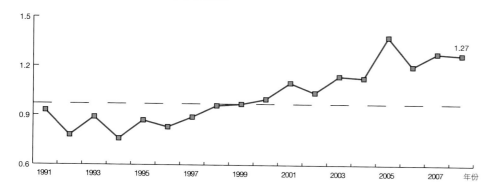

○ 1996 至 2009 年污水處理廠／站日平均進水量

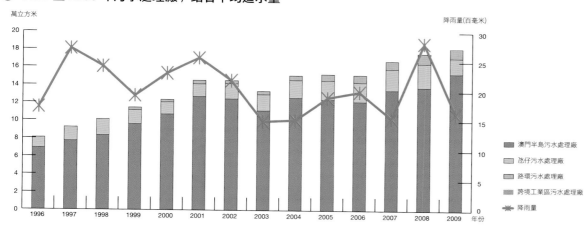

○ 1993 至 2009 年收費用水量

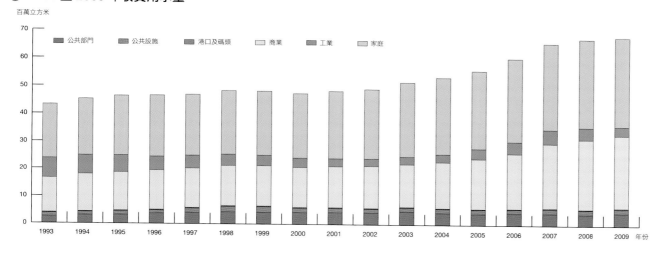

○ 2000 及 2009 年各類用水的分佈

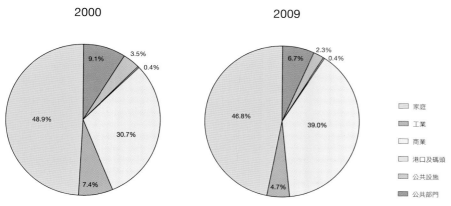

○ 2008 至 2020 年用水量增長估算

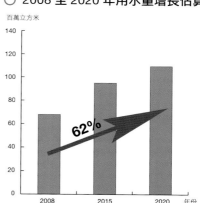

城市人口及旅客數量大增，亦使城市固體廢物大增。在狹小的澳門，堆埋已不能解決廢物問題。1992 年澳門建成當時在大珠三角地區最大的現代垃圾焚化中心。2009 年，該中心設備更新後，每月處理能力提升至 1,800 噸。然而垃圾分類工作自 2000 年展開以來，推行緩慢，2010 年回收率只是 1‰，落後於東亞很多城市。

在綠化面積上，雖然澳門綠化工作已有超過一百年的歷史，但由於地少人多，半島的不少綠地及樹木，因城市發展而比四五十年前大量減少。不過得益於路氹新城填海區新增土地的大量投入綠地，以及路環的綠化保護，全澳綠化覆蓋達 22.7%，比 1990 年代有所上升。

○ 1997 至 2004 年從焚化爐運往堆填區的不適宜焚燒廢棄物

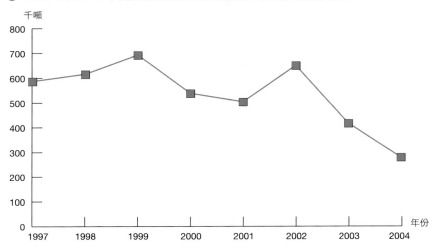

○ 1997 至 2009 年堆填處理的廢棄物

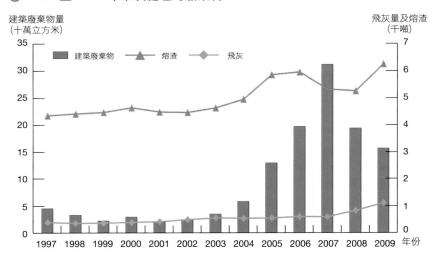

○ 澳門污水處理廠及垃圾焚化爐分佈

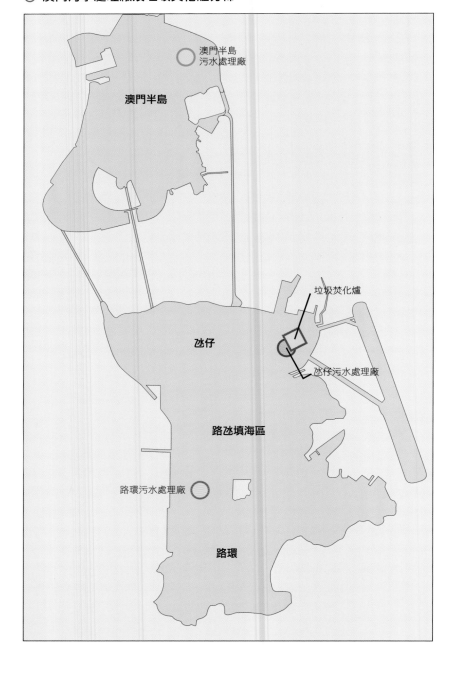

○ 2008 至 2021 年廢棄物焚化量增長估算

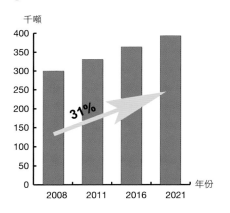

○ 2002 至 2009 年城市廢棄物構成

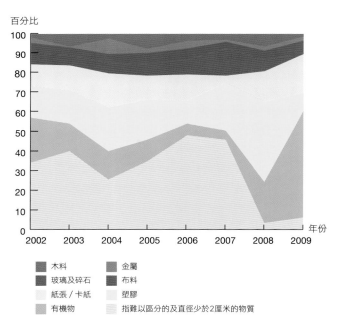

澳門在 2009 年通過了《澳門城市生態環境規劃》以應對越來越嚴重的水、垃圾及溫室氣體等環境及資源問題，以配合在城市發展需求的背景下，按國家及國際公約要求，和區域一體地改善環境。

○ **各地區每日垃圾產生量**

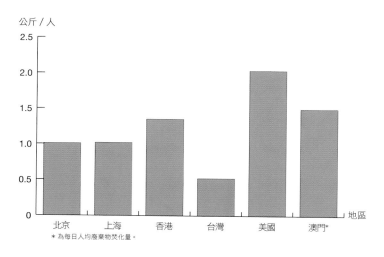

○ **各地區資源廢棄物回收率**

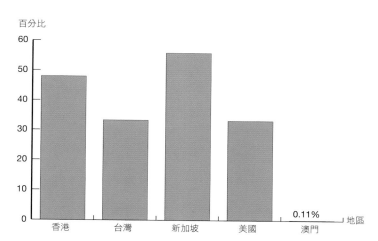

○ **1993 至 2009 年運往焚化中心處理的廢棄物及運往處理的每人每日平均廢棄物量**

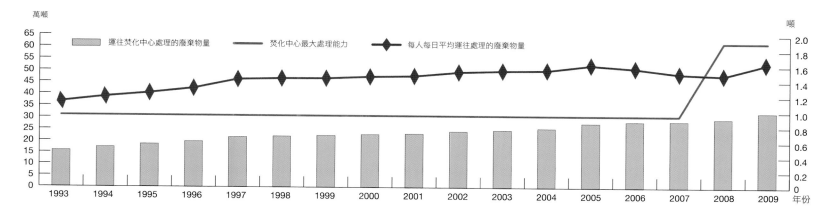

○ **2001 至 2009 年垃圾分類回收量**

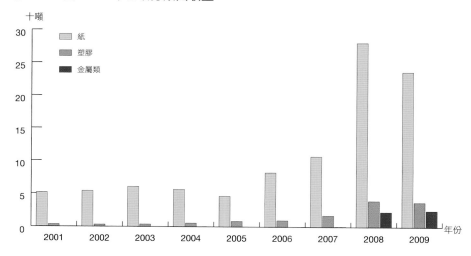

○ **2002 至 2008 年垃圾回收量**

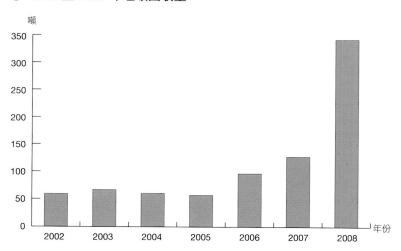

○ 澳門綠化區圖

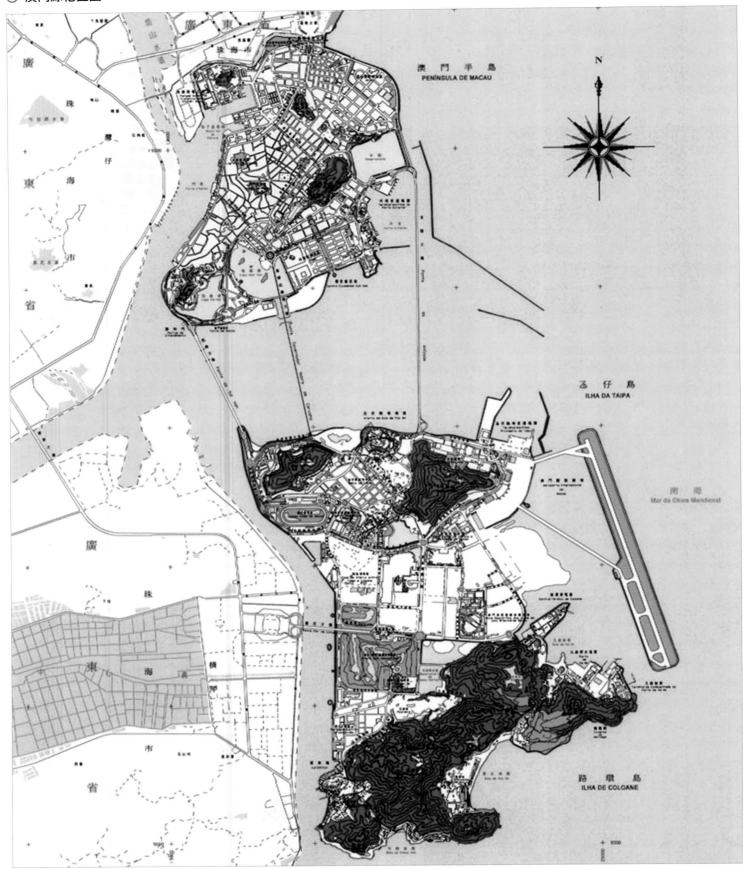

○ 2000 至 2008 年人均綠化區面積

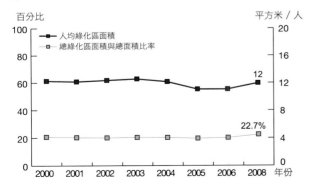

○ 澳門城市生態綠化系統概念規劃圖

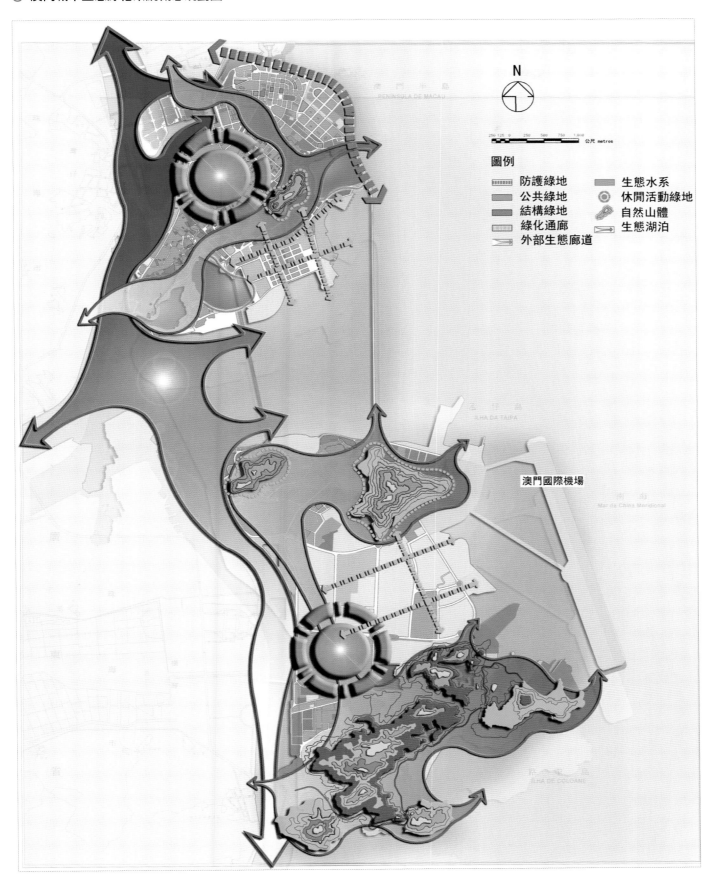

○ 各地區林地、綠化覆蓋率

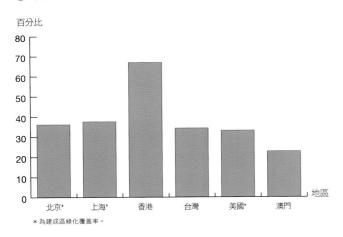

○ 1999 至 2008 年固定空氣監測站平均良好天數比率

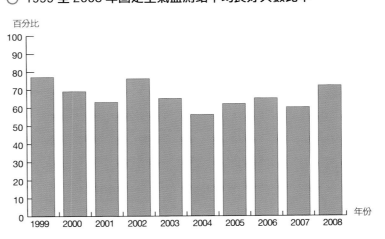

○ 環境保護概念性規劃的背景

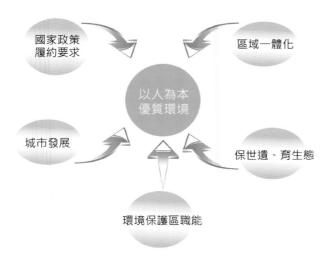

○ 保障機制示意圖

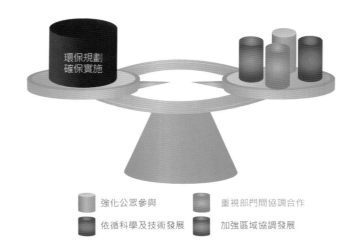

○ 低碳行動策略示意圖

○ 2000 及 2009 年按職能分類的公共開支

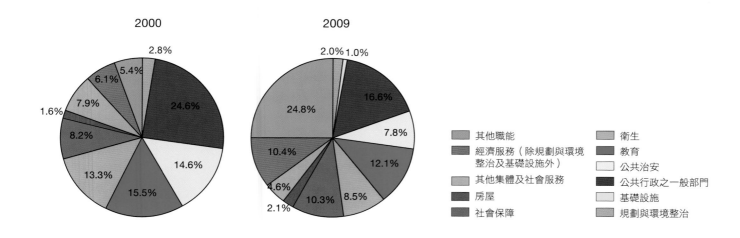

5.3.5 考古與世遺保護區

史前器物的發現，證明在 4,500 年前，澳門地區已有人類居住。這些器物主要是石器及陶器，都是在路環島出土，而且與漁業及漁民有關，說明最早的居民是漁民。總括來說，澳門的考古發現十分稀少。上述的遺留，亦可能只是漁民在島上短暫停居的證明，至今仍未發現遠古聚落的遺址。

澳門的定居史，大概始於明代中葉。因此，世遺保護的主要建築的選址及功能，可反映出澳門自葡人番坊以來的連綿不斷的五百年歷史。當然，其中的不少建築，已經歷了多次的重建，比如有代表意義的板樟廟、仁慈堂及市政廳（前稱議事會、議事亭，後稱民政總署）。

○ 澳門黑沙出土的新石器時代陶器碎片

○ 澳門黑沙出土的新石器時代石器

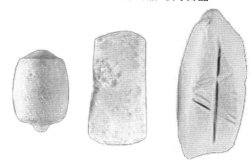

○ 世界遺產：澳門歷史城區

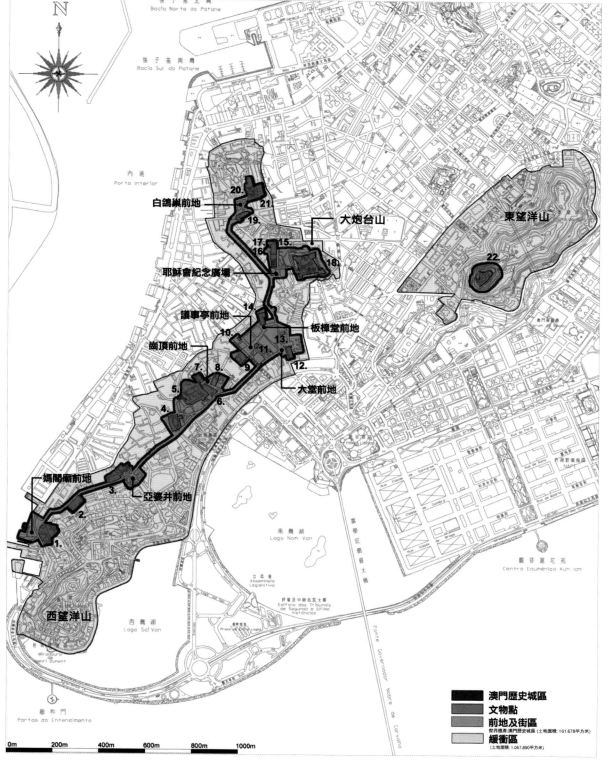

1. 媽閣廟
2. 港務局大樓
3. 鄭家大屋
4. 聖老楞佐教堂
5. 聖若瑟修院大樓及聖堂
6. 崗頂劇院
7. 何東圖書館
8. 聖奧斯定教堂
9. 民政總署大樓
10. 三街會館
11. 仁慈堂大樓
12. 大堂
13. 盧家大屋
14. 玫瑰堂
15. 大三巴牌坊
16. 哪吒廟
17. 舊城牆遺址
18. 大炮台
19. 聖安多尼教堂
20. 東方基金會會址
21. 基督教墳場
22. 東望洋炮台（包括聖母雪地殿教堂及燈塔）

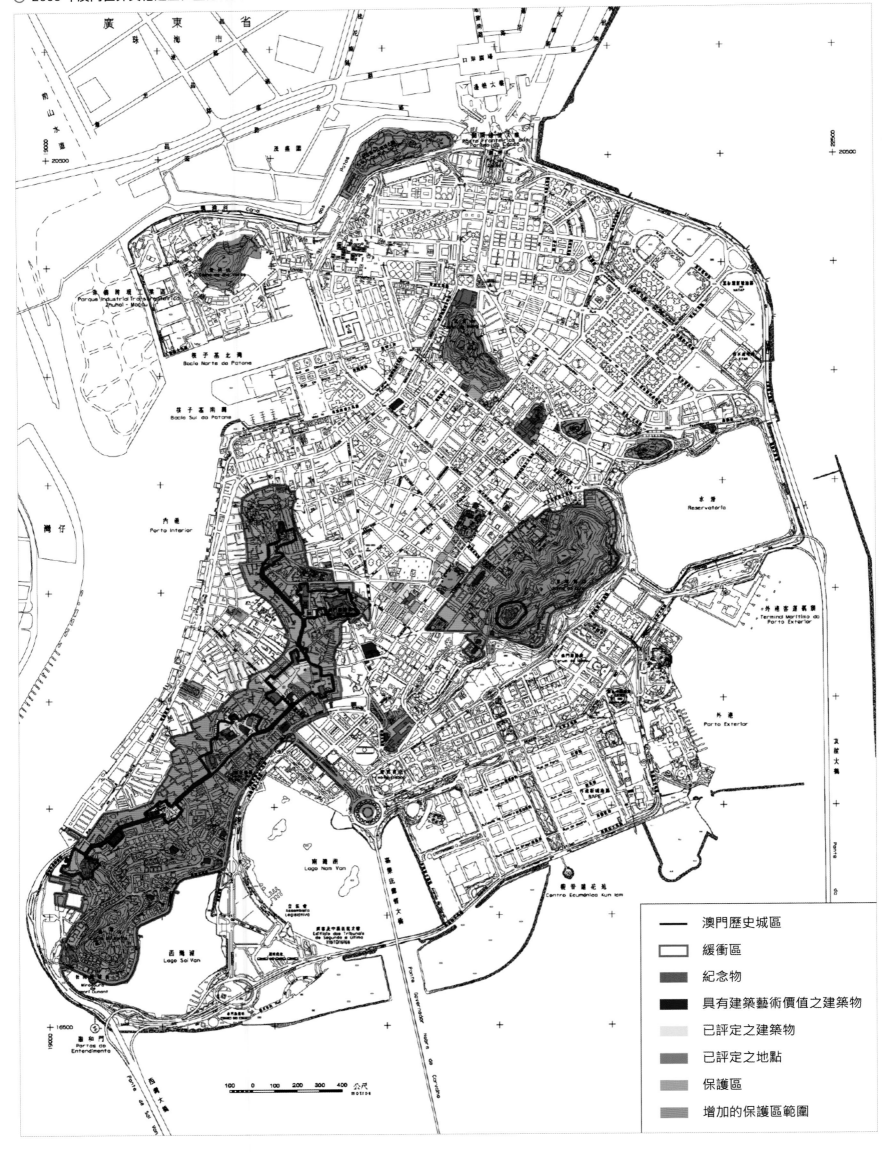

澳門歷史城區

緩衝區

紀念物

具有建築藝術價值之建築物

已評定之建築物

已評定之地點

保護區

增加的保護區範圍

5.3.6 區域關係

澳門自 16 世紀中葉起的黃金百年是在中國沿海海禁背景下形成的中外貿易唯一的合法通道。自清代開放四口通商（其後只剩廣州一口），澳門仍是中國主要的對外貿易樞紐。鴉片戰爭後，中國沿海、沿江、沿河的主要城市紛紛開放，使澳門在近代中外貿易的地位大幅度下降。今天的中國，在對外開放上經已全面化及全方位，使澳門與內地的關係出現了新的變化。不過，它和香港及毗鄰的珠三角地區，基於地緣原因，自 20 世紀以來，一直聯繫緊密。

有賴現代化交通工具的建設，澳、港、珠的人員、社會及經濟關係將更形密切。有關具體規劃已通過三地政府按《珠三角地區改革發展規劃綱要》等政策文件及相關協議逐步落實。《內地與澳門關於建立更緊密經貿關係的安排》、內地居民往澳「自由行」等新政策，也促使澳門和珠海走向「同城化」的方向。通過高鐵網與港珠澳大橋，澳門不但融匯在大珠三角地區中，也成為這個全球最蓬勃的區域經濟向全國將其服務伸延的核心成員。

○ 2010 年大珠三角城市區域空間結構

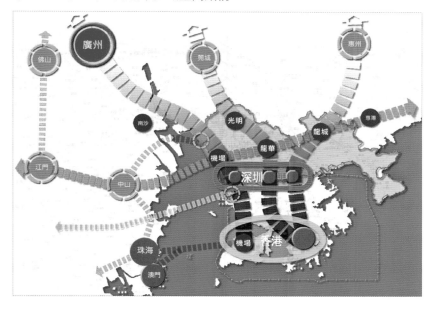

○ 澳門與珠三角及內地高速客運鐵路聯絡圖

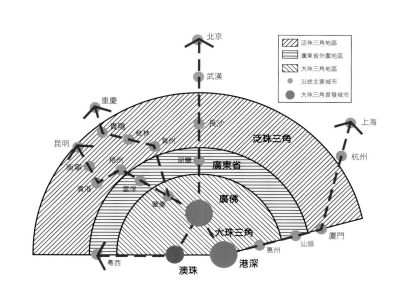

○ 2006 至 2020 年澳門與全國主要都會經濟區的聯繫

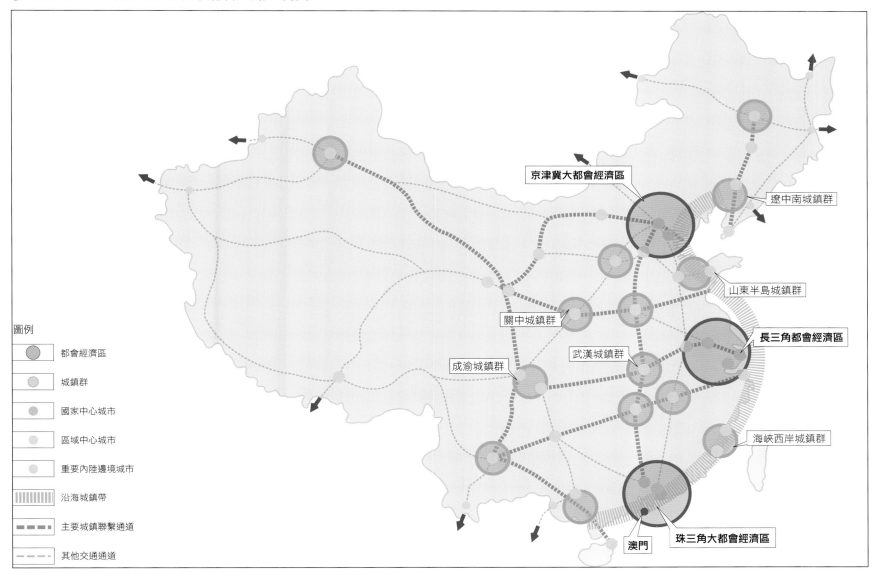

澳門的特色經濟，包括博彩、休閒及文化旅遊、商貿會展行業，將繼續吸引內地及香港客人，也為內地資金及企業提供投資與商品營銷的機會。在這基礎上，內地直接來澳投資佔全澳外來投資的比率不斷上升，貿易額及比例也在增加。而澳門和珠海邊界上的車流及人流量亦十分頻繁。單澳門居民每天往返珠海便達 10 萬人以上。

澳門與珠海更是特殊的夥伴。珠海成為特區後，澳門成為其最大的投資者。在 1991 年已有 500 家澳門企業投入珠海，總投資額達四億美元，佔珠海外來投資總額 38%。珠海除了供應澳門食水之外，亦是澳門新鮮食品的主要供應地。缺少發展空間的澳門，一直和珠海及中央商討，以共同開發及其他形式，將澳門的發展伸延至鄰近的橫琴。各方面已提出了不同的開發方案。在 2009 年全國人大通過的特別決定，將橫琴約一平方公里土地撥歸澳門以建設澳門大學新校園。在這土地上將執行澳門法律及屬澳門管治，為橫琴在新思維、新安排下的開發走出了第一步。

○ **1990 至 2009 年珠澳汽車流量**

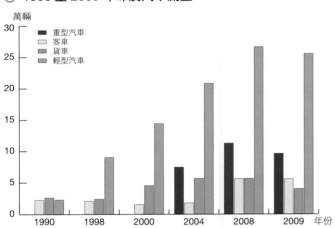

○ **2002 至 2008 年中國內地直接投資佔澳門外來投資比率**

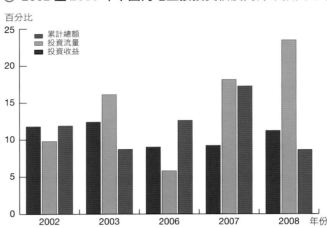

○ **澳門與全國高鐵網關係圖**

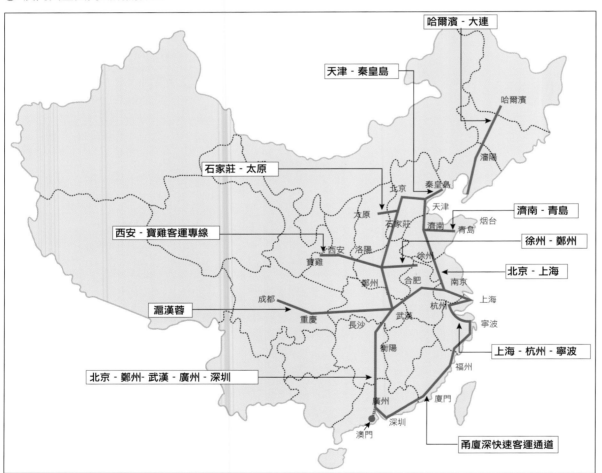

5.3.7 澳門新城的規劃

　　2009 年，北京批准澳門填海造地 350 公頃，以提升當地居民的綜合生活質素，並配合澳門「世界旅遊休閒中心」的發展。規劃工作小組於 2011 年底提出規劃草案一及二以諮詢公眾。據估計新城區至 2022 年充分發展時可容納 10 萬至 13 萬人。這裡顯示的乃容納人口 10 萬的草案一，因為兩草案的規劃分別並不太大。

○ **新城區總體規劃草案選擇（至 2020 年）**

項目	規劃草案一	規劃草案二
規劃人口容量	10萬人	13萬人
人口密度	3萬人 / 平方公里	3.5萬人 / 平方公里
住宅單位數*	3.3萬個	4.3萬個
主要公共設施	文化設施：圖書館、展覽場地、文化場地。 旅遊會展：旅遊會展設施。 醫療設施：衛生中心。 教青設施：教育及青少年場所、學校。 社服設施：社會綜合服務場所。 體育設施：體育場館。 政府機關：行政機關、司法機關。 市政設施 基礎設施：污水處理廠、中途倉。 交通設施：道路交通及相關配套設施。 保安設施	

＊：以兩房住宅單位面積估算。

○ **新城填海區位置圖**

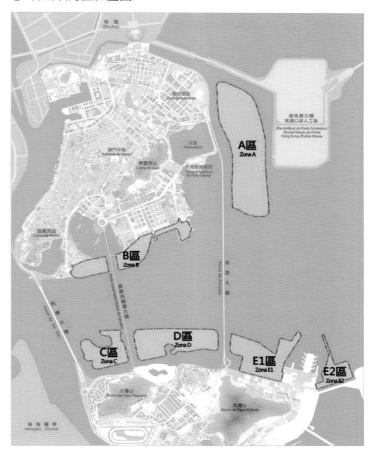

○ **新城區總體規劃三維想像圖**

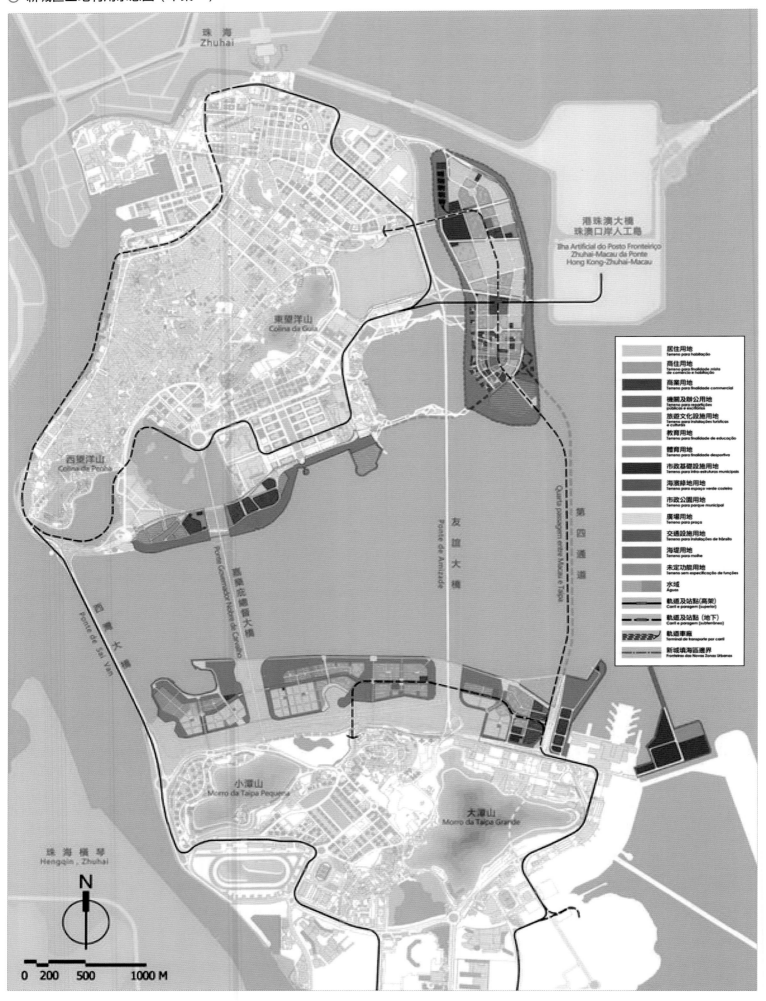

○ 新城 A 區外港休閒灣區規劃三維想像圖（草案一）

○ 新城 A 區總體規劃平面圖（草案一）

○ 新城 A 區空間佈局圖（草案一）

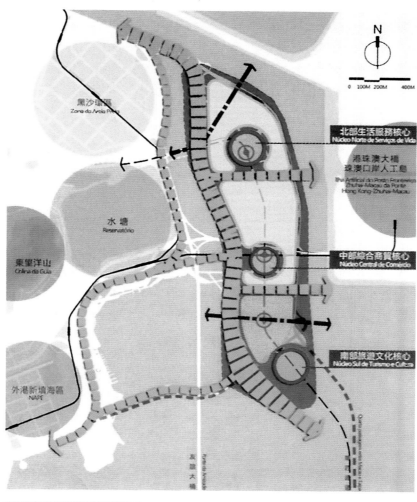

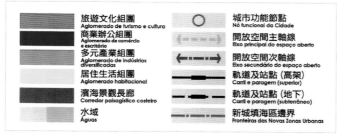

○ 新城 B 區濱海綠廊公共建築旅遊文化設施規劃三維想像圖（草案一）

○ 新城 B 區總體規劃平面圖（草案一）

○ 新城 B 區空間佈局圖（草案一）

○ 新城 C、D、E 區濱海綠廊規劃三維想像圖（草案一）

○ 新城 C、D、E 區總體規劃平面圖（草案一）

○ 新城 C、D、E 區空間佈局圖（草案一）

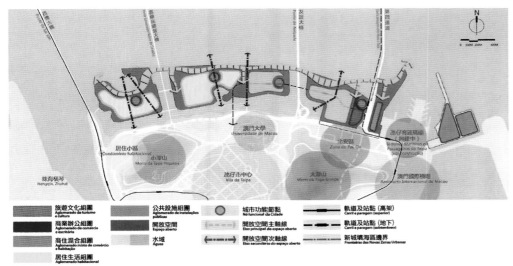

5.4 經濟及主要產業

5.4.1 總體經濟及產業結構

以國際元（購買力）計，澳門在 2010 年的國際人均本地生產總值排名第三（香港第八，中國第九十四）遠超英國、美國和葡萄牙，與 1990 年比，有很大的進步。當時以官價美元計，澳門人均本地生產總值為 8,100，和台灣（7,997）接近，但低於香港（12,059）及新加坡（11,575）。

戰後的澳門經濟，曾經歷了約 15 年的衰落期，當時的主流經濟為「梳打埠」式的舊博彩行業。自 1960 年代下半期起，現代出口型輕工業開始

建立，而被博彩專利以及它所附帶的改善澳港交通及澳門基建條款，所促使的私人基建投資，開始對澳門經濟產生積極影響。1971 至 1981 年，澳門進入了戰後第一次經濟起飛，本地生產總值年均增長率達 16.7%。這個經濟發展期若由 1963 年起計算，至 1993 年為止，更長達 30 年。其年均本地生產總值增長達 9%。期間，經濟發展的主要動力是現代工業化，至 1980 年代便形成以出口加工業為首的四大經濟支柱。

○ 1990 至 2009 年賭業對本地生產總值的貢獻

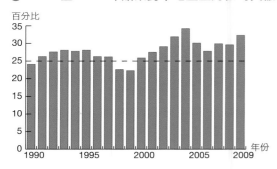

○ 1982 至 2009 年本地生產總額

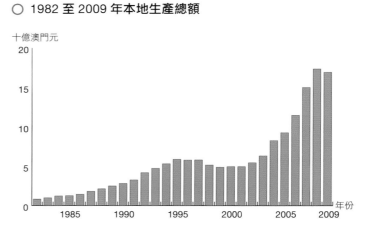

○ 1985 至 2010 年本地生產總值（名義價值）

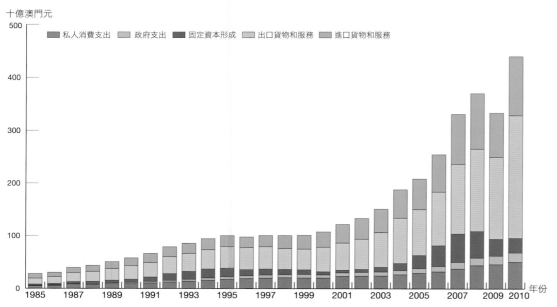

○ 1989 至 2010 年本地生產總值主要構成增長率

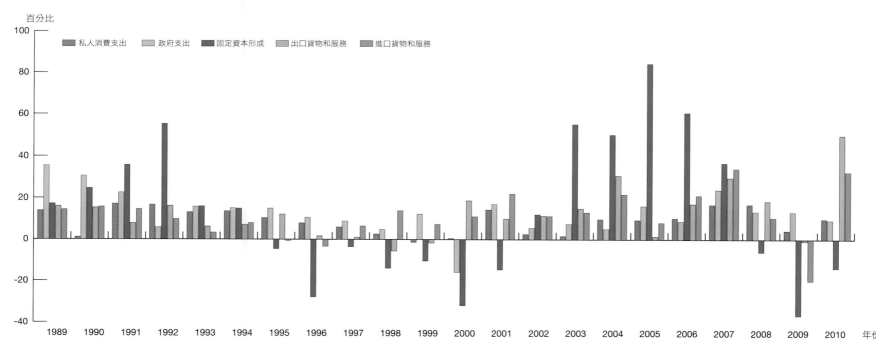

自 1990 年初起，加工業明顯向珠三角北移。在回歸前後，經濟又受亞洲金融風暴和管治信心打擊而倒退（包括博彩業），本地生產總值在 1996 至 1998 年出現了連續三年的負增長。不過，回歸後政局和社會的穩定，令其經濟在 2000 年明顯反彈，博彩業又於 2002 年開放，引入了新資本、技術、博彩項目及管理，加上「自由行」等政策的支持，澳門進入了戰後第二個經濟高增長期。在這個新經濟期，1980 年代中形成的四大行業中的出口加工輕工業已退居次要位置，但旅客大增，建築、零售及金融保險等行業亦蓬勃發展。在新賭牌實施條款的要求下，會展及文化活動也有新發展，使澳門邁向以國際性博彩、旅遊、金融、商貿及會展為支柱的新產業結構。

○ 1984 至 2009 年本地生產總值結構

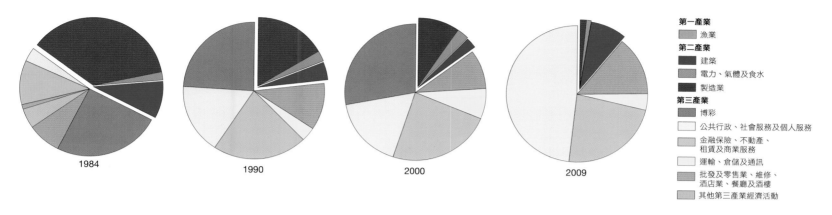

○ 1999 年按行業分佈的就業人口

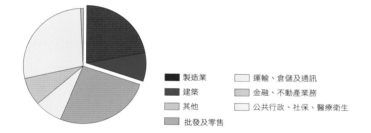

○ 1981 至 1996 年四大行業在本地生產總值中的比重

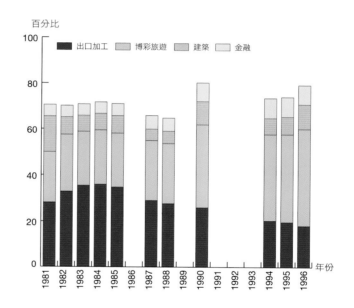

○ 2000 至 2009 年主要產業比重變化

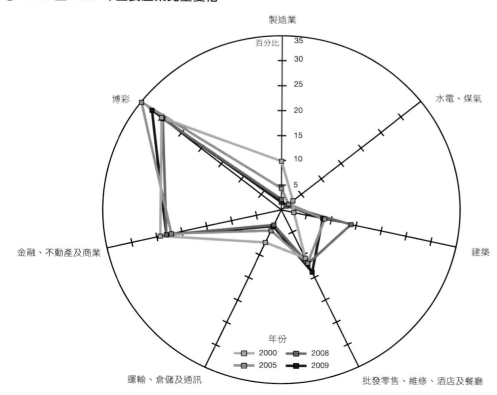

5.4.2 博彩與旅遊業

　　1961 年葡國政府准許澳門將博彩業定為一種特殊的「娛樂業」，給予合法地位和政策支持。澳門的賭博因而發展為合法的官控式專營模式，它分為兩大類：幸運博彩（全澳一家作壟斷式專營，包括各式各類的中西式賭博）和特別准照專營（此類公司不超過四家，包括賽馬、賽狗、回力球、各類中西彩票等專營）。幸運博彩的營業額佔了全部博彩行業 95% 以上。

　　澳門旅遊娛樂公司在 1962 年取得幸運博彩專營權。它其後在內地的支持下，獲五次延期，至 2001 年底合約才終止。按合同規定，它一共發展八個娛樂場（六個在半島，兩個在氹仔）。其中葡京娛樂場最大，佔全部 250 張賭枱的 130 張。

　　賽馬在 1989 年開始營運，每年舉行 600 場。賽狗在 1963 年開業，每周二、四、六及日下午開鑼。回力球自 1974 至 1990 年間營業，後因不受歡迎而倒閉。其他如傳統的白鴿票及新式的「幸運彩票」仍十分暢旺，佔整個博彩業的第三地位。

　　1962 年的幸運博彩專利條款要求澳娛建數間五星級酒店，加強澳港航運，增開、建設深水港及進行都市化工程等，促使澳娛積極發展旅遊及對外交通事業。因此澳門的博彩業和旅遊業緊密相連，難以清楚劃分。澳

○ **1955 至 1988 年酒店公寓及房間數目**

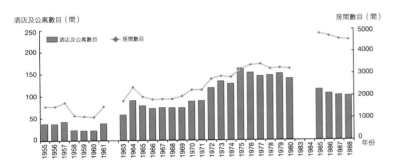

○ **1955 至 1988 年酒店及同類型住宿場所的住客數目及留宿時間**

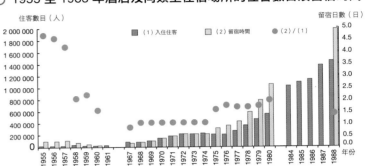

○ **俗稱「賭船」、「賊船」的澳門水上娛樂場（1962 年）**

「澳門皇宮」於 1962 年開幕，圖為第一艘「澳門皇宮」。1966 年改稱「澳門海上皇宮」。1989 年置新船，改稱「海角皇宮」。1996 年又置新船，改稱「新皇宮娛樂場」，並遷往外港，後於 2007 年停業。

○ **1960 年代末浮在內港的「賊船」**

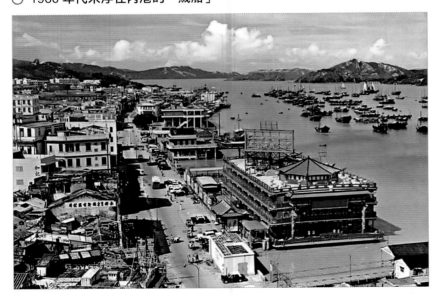

○ **2011 年的大馬路及新中央酒店**

1928 年開業的總統酒店，1932 年改為中央酒店。原高六層。1942 年加建九層，改名為新中央酒店，裝有澳門最早的升降機。二、七樓曾設博彩，是 1950 年代及 1960 年代初最大的酒店及賭場，專營泰興公司的賭場。

娛在 1962 年先設船上賭場（海上皇宮，俗稱「賊船」），停泊在內港。1963 年建成愛都酒店（娛樂場），首次將酒店、賭場合一。其旗艦葡京（娛樂場）酒店在 1970 年開業，是澳門首間大型五星級酒店。同年六名泰國職業按摩小姐被聘請至葡京酒店浴室工作，開賭博、旅遊及特殊娛樂結合的先河。現今這種外勞的來源地已擴至越南、菲律賓、日本、韓國、俄羅斯與內地。

從澳門酒店房間數自 1955 至 1988 年的變化，可以看到澳門現代旅遊業的到來是和博彩業自 1962 年的發展分不開的。和清末民初不同的是，

澳門 1960 年代初開始的旅遊與博彩業的發展，和內地旅客關係不大。至 2004 年「自由行」開始後，內地客才全面地改變了澳門的旅遊博彩業的主客源。1960 至 1991 年數字顯示，約 82% 的來澳旅客是以香港為居住地的，外籍旅客以日本（6.9%）、台灣（2.0%）、泰國（1.1%）和韓國（1.0%）為主。1985 年的調查發現香港居民佔賭客的 85%，而 90% 來澳的港人是為了賭博。他們大部份不在澳門過夜或不住酒店，結果全部旅客的平均逗留天數拉低至 0.85 天，酒店入住率拉低至 26.1%。

○ 1999 年澳門半島酒店、旅遊點、主要餐廳及博物館分佈

○ 1999 年離島酒店、旅遊點、主要餐廳及博物館分佈

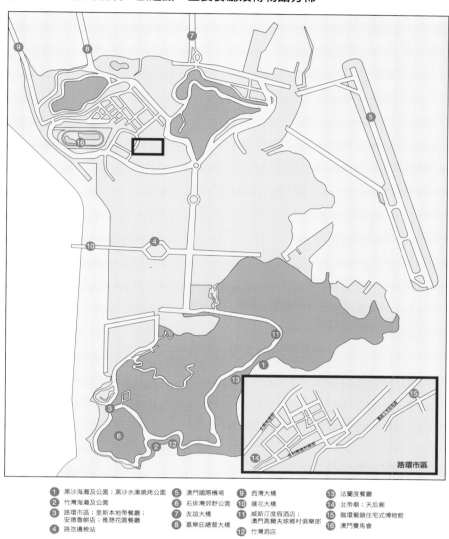

○ 1987 至 2010 年酒店旅館公寓的住客數目及留宿時間

○ 1988 至 2010 年酒店、旅館、公寓及房間數目

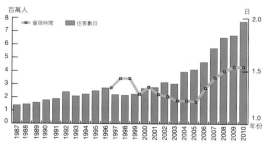

○ 位於內港舊區 2009 年新建的澳門索菲特十六浦酒店

回歸後，特區政府開放博彩業及受惠於「自由行」政策，使澳門在數年間大興土木，由以葡京為主的半島東南部的博彩旅遊區，擴展為包括了路氹新城的金光大道的第二個博彩旅遊區。新酒店的規模以及跨功能（文化、娛樂、商貿、會展、休閒、博彩的混合）特點，使澳門在回歸前的博彩旅遊業基礎上，又在量與質上有了新的發展。澳門不獨突出其「世遺」的文化優點（如大三巴牌坊），也吸取了拉斯維加斯的發展經驗，加添了大型休閒酒店及世界級的文藝和娛樂表演。

○ 1960 至 2009 年旅客入境數

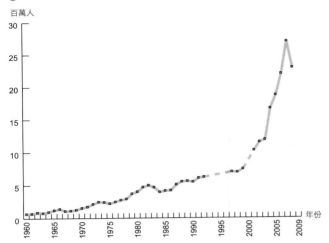

○ 1996 及 2010 年可用客房數及住客人次

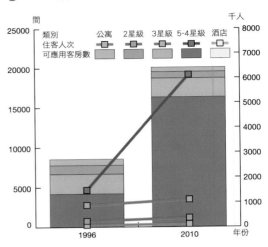

○ 1955 至 2009 年澳門居民出入境數

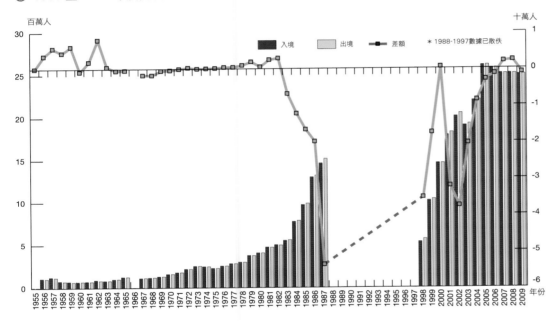

○ 1996 及 2010 年房間入住率

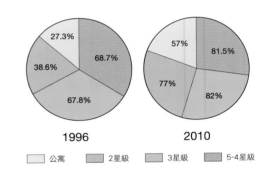

○ 半島新旅遊景區漁人碼頭與友誼大橋夜色

○ 2010 年旅店空間分佈

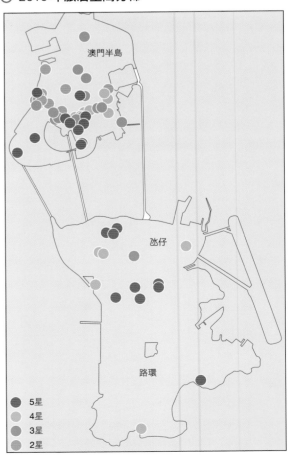

○ 大三巴教堂的演變（包括不同古地圖畫出的樣貌）

1622 年

1637 年

1731 年

1780 年

大三巴原是一組建築的總稱，包括聖保祿教堂及耶穌會開設的聖保祿學院。教堂於 1563 年始建，為木結構，1595 年毀於火。1602 年重建，1637 年全部完工。1619 年才建成大階梯，1638 年前壁（牌坊）才落成。1762 年耶穌會士被逐離澳門，大三巴被荒廢，1831 年改為兵營，1835 年再毀於火，僅留花崗石砌成的前壁。現大三巴就指這個近似中國牌坊的前壁。本地華人稱之為「大三巴牌坊」，葡人稱為「聖保祿廢墟」。目前大三巴已成為澳門的代表性建築及最重要的旅遊景點。在這建築身上可體驗澳門 450 年的發展歷程。

○ 大火前的大三巴教堂樣貌（1834 年）

○ 大三巴教堂廢墟（1900 年）

○ 大三巴牌坊（1920 年）

○ 大三巴牌坊正面（2011 年）

○ 大三巴牌坊側面（2011 年）

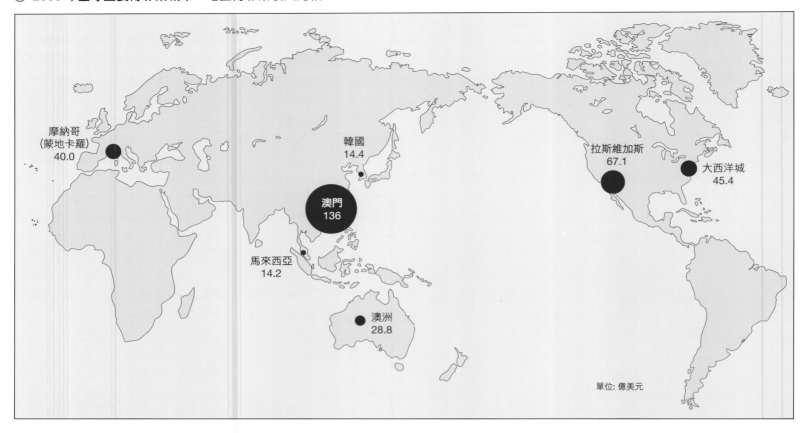

○ 2008 年全球主要博彩業城市、地區博彩業收入比較

摩納哥
(蒙地卡羅)
40.0

韓國
14.4

拉斯維加斯
67.1

大西洋城
45.4

澳門
136

馬來西亞
14.2

澳洲
28.8

單位: 億美元

○ 2002 至 2010 年博彩業結構 A

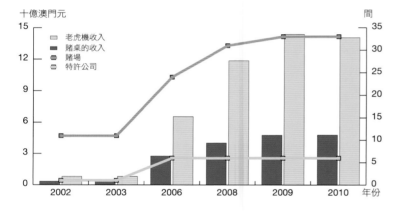

○ 2002 至 2010 年博彩業結構 B

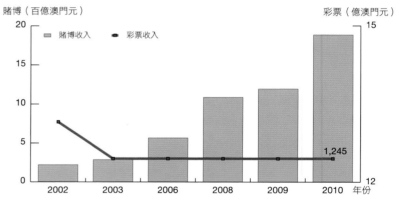

○ 2004 至 2010 年博彩業收入細分

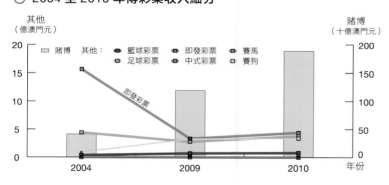

○ 1981 至 2009 年博彩業就業人數

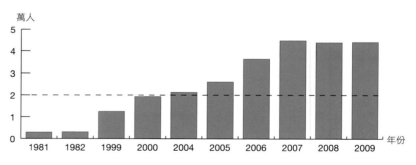

○ 1982 至 2009 年澳門人口及人均消費

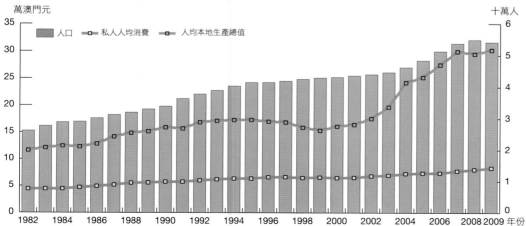

○ 2010 年六大博彩公司比較

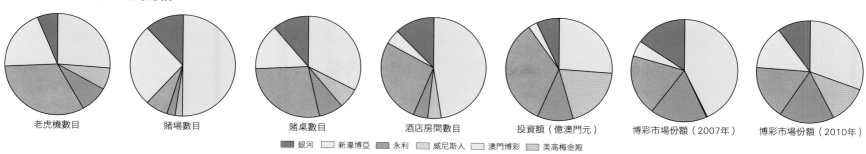

老虎機數目　　賭場數目　　賭桌數目　　酒店房間數目　　投資額（億澳門元）　博彩市場份額（2007年）　博彩市場份額（2010年）

■ 銀河　□ 新濠博亞　■ 永利　□ 威尼斯人　□ 澳門博彩　■ 美高梅金殿

○ 2007 年六家博彩公司的市場份額

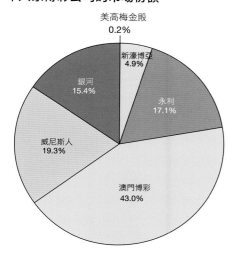

美高梅金殿 0.2%
新濠博亞 4.9%
永利 17.1%
澳門博彩 43.0%
威尼斯人 19.3%
銀河 15.4%

○ 2008 年各項博彩活動收益

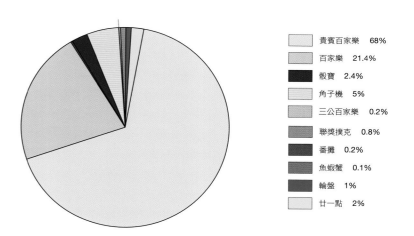

□ 貴賓百家樂	68%
□ 百家樂	21.4%
■ 骰寶	2.4%
□ 角子機	5%
□ 三公百家樂	0.2%
■ 聯獎撲克	0.8%
■ 番攤	0.2%
■ 魚蝦蟹	0.1%
■ 輪盤	1%
□ 廿一點	2%

○ 2010 年賭場空間分佈

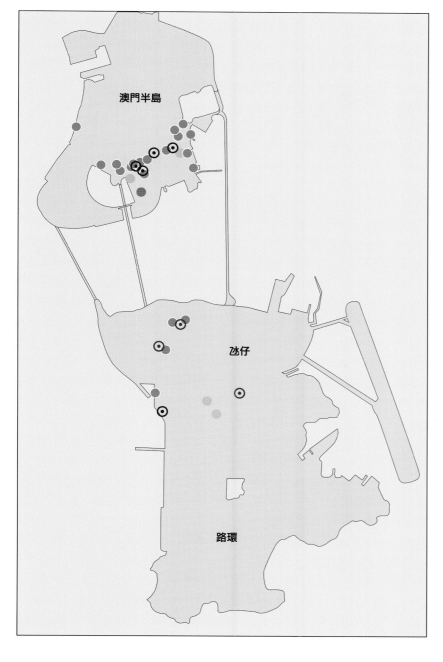

澳門半島

氹仔

路環

◉ 銀河娛樂股份有限公司

● 澳門博彩股份有限公司

◉ 新濠博亞博彩

● 永利澳門有限公司

● 威尼斯人(澳門)股份有限公司

● 美高梅金殿超濠股份有限公司

○ 2010 年澳門博彩業已有的發展規劃

其他　　　　　　　　　　　　　　　　　　　　酒店數目（間）

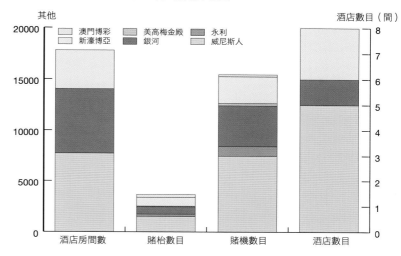

□ 澳門博彩　□ 美高梅金殿　■ 永利
□ 新濠博亞　■ 銀河　　　□ 威尼斯人

酒店房間數　　賭枱數目　　賭機數目　　酒店數目

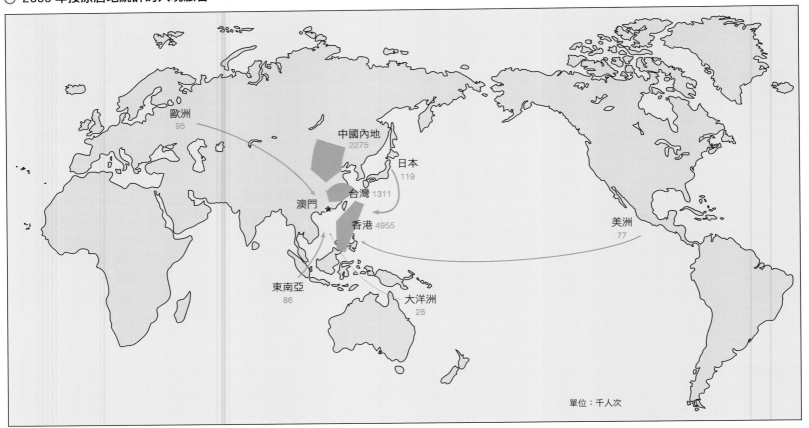

○ 2000 年按原居地統計的入境旅客

歐洲 95
中國內地 2275
日本 119
台灣 1311
澳門
香港 4955
美洲 77
東南亞 86
大洋洲 28

單位：千人次

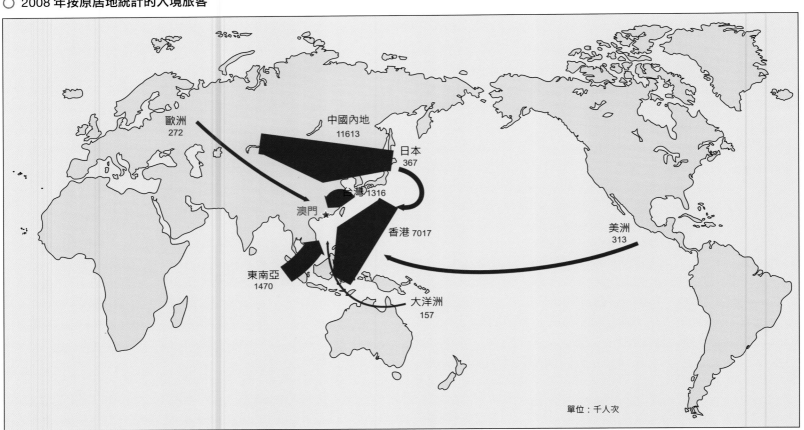

○ 2008 年按原居地統計的入境旅客

歐洲 272
中國內地 11613
日本 367
台灣 1316
澳門
香港 7017
美洲 313
東南亞 1470
大洋洲 157

單位：千人次

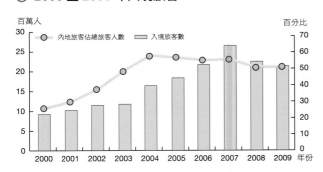

○ 2000 至 2009 年入境旅客

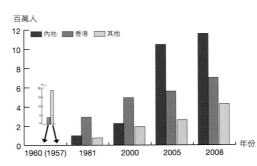

○ 1957 至 2008 年旅客國籍

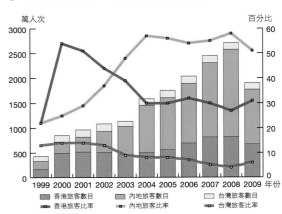

○ 1999 至 2009 年旅客來源地分佈

○ 舊葡京酒店及其主體娛樂場

○ 舊葡京酒店旁的新葡京酒店及娛樂場夜景

○ 2006 年開業的金沙娛樂場及其前面的漁人碼頭旅遊區

○ 澳門半島主要酒店及娛樂場夜色（2010 年）

○ 1986 至 2009 年酒店入住率

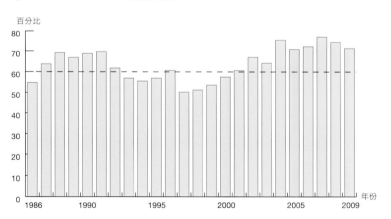

○ 2001 至 2010 年澳門酒店入住率及入境旅客數

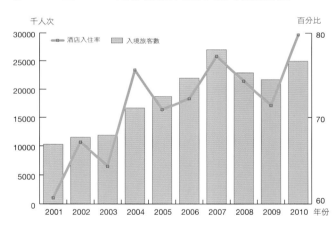

○ 2001 至 2010 年澳門賭枱數目及角子機台數

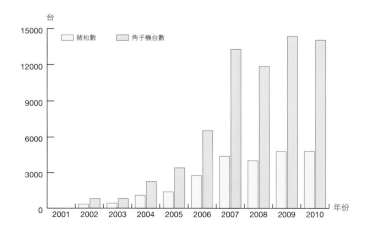

○ 2001 至 2010 年澳門博彩業毛收入、零售業總額及旅客人均消費

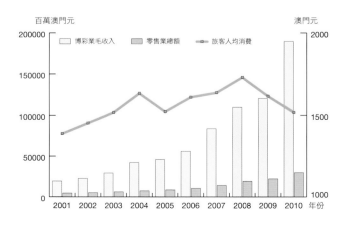

博彩業在 2009 年對本地生產總值的貢獻達 37.2%，若加上旅遊業的貢獻，則兩者對本地生產總值的貢獻應在 50% 左右。同年，博彩業僱員已達六萬多人，加上旅遊及相關行業，應達 20 至 22 萬人，成為澳門最大產業。在博彩的收益中，澳門已在 2007 年超過拉斯維加斯，成為全球最大的博彩旅遊中心。然而，澳門還應在博彩業的結構上調整，使它更合乎「幸運博彩」應大眾化的目標，而且還要在客源上以全球為目標，減低對內地客源過份依賴（他們同樣地壓低了來澳平均天數及酒店入住率）。

因為有五百年中西文明匯聚的沉澱，以及近十年大力建設高檔的設施，以及推出大型的文化、體育及博覽活動，所以澳門已成為亞洲一個別具吸引力的旅遊勝地。加上在大珠三角區內共有五大機場，以及毗鄰香港及珠三角，交通便利，客源優質，使澳門的旅遊業可以更上一層樓。其中的關鍵乃和珠海、中山、香港、深圳和廣州合作，未來澳門旅客的遊覽興趣和落點將擴大到整個大珠三角。

隨着大量的旅客到來，會展業、金融業（特別是離岸業務）以及零售業（特別是高價商品如首飾和手錶）都會得到相應的發展。

○ 2006 年路氹金光大道賭場分佈規劃

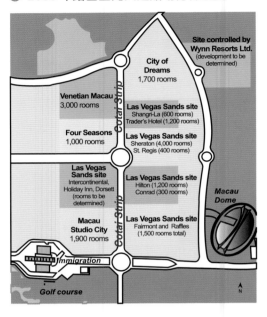

○ 金光大道部份酒店及娛樂場計劃三維想像圖

○ 金光大道已建成的新濠天地酒店及娛樂場（2010 年）

○ 新濠天地與威尼斯人在金光大道上分庭抗禮（2010 年）

○ 拉斯維加斯的威尼斯度假賭場酒店是澳門威尼斯人的設計藍本

1990 至 2009 年澳門旅客平均花費

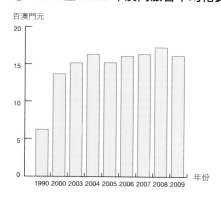

2007 年澳門與拉斯維加斯、蒙地卡羅博彩業結構比較

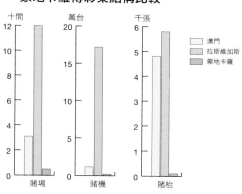

1990 至 1997 年澳門博彩旅遊業總收益

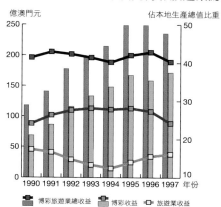

2001 至 2007 年澳門與拉斯維加斯公共財政收入及博彩稅比重比較

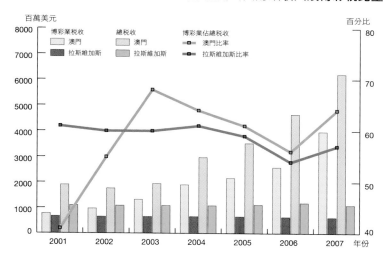

1978 至 2009 年澳門博彩稅與公共投資及財政比較

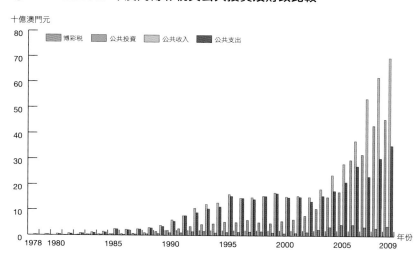

2007 年澳門與拉斯維加斯、蒙地卡羅旅客人數與博彩旅遊業就業人口比較

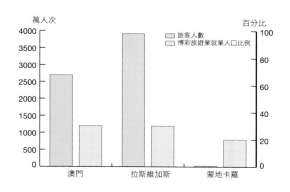

2007 年澳門與拉斯維加斯、蒙地卡羅人口與土地面積比較

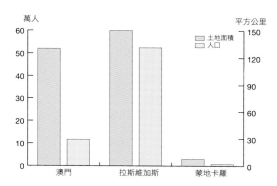

2007 年澳門與拉斯維加斯、蒙地卡羅博彩收入及財政收入比較

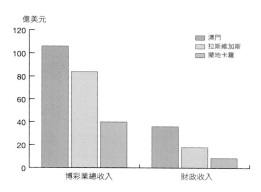

拉斯維加斯永利酒店成為澳門永利的設計藍本

2008 年開業的永利澳門酒店

○ **2008 至 2020 年澳門會展業的經濟收益**

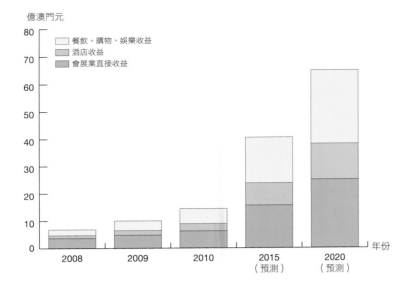

億澳門元

- 餐飲、購物、娛樂收益
- 酒店收益
- 會展業直接收益

年份

2008　2009　2010　2015（預測）　2020（預測）

○ **2000 至 2009 年零售業銷售額**

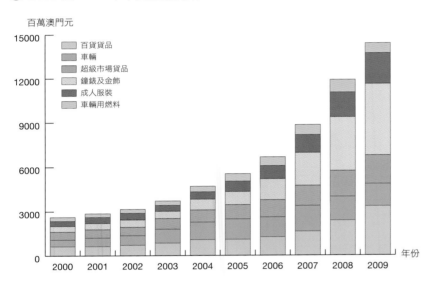

百萬澳門元

- 百貨貨品
- 車輛
- 超級市場貨品
- 鐘錶及金飾
- 成人服裝
- 車輛用燃料

年份

2000　2001　2002　2003　2004　2005　2006　2007　2008　2009

○ **1960 至 2009 年內地與澳門貿易關係**

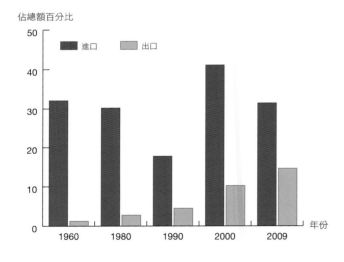

佔總額百分比

- 進口
- 出口

年份

1960　1980　1990　2000　2009

○ **享譽國際的體育盛事：每年 11 月舉行的澳門格蘭披治三級方程式賽車**

○ **2010 年澳門格蘭披治三級方程式賽車跑道**

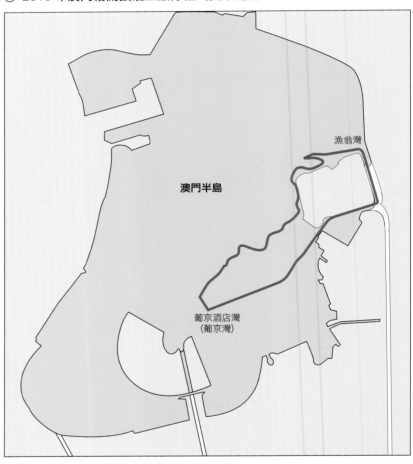

澳門半島

漁翁灣

葡京酒店灣（葡京灣）

○ **附設於賭場酒店的購物中心**

○ **2000 至 2009 年海運和空運貨量**

萬標箱 / 萬噸

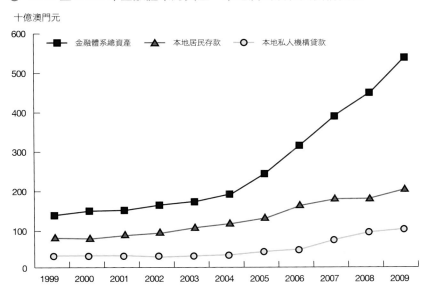

圖例：
- ⬤ 海運貨櫃總吞吐量（標準貨櫃單位）
- ⬜ 空運貨物流量（噸）

年份

○ **博彩與文化、旅遊及金融業的結合：由大炮台眺望新葡京娛樂場及中國銀行（2011 年）**

○ **1999 至 2009 年金融體系總資產、本地居民及私人機構貸款**

十億澳門元

圖例：
- ■ 金融體系總資產
- ▲ 本地居民存款
- ○ 本地私人機構貸款

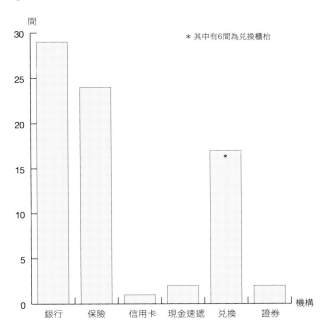

○ **金融機構數目**

間

＊ 其中有6間為兌換櫃枱

＊

機構

銀行　保險　信用卡　現金速遞　兌換　證券

○ **中國銀行位於南灣畔的新建辦公樓（右邊是新葡京）**

5.4.3 工業、外貿、捕魚業與農業

澳門在二次世界大戰前主要是個消費城市，賭業興旺。它的製造業以作坊式手工場為主。在戰後的 1950 年代，這個局面未變，製造業仍以傳統的神香、爆竹、火柴的製造及出口為主。據 1957 年統計，製造工場共 107 家，僱用 1,400 人，產值只有 2,600 萬澳元，比戰時水平還要低。這是因為爆竹及火柴的主要市場美國及巴基斯坦採取了禁止進口政策。

不過，自 1960 年代起，澳門得利於主要工業國對澳門產品的進口優惠及對香港產品的進口限制，加上澳門勞動力及土地成本比香港低廉，以及 1970 年代大量內地及東南亞華人移居澳門，使澳門出現了亞洲「四小龍」式的「出口導向型」工業化，即以勞動密集、低技術、兩頭（市場、原料）在外的輕工業消費品的加工工業的興起。這些新興工業不少是由香港工業家投資，成為香港的「延伸工作平台」。其始，由於在 1960 年歐美限制香港棉織品入口，港商被迫遷澳。1970 年代的「多纖協議」進一步限制香港出口配額，港商投入澳門成衣及紡織業者大增。1970 年代末，英、美、澳等主要進口國又取消香港玩具的關稅優惠，使有免稅優待的澳

門承接又一輪港資的進入。

在 1980 年代中後期，出口輕工業成為澳門最重要的經濟支柱，佔本地生產總值的 37%，最高峰時僱用約八萬工人（佔全部就業人口 40%）。出口紡織品中，60% 至 75% 是配額出口，在全部出口中超過五成（以產值計）享有進口國的關稅優惠。在工業構成中，以成衣最為重要，之後是紡織、玩具及自 1980 年代興起的電子產品。

這些出口型新興工業在 1970 及 1980 年代以年均 24.5% 及 21.5% 的高速增長，促使澳門實現經濟多元化，也使澳門和發達國家恢復緊密的經濟聯繫。當然，在這過程中，澳門與香港在資金、技術和物流上互補長短，相得益彰。

隨着中國內地的改革開放，澳門也和「四小龍」一樣，將其勞動密集的出口輕工業往內地遷移，致使澳門工業在 1990 年代只記錄得年均 2% 的增長，而且自 1985 至 1990 年，工廠數目、工人數目乃至總產值不斷下跌。除了內地的廉價生產外，關稅優惠及配額制的取消亦是重要原因。

○ 1950 年代廣興泰爆竹廠總部

圖中建築是爆竹廠位於內港碼頭的出口辦事處。

○ 1950 年代爆竹及神香業的宣傳照片

廉價的婦女勞動力和美國市場是澳門工業發展的重要動力。

○ 1960 至 1985 年美國和歐盟作為澳門戰後工業化出口市場的重要性

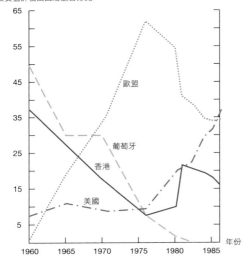

○ 1947 至 1954 年主要製造業場所

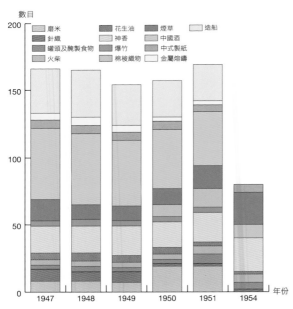

○ 1955 至 1960 年製造業生產值

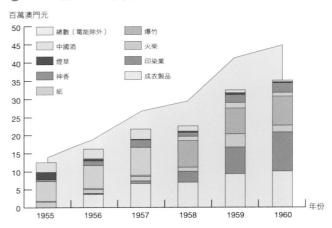

○ 1982 年出口總值中 GSP 優惠值佔比率

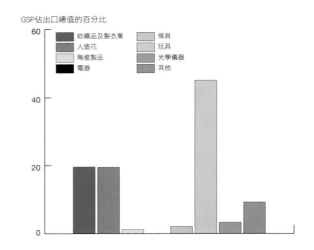

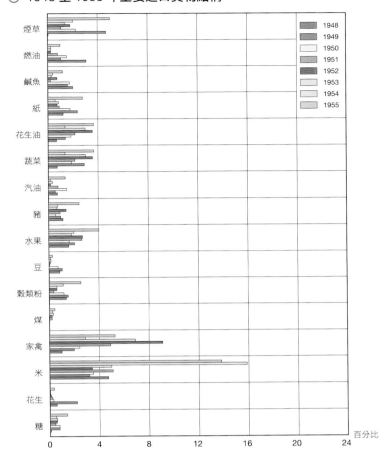

○ 1948 至 1955 年主要進口貨物結構

○ 1948 至 1955 年主要出口貨物結構

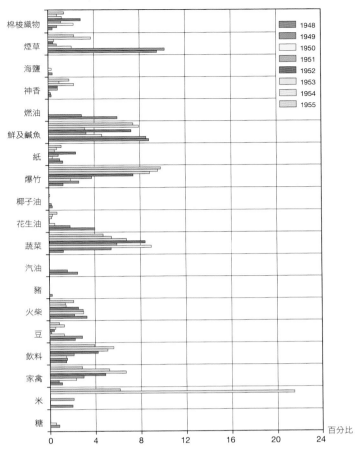

○ 1958 至 1986 年澳門出口構成

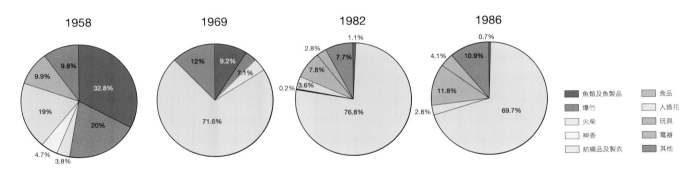

○ 2000 至 2009 年主要產業在本地生產總值中的比重

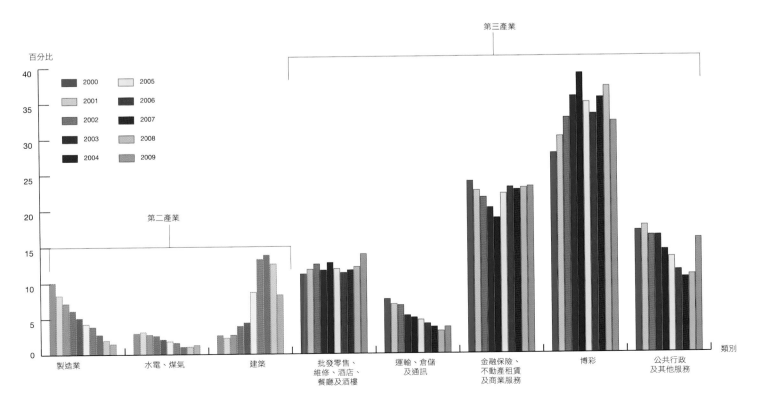

○ 1957 至 2009 年工廠工人數目及工業總增值

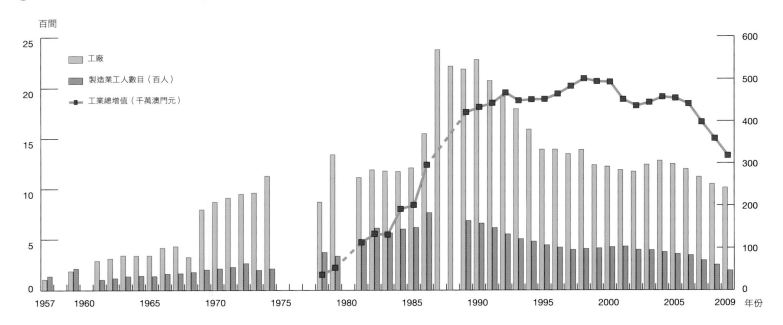

○ 2001 至 2009 年製造業生產總值

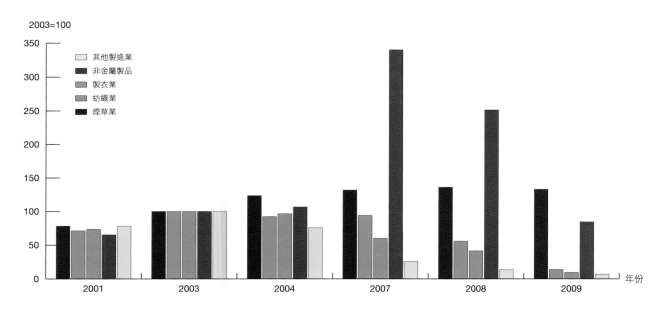

○ 1962 至 2009 年製造業工廠數及工人數

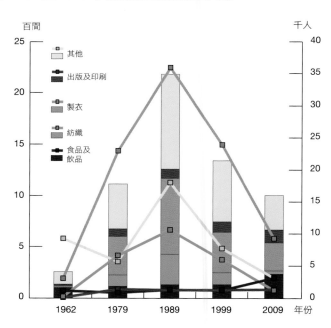

○ 1962 至 2009 年製造業產值構成

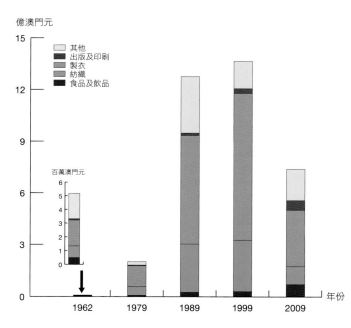

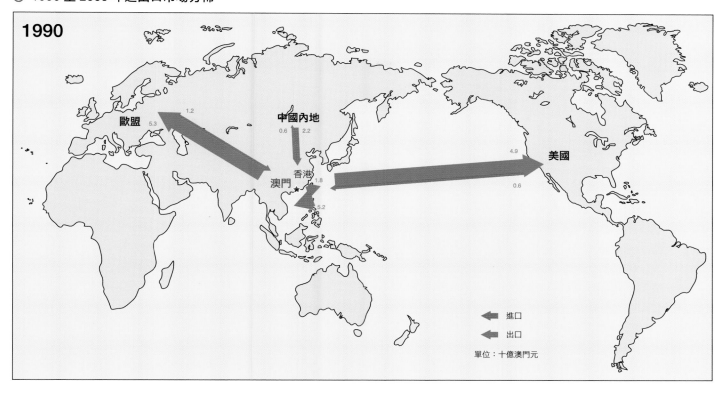

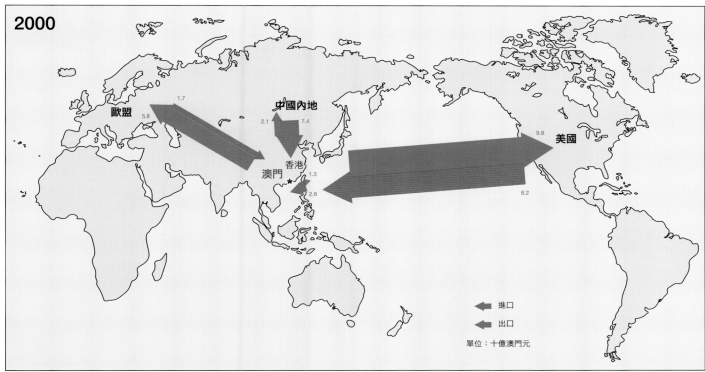

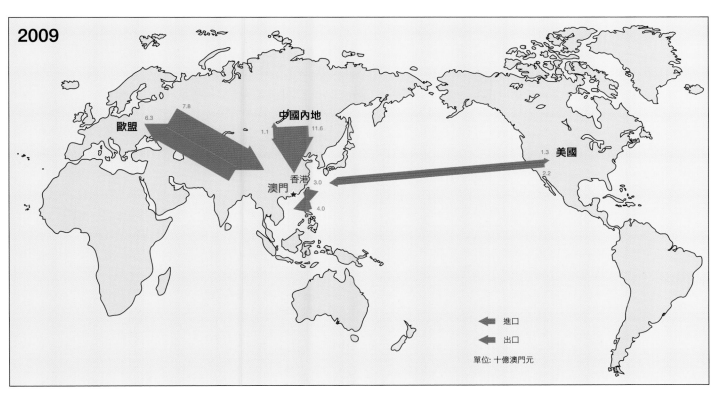

○ 1981 至 1991 年製衣業在工業中的地位

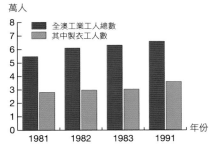

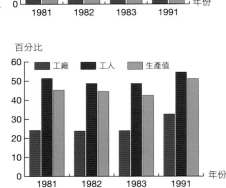

○ 2002 至 2008 年香港投資佔澳門外來投資百分比

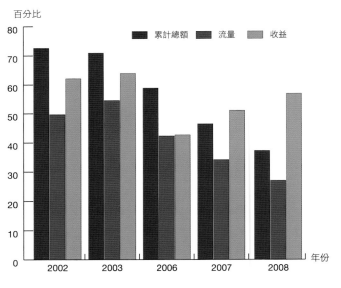

○ 1960 至 2009 年各國家地區進出口貨值

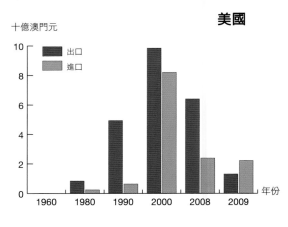

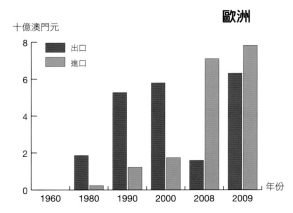

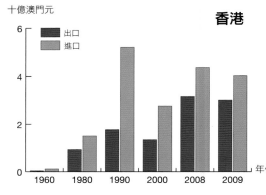

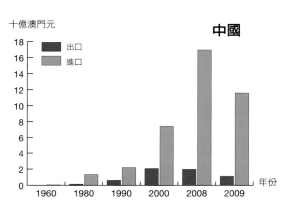

○ 1987 至 2010 年澳門向經合組織與中國內地進出口貨值比重

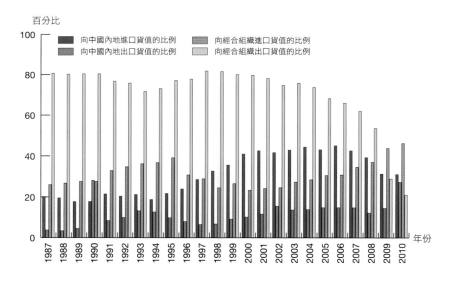

○ 1957 至 2009 年進出口總值（不包括轉口）

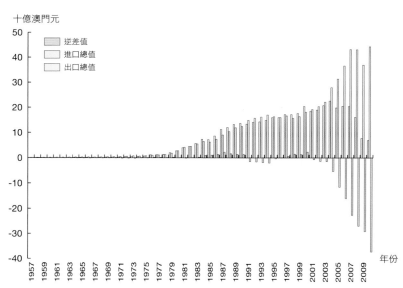

○ 1960 至 2009 年對香港進出口佔澳門貿易總額百分比

百分比

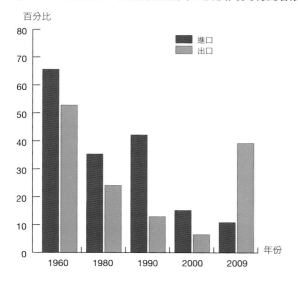

○ 1957 至 2009 年進出口總值

十億澳門元

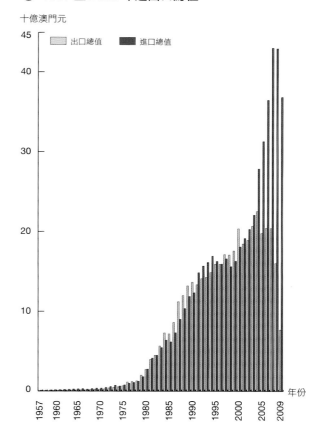

○ 1960 至 2009 年進出口貨品構成

十億澳門元

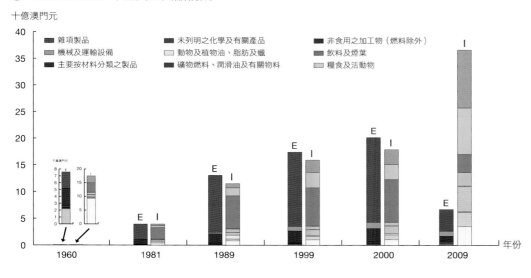

○ 1950 至 2009 年就業人口的經濟活動組別及就業結構

萬人

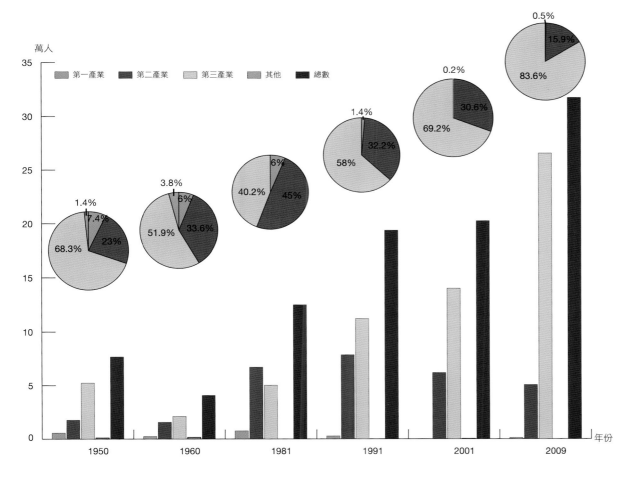

澳門回歸中國後，為了促進澳門經濟的多元化，使澳門可在本土內維持工業生產，中央政府特許澳門在青洲填海建立澳門園區。在該園區內的澳門企業可以僱用內地勞工。

澳門的製造業主要集中在半島的花地瑪區，氹仔和路環的工廠只佔不到1%。

漁業在二次世界大戰前一度是澳門的重要產業。但隨着戰後現代工業興起，以及鄰近地區競爭擴大，澳門漁業一落千丈，漁船及漁民數目大減。

魚獲量由戰後初期可以滿足本地市場以至出口，至1980年代只能滿足本地市場約四成需求。這個數字在1990年代減至不足二成。

由於戰後糧食供應不足，澳葡政府在1950年初鼓勵居民種菜。至1960年代中，半島北及東南面的新填地仍有菜地千餘畝，可滿足本地一半需求。1970年代中，菜地減至約500畝，加上在離島另有150畝稻田，共有耕地650畝。1980年代，耕地再減至不足100畝，農戶不足100戶。花卉及養豬亦隨着農地和農戶減少而在1990年代末基本不存在了。

○ **珠澳跨境工業區位置圖（澳門青洲西北）**

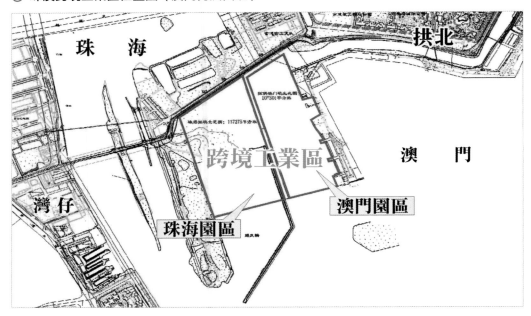

○ **1992年工業場所分佈**

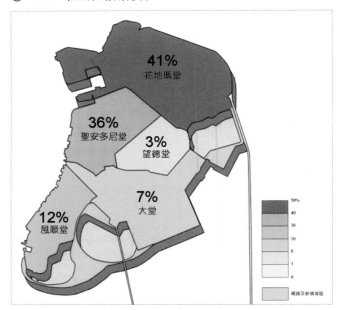

○ **珠澳跨境工業區澳門園區規劃示意圖**

○ **珠澳跨境工業區位置航空俯瞰圖**

○ 戰後初期氹仔仍有水稻田

○ 1970 年代逐漸衰落的內港捕漁業

內港的漁業批發及漁船器材供應店舖已荒置或作其他用途。

○ 1970 年的新口岸、新填地仍有不少空置地用來種菜

○ 1973 年內港停泊的漁船

5.5 人口與社會

5.5.1 人口及未來增長

今天的澳門，按人口出生率及死亡率來看，已是發達地區。然而人口的增長卻遠超自然增長率，這是因為自澳門有歷史以來人口的機械增長，成為了人口增長的主動力。而機械增長的背後推力，包括了移民來源地的經濟與政治因素。1950 至 2009 年間，人口增長超過 1.5 倍。自 1980 年代起，移入的人口主要來自中國內地。因此，澳門本土出生的人口，只佔總人口的四成。

○ 2009 年中國內地合法移民的來源地

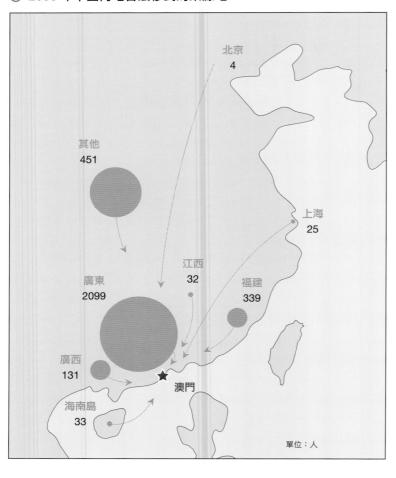

單位：人

○ 2006 年澳門人口出生地

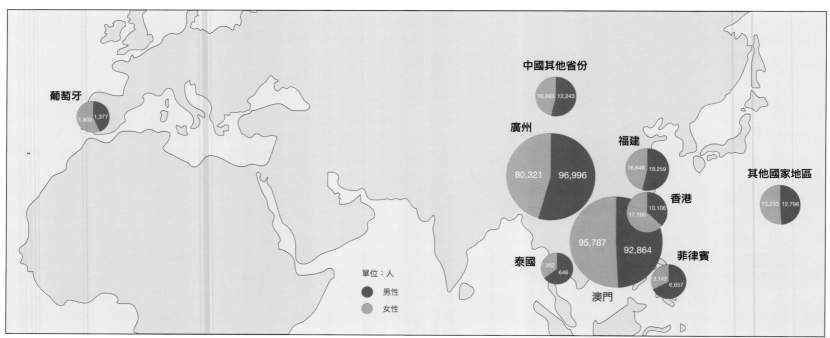

單位：人
■ 男性
■ 女性

○ 1950 至 2009 年出生率、死亡率及人口增長率

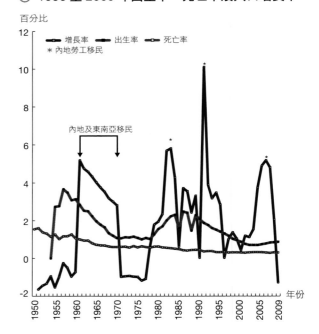

○ 1950 至 2009 年總人口

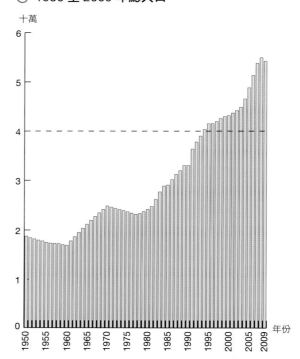

1970 年以前的人口金字塔，反映了澳門人口和社會經濟的變化，基本上與第三世界相似，都是具有低經濟水平和高出生率所形成的三角形（上窄下寬）及兒童人口比例高的特點。1970 至 2009 年，大量青壯年人的移入形成了扁欖核型的人口金字塔，這個特色預計將延至未來。

　　由於領土狹小，澳門人口密度極高，約八成人口更集中在半島，使半島成為全球人口密度最高的地區，其最稠密街區每平方公里超過 11 萬人。

○ 1960 至 2010 年人口金字塔

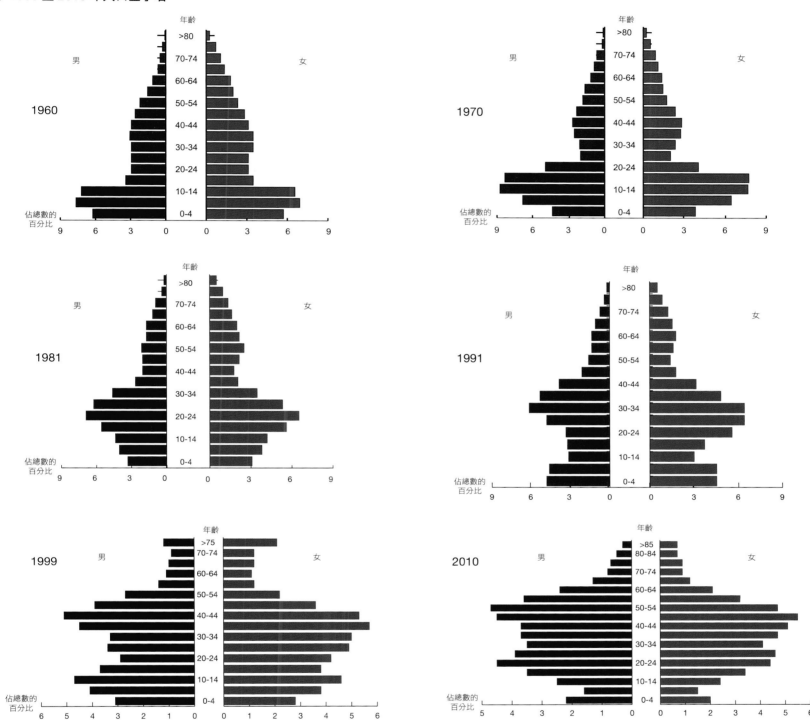

○ 2031 年人口金字塔（預測）

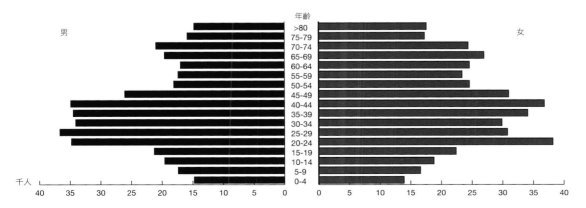

○ 2006 年人口密度

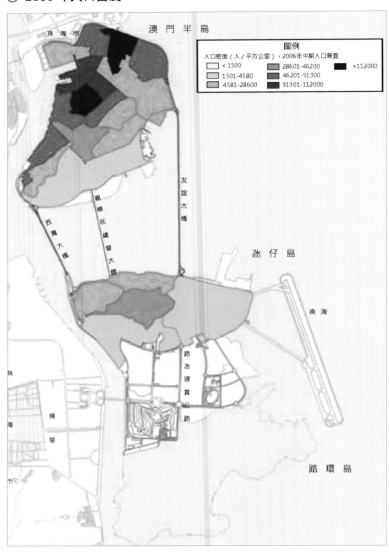

○ 2020 年人口密度

此圖按澳門人口預測至 2020 年並加上新城區（方案一）預測人口。

○ 2006 年人口分佈

分區	人口	面積（平方公里）	人口密度
青州區	9372	0.4	23430
台山區	36497	0.4	91243
黑沙環及祐漢區	62454	0.4	156135
黑沙環新填海區	48948	0.6	81580
望廈及水塘區	21428	1.0	21428
筷子基區	22329	0.2	111645
林茂塘區	20626	0.2	103130
高士德及雅廉訪區	22107	0.2	110535
新橋區	43127	0.3	143757
沙梨頭及大三巴區	27017	0.4	67543
荷蘭園區	25271	0.3	84237
東望洋區（松山區）	5653	0.3	18843
新口岸區	11059	0.6	18432
外港及南灣湖新填海區	8229	1.8	4572
中區	21321	0.5	42642
下環區	36873	0.5	73746
南西灣及主教山區	11419	0.4	28548
海洋及小潭山區	9118	0.6	15197
氹仔中心區	41541	0.9	46157
大學及北安灣區	5053	0.5	10106
北安及大潭山區	3584	2.0	1792
氹仔舊城及馬場區	3997	1.2	3331
路環區	3292	7.6	433

○ 1950 至 2006 年家庭平均規模

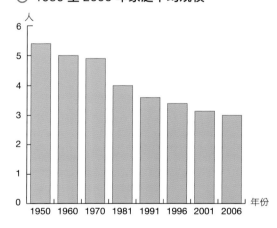

○ 2020 年澳門居住人口（預測）

密　度	2009年（基準年）	2015年	2020年	2010-2020年平均年增長率
高　度	542200	652200	749400	2.99%
中　度	542200	638100	721800	2.64%
低　度	542200	623800	692800	2.25%

5.5.2 就業及外來勞工

曾經以服務行業為主的澳門經濟，因為現代工業的興起，而在 1980 年代一度成為工業城市。但其後工業衰退，服務業在 2009 年提供了 83.6% 的本地就業機會。礙於澳門的服務業主要仍是博彩與旅遊，所需學識及專業水平不高，因此，在現有職位中，主要是中低下的文員、技術員及一般僱員，而就業者的收入水平亦不高。因此，澳門少部份企業家與一般工薪階層的收入產生了不均的現象。1998 至 2006 年間，堅尼系數由

0.43 升至 0.48，比內地（0.45）、韓國（0.32）和新加坡（0.43）高。

澳門政府和大企業已將較穩定、舒適和高收入的博彩和旅遊職位指定要給予本地居民，但由於澳門人口少，經濟發展迅速，大量從事基建和樓宇建築及裝修的工種仍要依靠外勞，娛樂事業同樣依靠來自東南亞、東北亞及俄羅斯的女性外勞。現時這些合法外勞約達十萬人，此外，還有一定數目的非法外勞。據估計，外勞總數約佔本地總就業人口約 1/3。

○ 1989 至 2009 年就業分佈

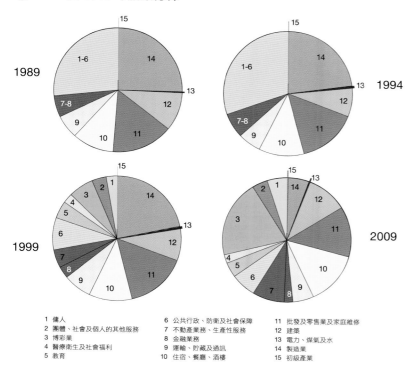

1 傭人
2 團體、社會及個人的其他服務
3 博彩業
4 醫療衛生及社會福利
5 教育
6 公共行政、防衛及社會保障
7 不動產業務、生產性服務
8 金融業務
9 運輸、貯藏及通訊
10 住宿、餐廳、酒樓
11 批發及零售業及家庭維修
12 建築
13 電力、煤氣及水
14 製造業
15 初級產業

○ 1996 及 2006 年各職業的就業人口

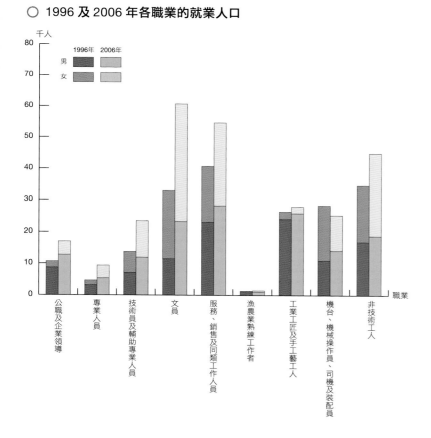

○ 1989 至 2007 年外地勞工數目

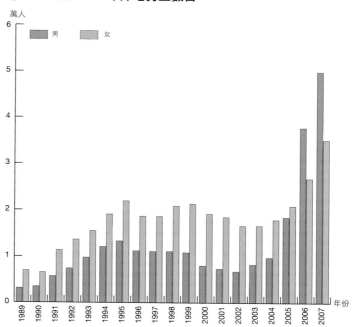

○ 1992 至 2009 年就業率及失業率

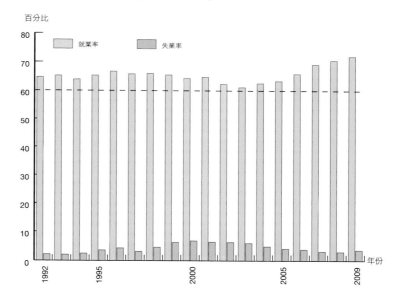

○ 2000 及 2009 年各行業收入中位數

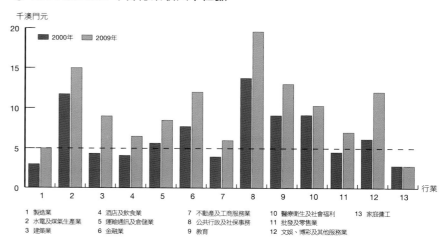

1 製造業
2 水電及煤業生產業
3 建築業
4 酒店及飲食業
5 運輸通訊及倉儲業
6 金融業
7 不動產及工商服務業
8 公共行政及社保事務
9 教育
10 醫療衛生及社會福利
11 批發及零售業
12 文娛、博彩及其他服務業
13 家庭傭工

○ 1991 至 2009 年外來勞工來源地

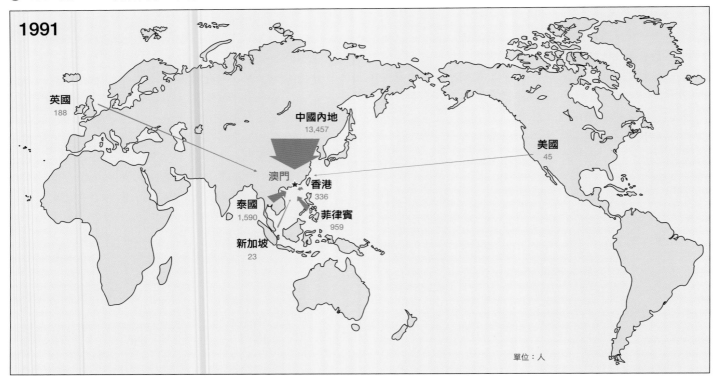

1991

英國
188

中國內地
13,457

美國
45

澳門
香港
336

泰國
1,590

菲律賓
959

新加坡
23

單位：人

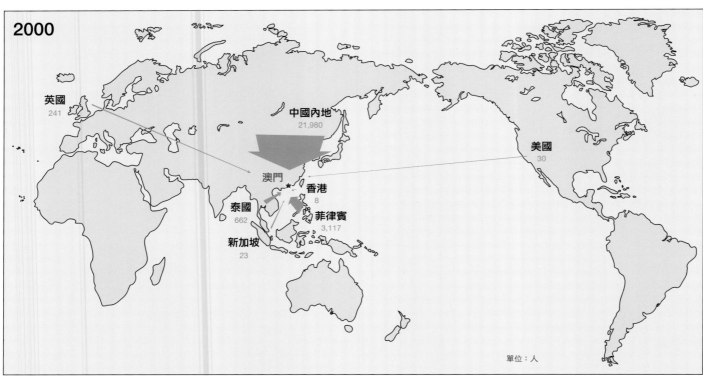

2000

英國
241

中國內地
21,980

美國
30

澳門
香港
8

泰國
662

菲律賓
3,117

新加坡
23

單位：人

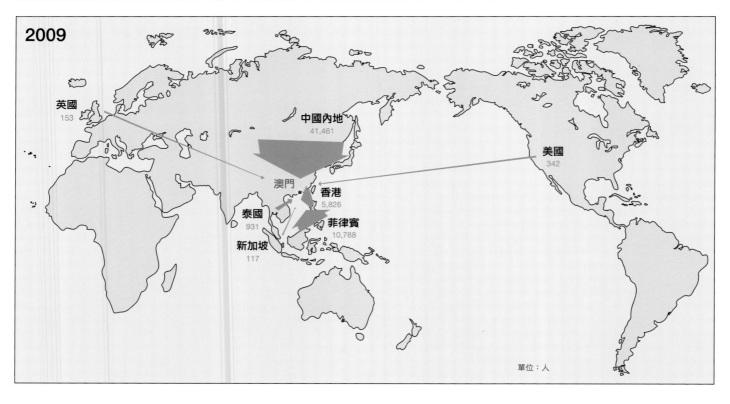

2009

英國
153

中國內地
41,461

美國
342

澳門
香港
5,826

泰國
931

菲律賓
10,788

新加坡
117

單位：人

5.5.3 國籍、語言、教育水平

葡籍人口佔澳門總人口的比例在歷史上一直下跌，而中國籍人口則不斷增加。這個情況只在回歸前十多年出現了技術上的轉變。期間，不少居澳中國人被統計為葡籍，並被澳葡政府發給葡國護照。回歸後，這類居澳中國人可將持有的葡國護照報稱為旅遊證件，他們仍可保留中國籍。日常用語的分佈反映出澳門人口的 95% 是中國人，只有 2% 是葡人及土生葡人。2006 年的人口統計顯示，85.7% 人口日常使用粵語，6.7% 使用其他中國方言，3.2% 使用普通話，1.5% 使用英語，而只有 0.6% 使用葡語，2.3% 使用菲律賓、泰國及其他國家的語言。

澳葡政府被視為採取放任及過份依賴特殊行業的專利的結合的統治方式；對教育、醫療等社會福利，則過份地依靠民間力量，政府投入不多。因此，澳門教育在回歸前夕並不普及，市民的文盲率很高。這局面直至回歸前夕才稍有改變。回歸後，快速的經濟發展和穩定的社會局面，使澳門的教育得以快速發展，特區政府對教育的投入是澳門歷史上最高的。現今澳門已為居民提供 15 年免費教育（包括三年幼稚園），識字率已達 93.5%，位居亞洲城市的前列。不過，澳門居民的教育程度仍然偏低，2006 年，在 14 歲以上人口中，只有 51.8% 完成中學教育，12.6% 達到大專教育程度。

○ 1990 至 2006 年澳門居住人口常用語言

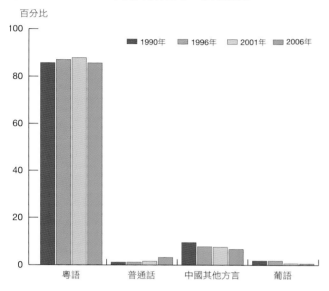

○ 1960 至 2009 年澳門居住人口國籍

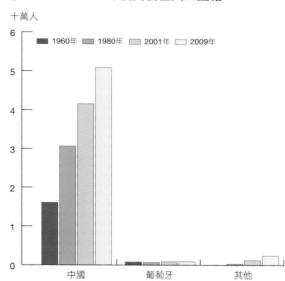

○ 2001 年男性居住人口日常用語

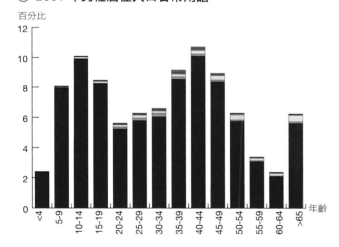

○ 2001 年女性居住人口日常用語

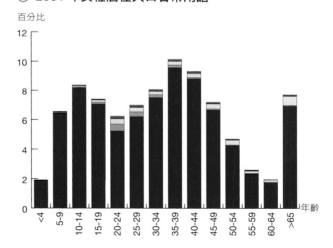

○ 2006 年男性居住人口日常用語

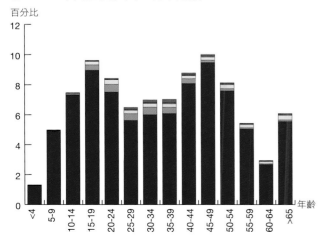

○ 2006 年女性居住人口日常用語

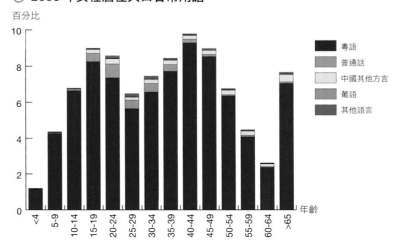

○ 1991 至 2006 年澳門人口教育程度

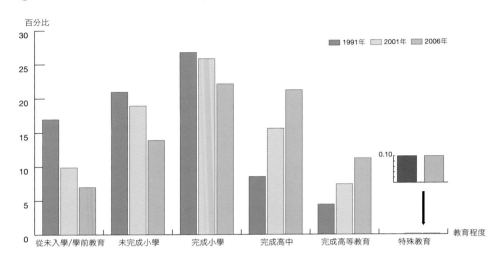

○ 2000 及 2009 年教育情況

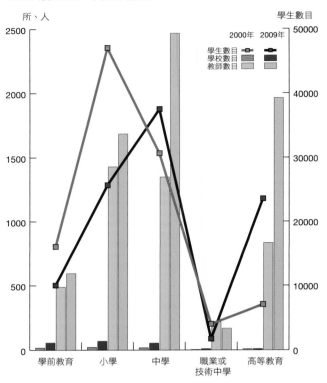

○ 2001 及 2006 年各年齡組別的人口識字程度

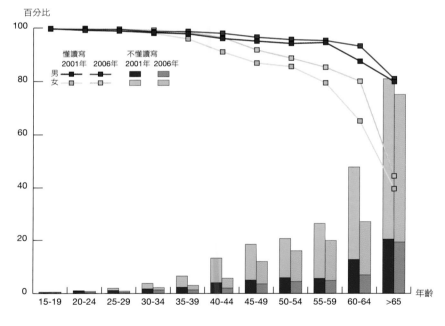

○ 2010 年澳門半島圖書館分佈

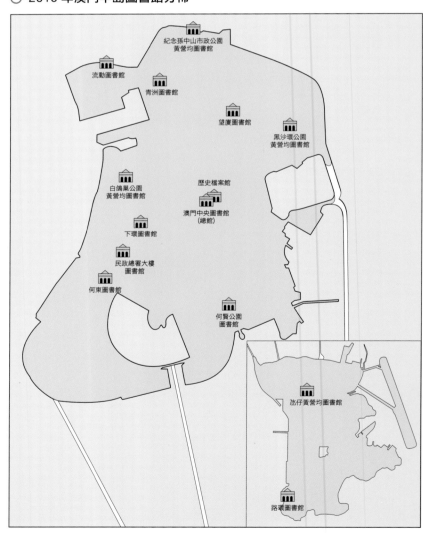

○ 1991 至 2006 年居住人口的在學率

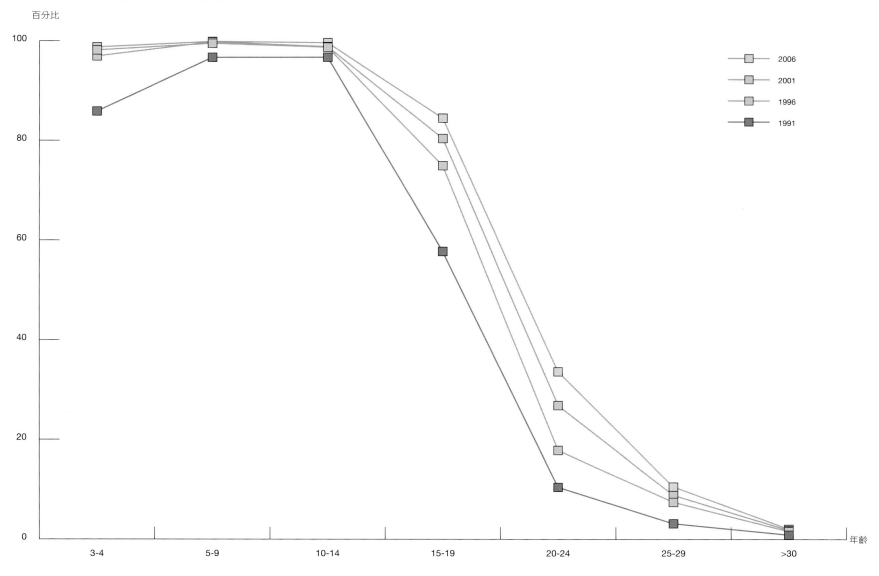

○ 1950 至 2006 年 15 歲以上人口文盲率

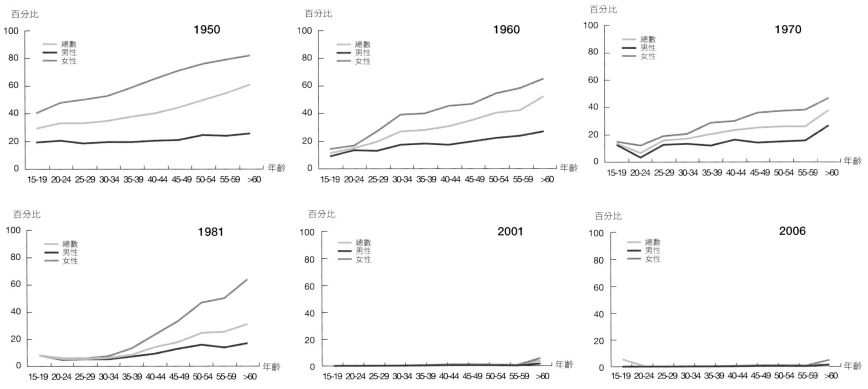

5.5.4 住房、醫療、文化、立法會選舉

澳門地少人多，人口密度高，住房緊張是長期以來難以解決的民生問題。1970 年代末、1980 年代初，大量內地新移民湧入澳門。他們的收入水平低，本地的住房供應也跟不上，所以在半島北部的工業區附近，產生了大量簡陋的「臨時屋」。而兩個以上住戶分用一個住宅單位的情況亦十分常見。

因此，澳葡政府在 1980 年代，除了擴大出租給低下階層的「社會房屋」的數量外，還在 1984 年起推出了「經濟房屋」計劃，由政府提供低廉土地，私人建築商建成單位後以限價出售給中低收入市民。在這期間，

「臨時屋」亦逐步被拆掉，居民亦搬入了固定居所。然而回歸後，這兩類資助房屋已基本上停建或緩建。澳門蓬勃的建築業以及居民自置房屋的習慣不但解決了居住問題，而且達到了很高的自置率（約 80%，比對香港的40%）。

不過，自 2005 年起，內地人士來澳買樓佔了總買樓數的 1/3，而來自香港的炒賣人士亦導致了樓價急升，造成基層居民在市場上「買樓難」。輪候公共房屋者在 2010 年增至 5,752 戶，經濟房屋者 11,961 戶。因此，特區政府承諾，自 2012 年起，有序地興建不少於 90,000 間公共房屋。

○ **1959 至 1980 年建成樓宇及樓層數目**

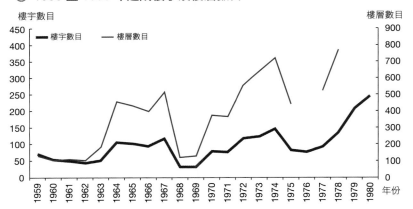

○ **1959 至 1980 年建成樓宇面積及價值**

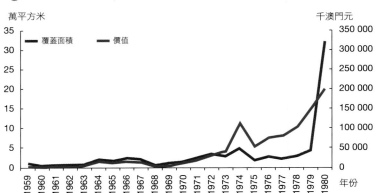

○ **1991 年已使用的住宅單位分佈**

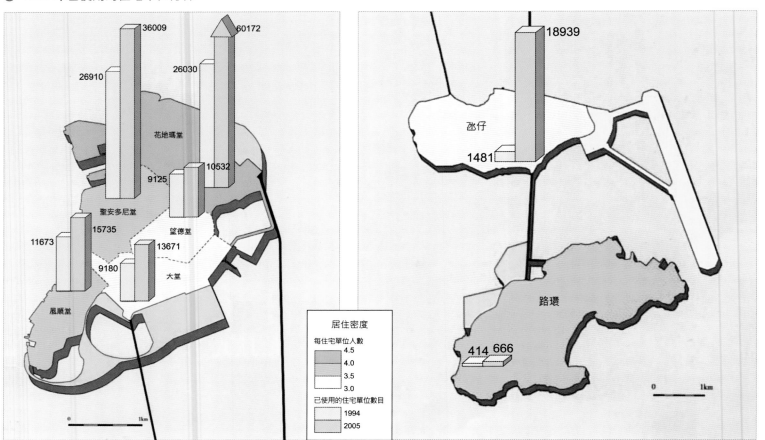

○ **1965 至 2010 年社會房屋供應量**

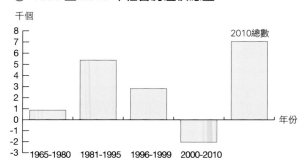

○ **1981 至 2010 年經濟房屋供應量**

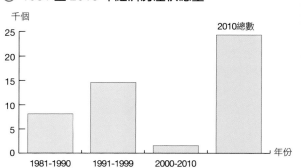

○ 1981 至 2009 年住宅單位類型

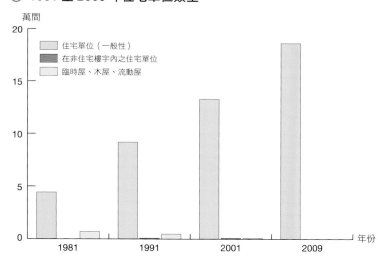

○ 1989 至 2010 年樓宇買賣數目及價值

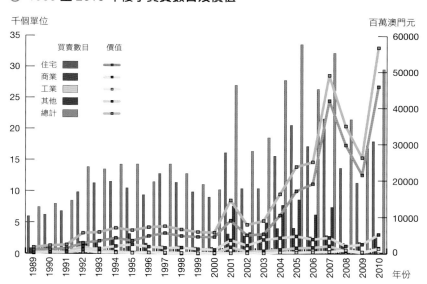

○ 1991 年臨時住宅單位數目

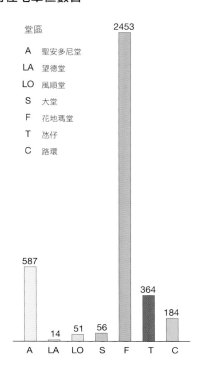

○ 1989 至 2010 年按用途劃分私人工程的新動工樓宇單位數目及建築面積

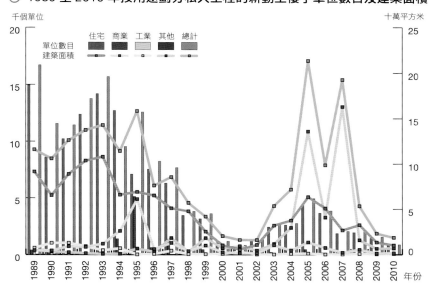

○ 社會房屋：美樂花園大廈

○ 經濟房屋：先進廣場

○ 1999 至 2010 年住宅買賣數目及價值

○ 1999 至 2010 年住宅新動工數目及建築面積

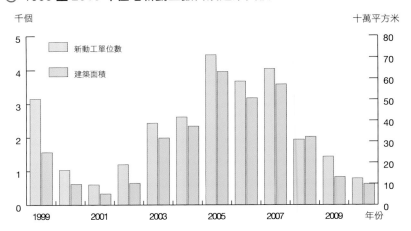

○ 1999 至 2010 年住宅價值

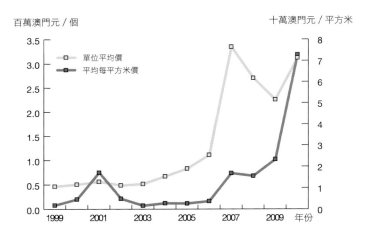

○ 1989 至 2009 年新建成樓宇幢數及單位數目

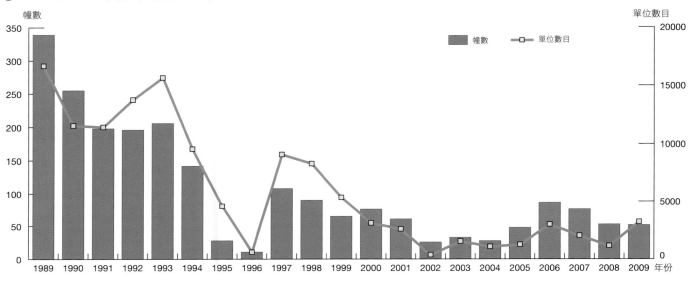

○ 1980 至 2010 年新建成樓宇樓面面積、總樓宇買賣價值及單位數目

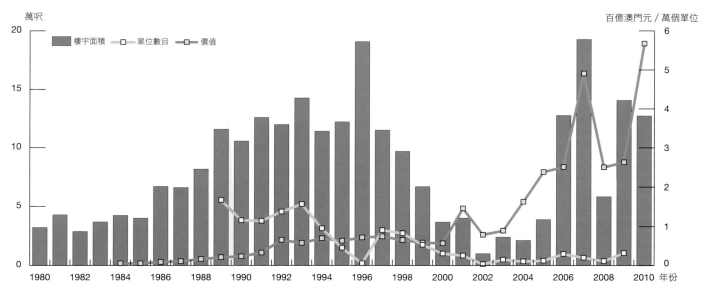

澳門有一家公立醫院（Conde S.Janu Mario）、一家私立醫院（鏡湖）及一家大學醫院（科大）提供綜合醫療服務，以及由一個診療所網提供基本醫療服務。但澳門除護士學校外，仍未有西醫學院。

除了特區政府及同善堂醫療所的服務基本免費外，其他服務提供者都是收費的，而它們佔了服務提供的相當部份。澳門另一特色乃中西醫療共存。一個高效而覆蓋率高的醫療系統是國際性博彩、旅遊、會展城市所必

備的，特別是為了應付高檔的旅客的要求，在這方面澳門仍有不足之處。

回歸前一段時期，澳門的文化建設落後於鄰近的香港、廣州、深圳和珠海。澳門自 1994 年起才開始建設歷史博物館和文化中心。為了在 1999 年回歸前強化葡萄牙的文化，澳葡政府在半島上建立了多個大型雕塑和博物館，其中一些包括在 1995 年宣佈的十大建設中。

○ 2000 至 2009 年醫護人力資源

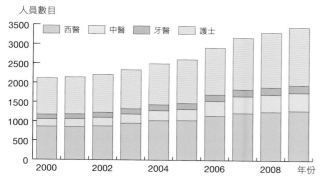

○ 2000 至 2009 年衛生局醫生、護士與員工數目

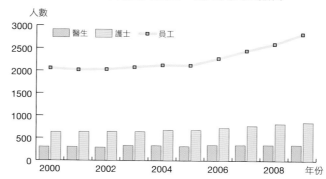

○ 亞洲第一間西醫院

聖辣法耶醫院（俗稱白馬行醫院），是亞洲第一間以西醫方法救治病人的醫院。原為 1569 年澳門主教創辦的貧民醫院，因經費困難在 1975 年停辦了。澳門回歸後，成為葡國駐澳門總領事館。此醫院出現在多張澳門古地圖中，中文稱「醫人廟」。

○ 1998 至 2009 年醫療衛生條件 A   ○ 1998 及 2009 年醫療衛生條件 B

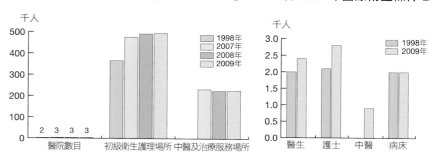

○ 1920 年的仁伯爵（山頂）醫院

原稱「軍醫院」，於 1874 年啟用，1919 年改稱政府總醫院，1937 年又改稱「仁伯爵醫院」。

○ 早年的鏡湖醫院

○ 今天的鏡湖醫院

○ 1950 年代的仁伯爵（山頂）醫院

1952 年、1987 年兩度改建後，成為今貌，稱「仁伯爵總醫院」，又稱「山頂醫院」。

在澳華商在 1869 年成立同善堂，該堂於 1871 年設立鏡湖醫院，初期只提供中醫治療。1892 孫文被聘為義務醫生，成為該院首位西醫。孫文後因行醫執照問題離開。一直至 1935 年柯麟西醫到來，成為第二位義務西醫。他在同年成功爭取華人醫生在澳施行手術權，推動鏡湖西醫服務全面發展。

○ 觀音蓮花苑

○ 路氹歷史館

○ 澳門科學館

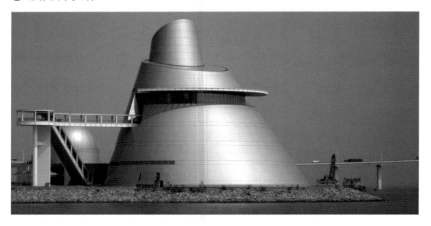

○ 龍環葡韻住宅式博物館

○ 1999 及 2009 年文化、演藝、娛樂參與人次及報章印量

參與人次、
印量（十萬）

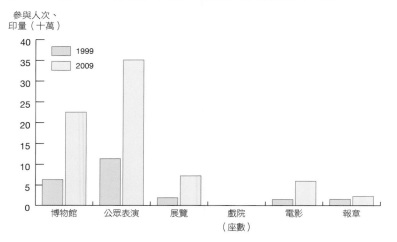

○ 澳門海事博物館

○ 1999 至 2009 年博物館參觀人次

十萬人

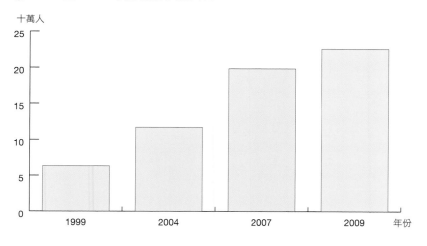

○ 典當業展示館

回歸後，澳門不但加強了文化設施的建設，同時為配合東亞運動會和北京奧運會，新建了多個重要的體育設施。2003 年的三個新博彩專利合同亦規定：博彩行業要引進大型的國際化演藝活動。威尼斯人不單建成了大型的商業性演藝場館，也引進了太陽劇團常駐演出。新濠天地娛樂場的「水舞間」，亦成為全球最大的水上大型劇院。澳門現今的文化、體育、娛樂設施已不單以本地居民為服務對象，而是面向國際，向着拉斯維加斯的博彩、旅遊、會展、文娛多產業結合的外向型的第三產業經濟邁進。

回歸後，市民的參政意識隨着城市經濟發展、城市全球化、國際化程度提高而增強。這從立法會直選議席的投票率可以反映出來。投票率不但遠高於鄰近的香港，而且在得票上商界和「傳統左派」佔了大多數。

○ **2001 至 2009 年立決會選舉投票率**

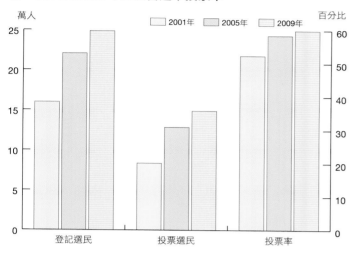

○ **2001 至 2009 年各界別得票率**

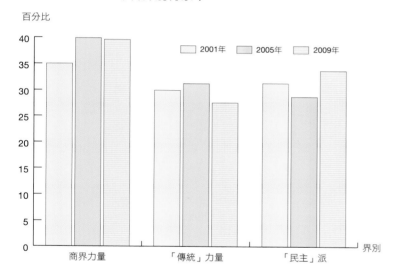

○ **2001 至 2009 年各界別取得的議席**

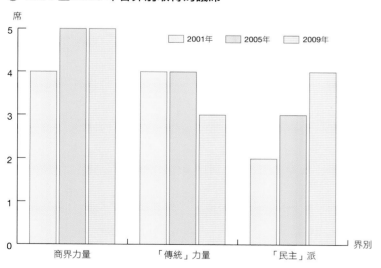

○ **國際射擊中心**

○ **奧林匹克體育中心概念圖**

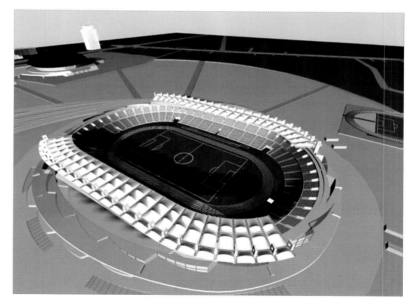

○ **澳門科技大學足球及田徑運動場**

5.6 特殊中國城市，與內地更緊密合作

近年來，亞洲不少國家在政策上做出改變，容許設立博彩行業，希望在經濟蓬勃的亞洲及其自然衍生的博彩市場中分一杯羹，如新加坡、日本、朝鮮等。不少人士認為，澳門的博彩業會面臨很大的挑戰。然而澳門擁有的百年以上的發展經驗以及本地、國家及全球都公認的以博彩為經濟主導的特點，在亞洲其他地方實難以複製。加上澳門地處大珠三角，區內有多樣化且龐大的旅遊資源以及世界級的工商業活動和國際金融中心，亞洲其他城市實難以比擬。澳門正加強和大珠三角其他城市的合作，既強化其全球最大和最具吸引力的賭城的地位，亦可在這個基礎上，發展相關的休閒、旅遊、會議展覽、金融、文化、藝術表演等以內地及外國旅客為主要客人的產業。

「一國兩制」賦予澳門國家的支持，及其在經濟發展上的自主性。澳門在走向世界級博彩、旅遊、會展及文化演藝城市上已有很好的基礎。這是因為它五百年來匯通中西的歷史及其獨特的發展軌跡。在這方面，它仍有廣闊的空間。澳門經濟功能的發揮仰賴大量的外來旅客，而提供相關增值服務的必需載體正是土地。這恰巧就是澳門最大的缺點：土地面積狹小，而填海並不是長久辦法。中國歷史上一直有用行政劃撥的方法，將周邊低密度、發展條件不足的土地劃給相鄰的中心城市，以支撐其持續和高效率地發揮其功能。歷史上，澳門由不足一平方公里的番坊，分階段擴展至今天約 30 平方公里的城市。若將毗鄰的橫琴（面積約 100 平方公里）撥歸澳門，對「一國兩制」下的澳門經濟的持續發展，將是最重要的支持。

○ **2001 年橫琴土地利用建議**

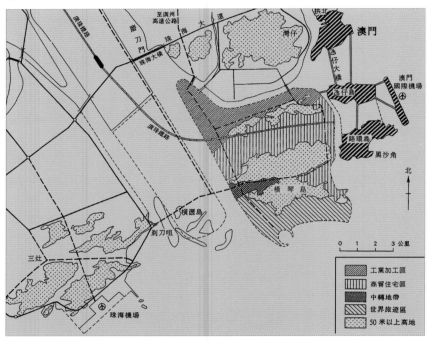

○ **橫琴規劃大綱圖**

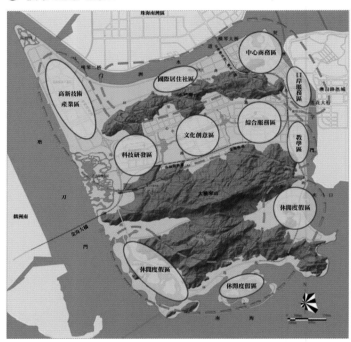

○ **澳門特首辦公大樓（前澳葡總督府）**

附錄
澳門大學發展簡史
(1981—2011)

自耶穌會士在大炮台旁建立的聖保祿修院，在 1594 年升格並註冊為大學起，澳門便有了第一所高等學校，這更是東亞第一所西式大學。然而在 1762 年，因教廷與耶穌會士對在中國傳教的「禮儀之爭」，導致神學院被關閉，使歷時約兩百年的東亞最早的西式大學停辦。

約兩百年後的 1979 年，澳門新的大學開始籌建。此乃自澳門開埠四百多年來，由華人主導的提高城市整體文化學術水平的重要歷史里程碑，也反映了當時整個東亞地區高等教育的發展需要，即以私人辦學形式來輔助政府在高級人才培訓上的不足。加上中國內地自 1978 年推行改革開放，推動了澳門回應教育市場的需求，在一個中西薈萃的小島上，創辦了該地區內第一所獲中國及澳門政府承認的私立大學——東亞大學。大學創辦人胡百熙、黃景強及吳毓璘三人自美加、東南亞、港澳華僑籌集建校啟動資金，加上澳門華人領袖何賢（其後馬萬祺及何鴻燊）的支持，並獲當時的澳門總督李安度接近無償的撥地，遂能玉成好事，並於 1981 年秋開課，以學院制及學員可接受的收費水平啟動了東亞地區高等教育開放的先河。

○ 東亞大學創辦人：胡百熙、吳毓璘及黃景強（左起）

此圖為大學五周年校慶時，攝於校園內中國國家教育委員會贈送的九龍壁前。

○ 澳門大學校園地圖

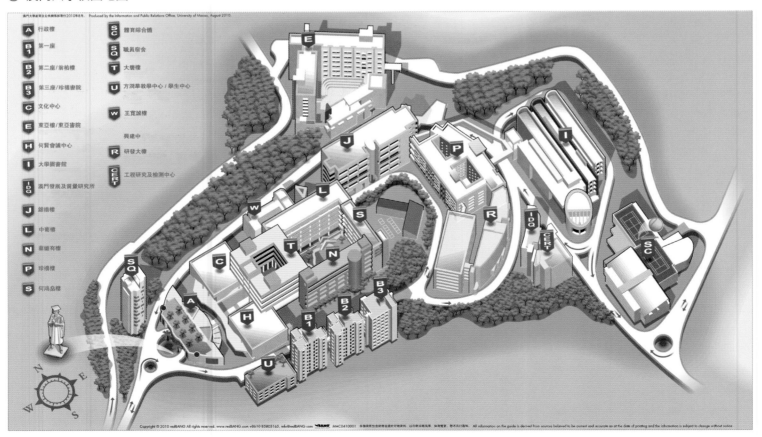

大學當時命名為「東亞大學」實與澳門的地理位置及數百年來的歷史發展相關，也與它成立的使命契合，即促進澳門與中國內地、香港和葡萄牙的往來與東亞的文化傳承。澳門政府於 1991 年收購東亞大學後，將之改名為「澳門大學」，成為澳門第一所官立大學。

○ 澳門大學歷年大事紀要

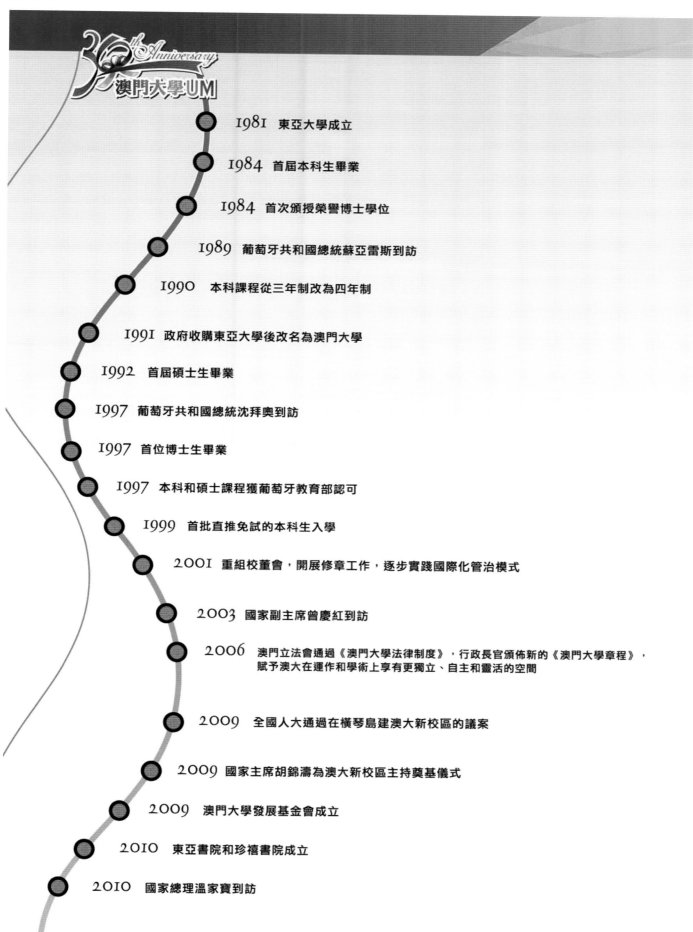

1981	東亞大學成立
1984	首屆本科生畢業
1984	首次頒授榮譽博士學位
1989	葡萄牙共和國總統蘇亞雷斯到訪
1990	本科課程從三年制改為四年制
1991	政府收購東亞大學後改名為澳門大學
1992	首屆碩士生畢業
1997	葡萄牙共和國總統沈拜奧到訪
1997	首位博士生畢業
1997	本科和碩士課程獲葡萄牙教育部認可
1999	首批直推免試的本科生入學
2001	重組校董會，開展修章工作，逐步實踐國際化管治模式
2003	國家副主席曾慶紅到訪
2006	澳門立法會通過《澳門大學法律制度》，行政長官頒佈新的《澳門大學章程》，賦予澳大在運作和學術上享有更獨立、自主和靈活的空間
2009	全國人大通過在橫琴島建澳大新校區的議案
2009	國家主席胡錦濤為澳大新校區主持奠基儀式
2009	澳門大學發展基金會成立
2010	東亞書院和珍禧書院成立
2010	國家總理溫家寶到訪

大學在歷任校董會主席、校監及校長的領導下走過了成功的 30 年。在國家及澳門特區政府的支持和關懷下，橫琴的新校園已在 2009 年動工，並將於 2013 年啟用。新校園約一平方公里，比舊校園大約 20 倍，為澳門大學未來發展提供了巨大空間，也為澳門建立世界級博彩、旅遊、會展及文化型城市提供了必需的人才。

2011 年是澳門大學 30 周年大慶，為此大學提出了以下願景：
一、以國際化教學體系、卓越的教學及創新的科研培育優秀的領袖人才；
二、打造具有區域特色的世界一流大學。

○ 歷任校監及其任期

高斯達（1984 至 1986 年）　文禮治（1986 至 1992 年）　韋奇立（1992 至 1999 年）　何厚鏵（1999 至 2009 年）　崔世安（2009 年至今）

○ 歷任校董會主席及其任期

何賢（1981 至 1983 年）　馬萬祺（1983 至 1992 年）　韋奇立（1992 至 1999 年）　何厚鏵（1999 至 2001 年）　謝志偉（2001 年至今）

○ 歷任校長及其任期

薛壽生（1981 至 1986 年）　林達光（1986 至 1987 年）　李天慶（1991 至 1994 年）　費利納（1994 至 1997 年）　周禮杲（1997 至 1999 年）　姚偉彬（1999 至 2008 年）　趙偉（2008 年至今）
（1987 至 1991 年）

○ 1981 至 2010 年學生人數

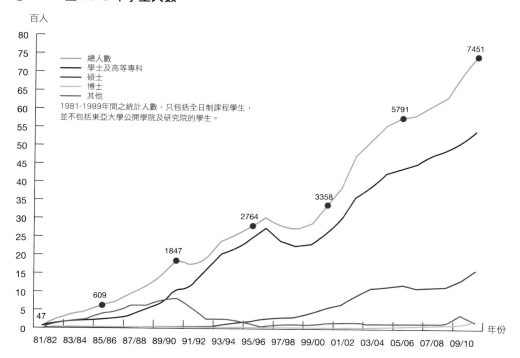

百人

總人數
學士及高等專科
碩士
博士
其他

1981-1989年間之統計人數，只包括全日制課程學生，
並不包括東亞大學公開學院及研究院的學生。

47　609　1847　2764　3358　5791　7451

年份

81/82　83/84　85/86　87/88　89/90　91/92　93/94　95/96　97/98　99/00　01/02　03/04　05/06　07/08　09/10

○ 1981 至 2010 年畢業學生人數

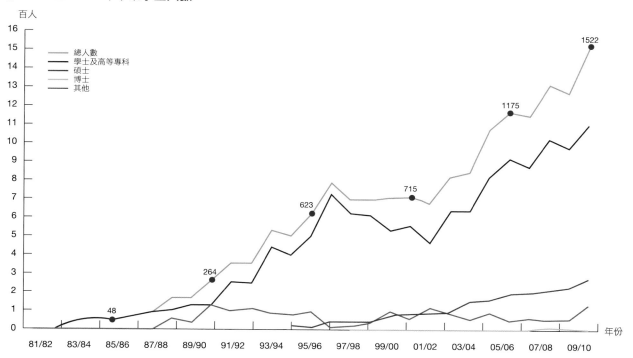

百人

總人數
學士及高等專科
碩士
博士
其他

48　264　623　715　1175　1522

年份

81/82　83/84　85/86　87/88　89/90　91/92　93/94　95/96　97/98　99/00　01/02　03/04　05/06　07/08　09/10

○ 2006 至 2011 年全職教學人員人數

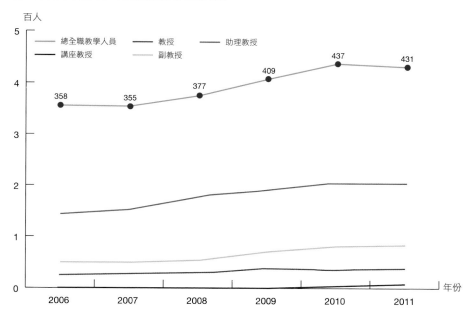

百人

總全職教學人員　　教授　　助理教授
講座教授　　副教授

358　355　377　409　437　431

年份

2006　2007　2008　2009　2010　2011

○ 橫琴新校園總體設計規劃圖

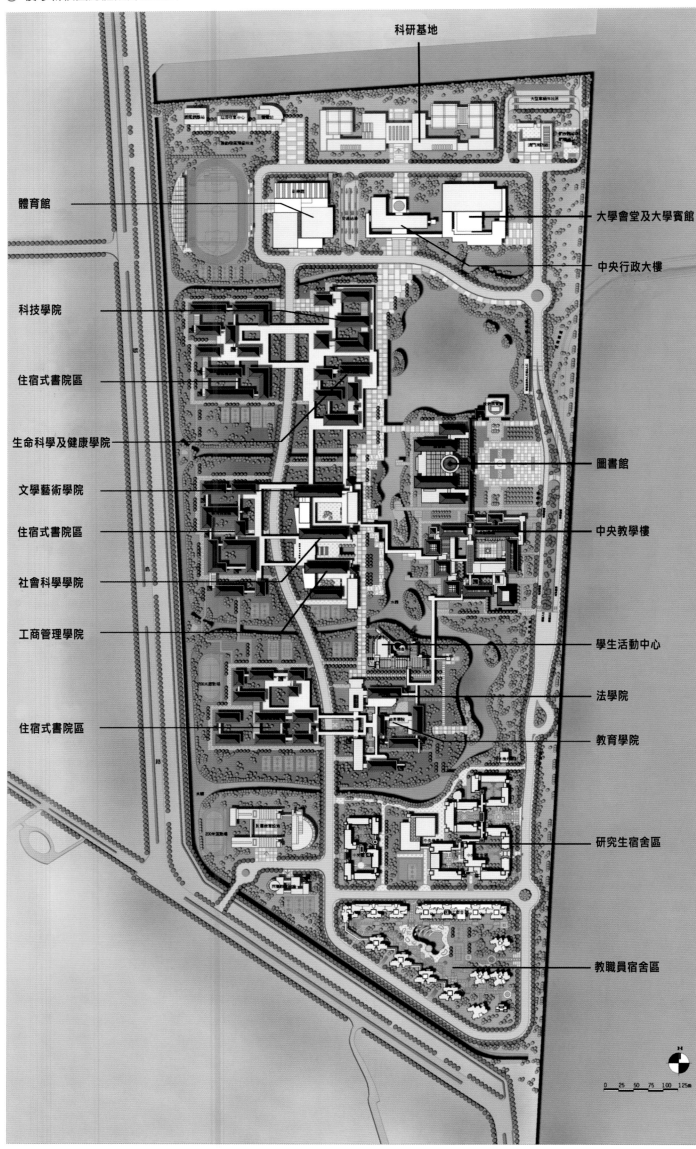

科研基地

體育館

大學會堂及大學賓館

中央行政大樓

科技學院

住宿式書院區

生命科學及健康學院

圖書館

文學藝術學院

住宿式書院區

中央教學樓

社會科學學院

工商管理學院

學生活動中心

法學院

住宿式書院區

教育學院

研究生宿舍區

教職員宿舍區

0 25 50 75 100 125m

參考文獻

專著

（明）田生金：《按粵疏稿》，北京：北京圖書館，1982。

（明）徐光啟：《徐光啟集》，上海：上海古籍出版社，1984。

（明）曹學栓：《廣東名勝志》。

（明）郭尚賓：《郭給諫疏稿》。

（明）郭棐：《粵大記》，廣州：中山大學出版社，1996。

（明）黃佐：《香山縣志》。

（明）葉權：《遊嶺南記》，北京：中華書局，1987。

（明）黃佐：《廣東通志》，廣州：廣東省地方史志辦公室，1997。

（明）龐尚鵬：《百可亭摘稿》。

（明）嚴從簡：《殊域周咨錄》，北京：中華書局，1993。

（明）印光任、張汝霖：《澳門記略》，澳門：澳門文化司署，1992。

（清）文慶編：《籌辦夷務始末》，北京：中華書局，1964。

（清）吳歷：《三巴集》。

（清）林則徐：《林文忠公政書》，北京：中華書局，1980。

（清）夏燮：《中西記事》，北京：中華書局，1982。

（清）徐繼畬輯：《瀛環志略》，北京：華文書局，1968。

（清）陸希言：《澳門記》。

（清）蔣廷錫：《古今圖書集成》，北京：中華書局、成都：巴蜀書社，1984—1988。

（清）盧坤：《廣東海防匯覽》。

（清）顧祖禹：《讀史方輿紀要》，上海：上海書店，1998。

（清）乾隆《香山縣志》。

（清）康熙《香山縣志》。

（清）道光《香山縣志》。

（清）雍正《廣東通志》。

《西方建築在澳門》，澳門：澳門東亞大學公開學院同學會，1999。

金國平編譯：《西方澳門史料選萃（15—16世紀）》，廣州：廣東人民出版社，2005。

《澳門——在珠江口的紀念城》，澳門：澳門政府，1995。

《澳門人口與發展》，澳門：澳門大學、澳門基金會，1994。

《澳門及其首屆工業展覽會・澳門港簡介》，澳門：港口工程處，1927。

《澳門的博彩》，博彩和約監察處，1986。

《澳門省政治》，里斯本，1963。

《澳門研究》，廣州：中山大學港澳研究所，1986—1989。

《澳門研究》，澳門：澳門東亞大學澳門研究所，1988。

《澳門組織章程》，《共和國日報》107期第一組，1990。

中國社會科學院：《城市競爭力藍皮書》，北京：中國社會科學院，2009。

中國第一歷史檔案館、澳門基金會、暨南大學古籍研究所編：《明清時期澳門問題檔案文獻匯編》第一、三冊，北京：人民出版社，1999。

中國第一歷史檔案館編：《澳門問題明清珍檔薈萃》，澳門：澳門基金會，2000。

中華人民共和國海關總署辦公廳：《澳門與舊中國海關（1886—1911）》，北京：中華人民共和國海關總署檔案，1999。

中華人民共和國澳門特別行政區基本法起草委員會諮詢委員會：《中華人民共和國澳門特別行政區基本法》，1993。

元邦建、袁桂秀：《澳門史略》，香港：中流出版社，1988。

文德泉：《澳門地名》，澳門：宣傳暨旅遊中心，1979—1981。

方豪：《中西交通史》，長沙：岳麓書社，1987。

王凡、劉東平：《城變——澳門現場閱讀》，北京：人民出版社，2009。

王文達：《澳門掌故》，澳門：澳門教育出版社，1999。

王東峰：《清朝廣東政府對澳門的軍事控制與經濟管理》。

王彥威：《清季外交史料》，1934。

王磊、甘超英等：《澳門回歸十年憲制發展研究》，澳門：澳門理工學院一國兩制研究中心，2010。

卡斯楚：《澳門與中國》，鴻興柯式印刷有限公司，2000。

布衣：《澳門掌故》，香港：廣角鏡出版社，1977。

平托：《遠遊記》，金國平譯，澳門：澳門基金會，1999。

白樂嘉：《如畫澳門》，澳門，1926。

白樂嘉：《西方先驅及其發現澳門》，澳門，1946。

安德烈・貢德・弗蘭克：《白銀資本：重視經濟全球化中的東方》，劉北成譯，北京：中央編譯出版社，2008。

何永靖：《澳門早期議事會研究（1586—1850）》，博士學位論文，暨南大學，2003。

余振、劉伯龍、吳德榮：《澳門華人政治文化》，澳門：澳門基金會，1993。

利馬竇、金尼閣：《利瑪竇中國札記》，何高濟譯，北京：中華書局，1983。

吳志良、湯開建、金國平編：《澳門編年史》，廣州：廣東人民出版社，2009。

吳志良、楊允中、馮少榮編：《澳門1995》，澳門：澳門基金會，1995。

吳志良編：《中葡關係史地考證》，澳門：澳門基金會，2000。

吳志良編：《澳門百科全書》，北京：中國大百科全書出版社，1999。

吳相湘編：《天主教東傳文獻》，台北：台灣學生書局，1965。

吳衛鳴：《澳門史前考古與文化》，澳門：澳門藝術博物館，2003。

呂志鵬、黃健威：《澳門天主教堂》，香港：三聯書店（香港）有限公司、澳門：澳門基金會，2009。

李向玉：《澳門聖保祿學院研究》，澳門：澳門日報出版社，2001。

南京圖書館古籍部編：《澳門問題史料集》上、下冊，北京：中華全國圖書館文獻縮微複印中心，1998。

李長森：《明清時期澳門土生族群的形成發展與變遷》，北京：中華書局，2007。

李長森：《澳門土生族群研究》，博士學位論文，暨南大學，2005。

李鵬翥：《澳門古今》，香港：三聯書店（香港）有限公司、澳門：澳門星光出版社，1986。

亞洲電視新聞部資訊科：《解密五百年澳門》，香港：明報出版社有限公司，2009。

周景濂：《中葡外交史》，上海：商務印書館，1936。

周運源：《粵港澳區域經濟合作發展研究》，廣州：中山大學出版社，2011。

彼得・克勞斯・哈特曼：《耶穌會簡史》，谷裕譯，北京：宗教文化出版社，2003。

明鏡：《聆聽聖保祿》，台中：光啟出版社，1986。

林子昇編：《十六至十八世紀澳門與中國之關係》，澳門：澳門基金會，1998。

林水先編：《廣東澳門檔案資料選編》，北京：中國檔案出版社，1999。

林旭登：《東印度或葡屬印度針路、旅行及航行志》。

林家駿：《澳門教區歷史掌故文摘》第一輯，澳門：澳門天主教教務行政處，1980。

林發欽編：《澳門歷史建築的故事》，澳門：東望洋出版社，2005。

金國平、吳志良：《東西望洋》，澳門：澳門成人教育學會，2002。

金國平、吳志良：《粵澳公牘錄存》，澳門：澳門基金會，2002。

金國平、吳志良：《過十字門》，澳門：澳門成人教育學會，2004。

金國平、吳志良：《鏡海飄渺》，澳門：澳門成人教育學會，2001。

金國平：《中葡關係史地考證》，澳門：澳門基金會，1999。

金國平：《西力東漸：中葡早期接觸追昔》，澳門：澳門基金會，2000。

南開大學歷史系編：《清實錄經濟資料輯要》，北京：中華書局，1959。

施白蒂：《苦力貿易——澳門檔案（1851—1894）》，澳門：東方基金會，1994。

施白蒂：《澳門編年史・二十世紀（1900—1949）》，澳門：澳門基金會，1999。

施白蒂：《澳門編年史・二十世紀（1950—1988）》，澳門：澳門基金會，1999。

施白蒂：《澳門編年史・十九世紀》，澳門：澳門基金會，1998。

施白蒂：《澳門編年史》，澳門：澳門基金會，1995。

查燦長：《轉型、變項與傳播：澳門早期現代化研究（鴉片戰爭至1945年）》，廣州：廣東人民出版社，2006。

科龍班：《澳門史概要》，澳門，1927。

胡紀倫：《澳門街》，香港：牛津大學出版社，1999。

英索・熱伊梅・杜：《澳門：遠東最古老的殖民地》，澳門：孤兒院印刷學校，1929。

徐薩斯：《歷史上的澳門》，黃鴻釗等譯，澳門：澳門基金會，2000。

泰布思、阮大元、盧文輝、黃漢強編：《澳門社會經濟發展及生活質素（研討會論文集）》，澳門：澳門大學澳門研究中心、澳門文化司署，1992。

特瑞修：《澳門歷史》，澳門：東方文萃出版社，1990。

貢薩爾維斯：《耶穌會會士初史》（ *Primeira Parte da História dos Religiosos da Companhia de Jesus* ），1962。

郝雨凡、吳志良編：《澳門經濟社會發展報告（2008—2009）》，北京：社會科學文獻出版社，2009。

郝雨凡、吳志良編：《澳門經濟社會發展報告（2009—2010）》，北京：社會科學文獻出版社，2010。

郝雨凡、吳志良編：《澳門經濟社會發展報告（2010—2011）》，北京：社會科學文獻出版社，2011。

郝雨凡、熊澄宇、麥健智編：《澳門文化創意產業：策略與發展》，北京：中國社會科學出版社，2011。

馬士編：《東印度公司對華貿易編年史》，廣州：中山大學出版社，1991。

馬加良斯、若澤・卡爾維特：《戰後澳門與中國》，澳門：東方葡萄牙學會，1992。

馬查多、埃爾蘭德爾：《澳門今昔》，波爾圖，1981。

馬若龍編：《澳門文化特色的佐證》，澳門：澳門文化司署，1997。

馬楂度：《勘界大臣馬楂度——葡中香港澳門勘界談判日記（1909—1910）》，舒建平、菲德爾合譯，澳門：澳門基金會，1999。

高美士：《澳門歷史大事記》，澳門：Colecção Notícas de Macau，1954。

張天澤：《中葡早期通商史》，姚楠、錢江譯，香港：中華書局，1988。

張星烺編：《中西交通史料匯編》，台北：輔仁大學，1930。

張磊、盛永華、霍啟昌：《澳門：孫中山的外向門戶和社會舞台》，澳門：澳門大學、東方文萃出版社，1996。

張禮千：《馬六甲史》，上海：商務印書館，1940。

曹坤華、李洪光：《澳門回歸後的經濟政策調整》，深圳：海天出版社，2000。

梁廷枏：《粵海關志》，廣州：廣東人民出版社，2002。

梅西・施華・飛南迪：《葡中關係澳門綱要》。

盛永華、趙文房、張磊：《孫中山與澳門》，北京：文物出版社，1991。

莫世祥、虞和平、陳奕平編：《近代拱北海關報告編》，澳門：澳門基金會，1998。

許志樺、李燕怡：《澳門發展與澳珠合作》，香港：三聯書店（香港）有限公司、香港浸會大學當代中國研究所，2011。

許志樺、姚華松、張進林：《澳門特色經濟：可持續發展的探索》，香港：三聯書店（香港）有限公司、香港浸會大學當代中國研究所，2011。

郭永亮：《澳門香港之早期關係》，台北，中央研究院近代史研究所，1990。

陳昕、郭志坤編：《澳門全記錄》，上海：上海人民出版社，1999。

陳煒烜、李銳奮、譚志勝：《澳門廟宇（Ⅰ、Ⅱ）》，澳門：民政總署，2000。

陳繼春：《錢納利與澳門》，澳門：澳門基金會，1995。

章文欽：《澳門與中華歷史文化》，澳門：澳門基金會，1995。

章文欽：《澳門歷史文化》，北京：中華書局，1999。

曾德昭：《大中國志》，何高濟譯，上海：上海古籍出版社，1998。

湯開建、陳文源、葉農編：《鴉片戰爭後澳門社會生活記實》，廣州：花城出版社，2001。

湯開建：《澳門開埠初期史研究》，北京：中華書局，1999。

菲基立：《澳門建築文物》，王薇譯，澳門：澳門文化學會，1988。

費成康：《澳門四百年》，上海：上海人民出版社，1988。

集體編著：《澳門百年滄桑史》，澳門：澳門政府，1995。

黃仁宇：《十六世紀明代中國之財政與稅收》，北京：三聯書店，2001。

黃文寬：《澳門史鉤沉》，澳門：澳門星光出版社，1987。

黃佛頤：《廣州城坊志》，廣州：廣東人民出版社，1994。

黃啟臣、鄭煒明：《澳門經濟四百年》，澳門：澳門基金會，1994。

黃漢強、程惕潔：《新來澳定居之內地移民論析》，澳門：澳門大學澳門研究中心，2005。

黃鴻釗：《澳門史》，香港：商務印書館香港分館，1987。

黃鴻釗：《澳門史》，福州：福建人民出版社，1999。

黃鴻釗：《澳門史綱要》，福州：福建人民出版社，1991。

黃鴻釗：《澳門同知與近代澳門》，廣州：廣東人民出版社，2006。

黃鴻釗：《澳門簡史》，香港：三聯書店（香港）有限公司，1999。

黃鴻釗編：《中葡澳門交涉史料》，澳門：澳門基金會，1998。

奧利維拉：《葡中接觸五百年》，楊立民譯，紀念葡萄牙發現事業澳門地區委員會，1997。

楊允中、蔡永君等：《引入軌道捷運系統──改善城市交通的可行選擇》，澳門：澳門大學澳門研究中心，2006。

楊允中：《澳門與現代經濟增長》，澳門：澳門經濟學會，1992。

楊允中等：《論澳門產業轉型》，澳門：澳門基金會，1995。

楊允中編：《「泛珠三角」區域合作與澳門定位調整》，澳門：澳門大學澳門研究中心，2006。

楊開荊：《澳門特色文獻資源研究》，北京：北京大學出版社，2003。

楊繼波、吳志良、鄧開頌編：《明清時期澳門問題檔案文獻匯編》，北京：人民出版社，1999。

萬明：《中葡早期關係史》，北京：中國社會科學出版社，2001。

賈佐治‧讓多：《Macau 澳門》，澳門：澳門政府，1999。

賈約翰：《潭仔、路環》，澳門：海島市政廳，1993。

鄒振環：《晚清西方地理學在中國》，上海：上海古籍出版社，2000。

雷戈：《葡萄牙在澳門的影響》，Lisboa: Agência Geral das Colónias，1946。

裴化行：《天主教 16 世紀中國傳教志》，蕭濬華譯，上海：商務印書館，1936。

劉先覺、陳澤成編：《澳門建築文化遺產》，南京：東南大學出版社，2004。

劉易斯‧芒福德：《城市發展史起源、演變和前景》，北京：中國建築工業出版社，1989。

劉芳輯：《清代澳門中文檔案匯編》，澳門：澳門基金會，1999。

劉品良：《澳門博彩業縱橫》，香港：三聯書店（香港）有限公司，2002。

劉善齡：《西洋發明在中國》，香港：三聯書店（香港）有限公司，2001。

劉會遠、鄭天祥、韓彪等：《澳門與中國的對外開放》，南京：河海大學出版社，2000。

廣州博物館編：《海貿遺珍──18—20世紀初廣州外銷藝術品》，上海：上海古籍出版社、世紀出版集團，2005。

廣東省檔案館編：《廣東澳門檔案史料選編》，北京：中國檔案出版社，1999。

潘日明：《十六至十九世紀澳門和馬尼拉之間的貿易往來》，澳門：澳門海事研究中心，1987。

鄭天祥、黃就順、張桂霞、鄧漢增：《澳門人口》，澳門：澳門基金會，1994。

鄭妙冰：《澳門──殖民滄桑中的文化雙面神》，北京：中央文獻出版社，2003。

鄧恩著：《從利瑪竇到湯若望》，上海：上海古籍出版社，2003。

鄧景濱：《澳門蓮系地名考》，澳門：澳門語言學會，2000。

鄧開頌、吳志良、陸曉敏編：《粵澳關係史》，北京：中國書店，1999。

鄧開頌、黃鴻釗、吳志良、陸曉敏：《澳門歷史新說》，石家莊：花山文藝出版社，2000。

鄧開頌：《澳門歷史（1940—1949 年）》，澳門：澳門歷史學會，1995。

鄧聰、鄭煒明：《澳門黑沙：田野考古報告專刊》，澳門：澳門基金會、香港：中文大學出版社，1996。

儒略奧‧塞薩爾‧科斯達：《離島市歷史補遺》卷一、卷二，澳門：離島市政廳，1994。

澳門大學：《澳門大學 30 周年校慶》，澳門：澳門大學，2011。

澳門大學澳門研究中心：《澳門研究》第三期，澳門：澳門基金會，1995。

澳門文化司署編：《澳門‧大三巴遺址‧面向未來的豐碑》，澳門：澳門文化司署出版辦公室，1994。

澳門官印局：《葡萄牙—澳門協約》，澳門：政府新聞司，1982。

澳門特別行政區政府：《對構建現代化與科學化的城市規劃體系的探索》諮詢文本，澳門：澳門特別行政區政府，2008。

澳門特別行政區政府可持續發展策略中心：《澳門城市概念性規劃綱要》諮詢文本，澳門：澳門特別行政區政府可持續發展策略中心，2008。

澳門特別行政區政府運輸工務司：《新城區總體規劃草案》諮詢文本，澳門：澳門特別行政區政府工務司，2011。

澳門國際機場專營公司：《興建中的澳門國際機場》，澳門：澳門國際機場專營公司，1993。

澳門基金會：《澳門史新編》，澳門：澳門基金會，2008。

澳門理工學院社會經濟研究所編：《澳門社會經濟論集》，澳門：澳門理工學院，2004。

澳門博物館項目組編：《與歷史同步的博物館：大炮台》，澳門：澳門博物館，1998。

澳門經濟學會：《澳門博彩旅遊業垂直多元化研究》，澳門：澳門經濟學會，2009。

蕭政治：《鴉片戰爭前中西關係紀事（1517—1840）》，武漢：湖北人民出版社，1986。

澳門市府廳編：《澳門‧創意風景》，澳門：澳門市政廳，1996。

霍啟昌：《紀念辛亥革命成功一百周年　緬懷孫中山澳門革命摯友飛南第》，澳門：澳門國際研究所，2011。

龍斯泰：《早期澳門史》，吳義雄等譯，北京：東方出版社，1997。

戴裔煊：《〈明史‧佛郎機傳〉箋正》，北京：中國社會科學出版社，1984。

戴裔煊：《關於澳門歷史上所謂趕走海盜問題》，澳門：澳門星光出版社，1987。

繆鴻基、何大章、雷強、鄭天祥、黃就順編：《澳門》，廣州：中山大學出版社，1988。

薛鳳旋：《中國城市及其文明的演變》，香港：三聯書店（香港）有限公司，2009。

薩安東：《葡萄牙在華外交政策（1841—1854）》，金國平譯，澳門基金會，1997。

魏秀堂：《澳門面面觀》，北京：中國建設出版社，1989。

羅查、埃德孟多：《澳門50年代出口史》，澳門：大西洋洋行、經濟司。

羅理路：《澳門尋根》中文版，Cheng Yong Yi譯，澳門：澳門海事博物館，1997。

譚志強：《澳門主權問題始末（1533—1993）》，台北：永業出版社，1994。

譚學超：《澳門城牆與堡壘炮台》，香港：三聯書店（香港）有限公司、澳門：澳門基金會，2009。

嚴忠明：《一個海風吹來的城市：早期澳門城市發展史研究》，廣州：廣東人民出版社，2006。

嚴忠明：《澳門博彩業發展考驗城市規劃》，澳門：澳門日報出版社，2004。

蘇東斌、李沛然編：《台灣、香港、澳門經濟史略》，廣州：廣東經濟出版社，2002。

顧功敍編：《中國地震目錄（公元前1831年—公元1969年）》，北京：科學出版社，1983。

顧廣編：《澳門經濟與金融》，武漢：中國地質大學出版社，1989。

刑榮發：《明清澳門城市建築研究》，香港：華夏文化藝術出版社，2007。

何大章、繆鴻基：《澳門地理》，廣州：廣東文理學院，1946。

崔世平、趙炳時：《21世紀澳門城市規劃綱要研究》，澳門：澳門發展與合作基金會，2000。

清華大學、澳門大學等編：《澳門城市規劃綱要研究1999年—2020年》，澳門：澳門合作與發展基金會，1999。

彭琪瑞、薛鳳旋、蘇澤霖編：《香港、澳門地區地理》，北京：商務印書館，1991。

彭琪瑞、薛鳳旋、蘇澤霖編：《香港與澳門》，北京：商務印書館，1986。

黃漢良、吳志良編：《澳門地理》，澳門：澳門基金會、北京：中國友誼出版公司，1993。

劉南威、何廣才編：《澳門自然地理》，廣州：廣東省地圖出版社，1992。

Coutinho, Paulo：《仁伯爵綜合醫院：一所120年歷史的新醫院》，澳門：東方文萃出版社，1994。

Rodrigues, Manual A. Ribeiro. Abbott, Peter：《澳門的軍事組織和軍服四百年》，蔚玲譯，澳門：澳門文化司署，1999。

Beltrao Coelho, Rogerio. *Album / Macau / 1844-1974*. Macau: Fundação Oriente.1989.

Beltrao Colelho, Rogerio. *Macau. Retalhos. Passado. Presente. Futuro*. Macau: Livros Do Oriente. 1990.

Boxer, C. R. *Fidalgos in the Far East, 1550-1770, Fact and Fancy in the History of Macao*. Hong Kong: Oxford University Press. 1968.

Boxer, C. R. *Portuguese Society in the Tropics, The Municipal Councils of Goa, Macao, Bahia and Luanda, 1510-1800*. Madison and Milwaukee: University of Wisconsin Press.1965.

Boxer, C.R. *Seventeenth Century Macau in Contemporary Documentary Illustrations*. Hong Kong: Heinemann.1984.

Boxer, C. R.*The Great Ship from Amacon: Annals of Macao and the Old Japan Trade, 1550-1640*. Lisbon: Centro de Estudos Historicos Ultramarinos. 1959.

Boxer, C. R.*The Portuguese Sea Borne Empire, 1415-1825*. London: Hutchinson.1969.

Braga, J. M. *Hong Kong and Macao (revised edition)*. Macau: Notixias de Macau. 1960.

Braga, J. M. *Picturesque Macau*. Macau.1926.

Braga, J. M. *The Western Pioneers and Their Discovery of Macau*. Macau: Imprensa Nacional. 1949.

Braun, Georg; Hogenberg, Franz. *Cities of the World (Complete Edition of The Colour Plates of 1572-1617)*. Köln: Taschen. 2008.

Breitung, Werner. *Overcoming Borders, Living with Borders*. Macau: Instituto Cultural do Geoverno da R.A.E.de Macau. 2007.

Cecilia, Jorge; Coelho, Beltrao. *Album Macau*. Macau: Livros do Oriente. 1993.

Chang, Tien-tse. *Sino-Portuguese Trade from 1514 to 1644: A Synthesis of Portuguese and Chinese Sources*. Leiden: Brill. 1934.

Cheng, Miu Bing, Christina. *Macau: A Cultural Janus*. Hong Kong: Hong Kong University Press. 1999.

Clemens, John. *Discovering Macau*. Hong Kong: Macmillan. 1972.

Coates, Austin. *A Macao Narrative*. Hong Kong: Oxford University Press. 1978.

Coates, Austin. *Macao and British, 1637-1842*. Hong Kong: Oxford University Press. 1989.

Cremer, R. D (ed.). *Industrial Economy of Macau in the 1990s*. API Press Ltd; China Economic Research Centre. 1990.

Cremer, R. D. *Macau: City of Commerce and Culture*. Hong Kong: University of East Asia Press Ltd. 1987.

Edmonds, R.L. *Land Use in Macau: Land Use Policy*. 1986.

Fok, Kai Cheong. *The Macao Formula: A Study of Chinese Management of Westerners from the Mid-Sixteenth Century to Opium War Period*.

Graca, Jorge. *Fortifications of Macau: Their Design & History*. Macau: Imprensa Nacional. 1984.

Guanadalupi, Gianni. *China Revealed-The West Encounters the Celestial Empire*. Vercelli: White Star. 2003.

Gunn, Geoffrey C. *Encountering Macau: A Portuguese City-State on the Periphery of China, 1557-1999*. New York: Westview. 1996.

Imperadori, Marco; Sales, Jose Luis de; Marreiros, Carlos. *Architecture, Culture, Environment, Macau*. Macau: Politecnico Milano & IEEM. 2007.

Jesus, Montalto de. *Historic Macao*. Oxford University Press. 1902.

Jesus, Montalto de. *Macau Historico*. Macau: Livros do Oriente. 1990.

Kot, Jan (ed.). *Macau Guide*. Hong Kong: PRD Publication. 2000.

Leong, Wan Chong; Siu, Rocardo Chi Sen. *Macau: A model of Mini-Economy*. Macau: University of Macau Publications Center. 1997.

Lessa, Almerindo. *Macau: Ensaios de Antropologia Portuguesa dos Trópicos*. Lisboa: Editora Internacional. 1996.

Loureiro, Adolpho. *No Oriente: De Napoles Á China*. Lisboa: Imprensa Nacional. 1987.

Loureiro, Adolpho. *O Porto de Macau: Ante-Projecto para O Seu Melhoramento*. Universidade de Coimbra. 1884.

Petr, Mandy. *The Travels of Peter Mundy in Europe and Asia, 1608-1667*. VIII.Part 1. Nenclelm: Rarus. 1967.

Pintado, Pe. Manuel. *The Voice of The Ruins*. Macau: Instituto cultural de Macau. 1988.

Ptak, Roderich F. *Portugal in China*. Heidelberg: Klemmerberg Verlag Bammental. 1982.

Ride, Lindsay; Ride, May. *The Voices of Macao Stones*. Hong Kong: Hong Kong University Press. 1999.

Sit, V.F.S. *Chinese City and Urbanism: Evolution and Development*. Singapore: World Scientific. 2010.

Sit, V.F.S. *Hong Kong: 160 Years' Development in Maps*. Hong Kong: Joint Publishing (Hong Kong) Company Ltd. 2010.

Sit, V.F.S. Cremer, R.D. Wong, S.L. *Entrepreneurs and Enterprises in Macau*. Hong Kong: Hong Kong University Press. 1991.

Souza, George Bryan. *The Survival of Empire: Portuguese Trade and Society in China and the South China Sea, 1630-1754*. Cambridge: Cambridge University Press. 1986.

Subrahmanyam, Sanjay. *The Portuguese Empire in Asia, 1500-1700, A political and Economic History.* London: Longman. 1993.

Telxeira, P.Manuel. *The Diocese of Hongkong and Macao, 1849-1974.* Hong Kong: Diocesan Office. 1975.

Thomaz, Luís Filipe F. Reis. *Early Portuguese Malacca, Macau: Territorial Commission for the Commemoration of the Portuguese Discoveries.* 2000.

Velinkar, Joseph. *India and the West: the First Encounters: A History Study of the Early Indo-Portuguese Cultural Encounters in Goa.* Mumbai: St. Xavie's College. 1998.

論文

文德泉神父：〈第一個中國耶穌會神父〉，《文化雜誌》第 10 期。

艾維四：〈明史與世界史〉，「16—18 世紀之中國與歐洲」國際學術討論會論文，香港中文大學，1987。

鱸些喇：〈澳門及其新港〉，《1918 年 12 月至 1927 年 3 月主要工作報告摘要》，里斯本：殖民地總局。

〈答馬托斯校長書〉，《荷蘭殖民檔案館所藏葡萄牙 17 世紀文獻》，埃武拉公館圖書館及區檔案館，第 CXVI-2-5 號手稿。

〈賈梅士博物院澳門繪畫藏品展〉，澳門：市政廳展覽畫廊，1989。

〈澳門：從地圖繪製看東西方交滙〉，澳門：東方基金會。

巴列托：〈澳門從開埠至 20 世紀 70 年代社會經濟和城建方面的發展〉，《文化雜誌》第 36、37 期。

巴列托：〈16—17 世紀澳門的地位〉，《文化雜誌》第 36、37 期。

巴西利奧、馬利雅 · 盧伊薩：〈澳門人口發展及供水〉，《澳門及珠江三角洲人口國際研討會》第 2 卷，澳門：澳門統計暨普查司，1993。

巴拉舒：〈澳門中世紀風格的形成過程〉，《文化雜誌》第 35 期。

王世紅：〈試論塑造澳門城市文化形象〉，《文化雜誌》第 36、37 期。

王東峰：〈清朝前期廣東政府對澳門的軍事控禦〉，《文化雜誌》第 39 期。

布爾奈：〈變動與建築：澳門的建築與殖民主義〉，《文化雜誌》，第 36、37 期。

史密斯：〈一位 18 世紀澳門亞美尼亞富商〉，《文化雜誌》第 50 期。

弗洛雷斯：〈「葡萄牙染色體」——16—18 世紀澳門特色的形成〉，《文化雜誌》第 49 期。

多明戈斯 · 馬烏里西奧 · 戈麥斯 · 多斯 · 桑托斯：〈澳門遠東第一所西方大學〉，孫成敖譯，《聖保祿學院四百周年紀念（1597—1994）》，澳門：澳門基金會。

安東尼 · 嘉模：〈中國的首批基督徒〉，*Asianostra* 第 1 期，1994。

伊莎貝 · 希德：〈葡萄牙埃沃拉市檔案館保存有關澳門和中國的文件〉，《文化雜誌》第 10 期。

何永靖：〈議事亭雜考〉，《澳門歷史研究》第 3 輯，2003。

吳青：〈哈麗特洛筆下的近代澳門多元文化社會〉，《澳門歷史研究》第 3 輯，2004。

余三樂：〈論晚明中西文化交流的偉人〉，《文化雜誌》第 49 期。

阿豐索：〈澳門的綠色革命（19 世紀 80 年代）〉，《文化雜誌》第 36、37 期。

李長森：〈澳門歷史上的土生商人〉，《澳門歷史研究》第 3 輯，2004。

李金明：〈清代前期澳門在對外貿易中的地位與作用〉，《文化雜誌》第 39 期。

李金明：〈葡萄牙人留居澳門年代考〉，《文化雜誌》第 40、41 期。

李兆良：〈利瑪竇坤輿萬國全圖資料源自中國明代環球測繪世界（上）〉，《鄭和研究》第 80 期。

李兆良：〈利瑪竇坤輿萬國全圖資料源自中國明代環球測繪世界（下）〉，《鄭和研究》第 81 期。

宜野座伸治：〈1942 年澳門的日語教學與學習〉，《澳門人口與發展》，澳門：澳門大學、澳門基金會，1994。

帕蒂斯塔、安東尼奧：〈耶穌會在澳門及大三巴的文化遺產〉，《澳門雜誌》第 31 期，1994。

林廣志：〈清代澳門望廈門趙氏家族事跡考述〉，《澳門歷史研究》第 3 輯，2004。

柯斯塔：〈澳門建築史〉，《文化雜誌》第 35 期，1998。

科斯達、安東尼奧：〈澳門——圖片與數字〉，《熱帶地區地理研究》卷一、卷二，里斯本：科英布拉大學總圖書館，1981、1982。

洛瑞羅：〈托梅 · 皮雷斯《東方概要》中的東南亞〉，《文化雜誌》第 49 期。

施存龍：〈粵海關設於澳門或次固鎮嗎——有關《澳門大事紀》中的一個問題〉，《文化雜誌》，第 39 期。

施存龍：〈西草灣戰役的有無和西草灣地望考辨〉，《文化雜誌》第 40、41 期。

施存龍：〈葡商集中澳門前的「家」——浪白澳（島）考辨〉，《文化雜誌》第 40、41 期。

馬薩皮納：〈澳門——某種特徵〉，《文化雜誌》第 36、37 期。

飛迪華：〈澳門的老人〉，《澳門人口和發展》，澳門：澳門大學、澳門基金會，1994。

埃斯塔希奧：〈澳門綠化區的發展及其重要性以及本澳植物群的來源〉，《文化雜誌》第 36、37 期。

高美士編：〈荷蘭殖民檔案館所藏葡萄牙 17 世紀文獻〉，《賈梅士學院院刊》第 9 卷第 1 期，1975。

夏德新：〈一八三九年的澳門，博爾傑的記叙和繪畫〉，《文化雜誌》第 10 期。

郭衛東：〈論 18 世紀中葉澳門城市功能的轉型〉，《中國史研究》2001 年第 1 期。

郭衛東：〈澳門歷史上的鴉片貿易問題〉，《文化雜誌》第 40、41 期。

徐傑舜：〈論澳門文化的二元合璧〉，《文化雜誌》第 39 期。

徐永勝：〈澳門歷史上的旅遊業發展〉，《文化雜誌》第 40、41 期。

陳炎：〈澳門在近代海上絲綢之路中的特殊地位和影響〉，《文化雜誌》第 13、14 期。

陳新文：〈早期澳門城市的形成與發展〉，《文化雜誌》第 36、37 期。

張顯清：〈徐光啟引進和仿製西洋火器述論〉，《文化雜誌》第 13、14 期。

張廷茂：〈對《澳門開埠初期史研究》中若干問題的質疑〉，《文化雜誌》第 40、41 期。

張廷茂：〈耶穌會士與澳門海上貿易〉，《文化雜誌》第 40、41 期。

曼努埃爾 · 維拉里奧：〈昔日澳門的回憶〉，《文化雜誌》第 10 期。

黃曉峰：〈澳門的文化視野：世界與中國〉，《文化雜誌》第 13、14 期。

黃啟臣：〈16—19 世紀的《中學西傳》〉，《文化雜誌》第 13、14 期。

黃啟臣：〈澳門對外貿易的式微（1644—1840）〉，《文化雜誌》第 39 期。

黃啟臣：〈澳門主權問題的歷史審視（1553—1999）〉，《文化雜誌》第 40、41 期。

黃啟臣：〈明中葉至清初的中日私商貿易〉，《文化雜誌》第 49 期。

黃兆君：〈澳門建築——中葡合璧相得益彰〉，《文化雜誌》，第 36、37 期。

黃鴻釗：〈嘉慶年間澳門葡人助剿海盜初探〉，《文化雜誌》第 39 期。

黃鴻釗：〈早期中國政府對澳門的管治與澳門同知的設立〉，《文化雜誌》第 49 期。

莫小也：〈地誌畫與澳門地誌畫研究述要〉，《文化雜誌》第 49 期。

梅新育：〈明季以降白銀內流及其對中國經濟制度之影響——兼論澳門在其中的作用〉，《文化雜誌》第 39 期。

湯開建：〈平托《遊記》Liampo 紀事考實——兼談《壁餘雜集》中的佛郎機資料〉，《文化雜誌》第 39 期。

湯開建：〈佛朗機助明剿滅海盜考〉，《文化雜誌》第 39 期。

湯開建：〈新見澳門史料兩題研究〉，《文化雜誌》第 40、41 期。

湯開建：〈嘉慶十三年《澳門形勢圖》研究〉，《文化雜誌》第 40、41 期。

彭仲輝：〈澳門報業發展概況及其歷史特色分析〉，《文化雜誌》第 40、41 期。

華濤：〈「塞里絲誤解」的消除與葡萄牙人的歷史貢獻〉，《文化雜誌》第 49 期。

普塔克：〈明朝年間澳門的檀香木貿易〉，《文化雜誌》第 1 期，1987。

普塔克：〈澳門歷史概述〉，《中外學者論澳門歷史》，1995。

普塔克：〈蜈蚣船與葡萄牙人〉，《文化雜誌》，第 49 期。

費爾南德斯：〈1820—1920 年的澳門〉，《文化雜誌》第 36、37 期。

費爾南德斯：〈自本世紀 20 年代迄今的澳門〉，《文化雜誌》第 36、37 期。

舒拉曼：〈平托及其遊記〉，《大亞細亞》，1927。

萊薩：〈澳門人口：一個混合社會的起源和發展〉，《文化雜誌》第 20 期。

菲格拉：〈澳門究竟是怎樣的一座城市〉，《文化雜誌》第 36、37 期。

奧萊羅：〈關於十六世紀末澳門海上貿易的注釋〉，《文化雜誌》第 13、14 期。

塞爾馬 · 德 · 維埃拉 · 維約：〈葡萄牙航海家在東方沿海諸社會可能存在的影響〉，《文化雜誌》第 3 期，1987。

趙春晨：〈淺話《澳門記略》及其校注〉，《文化雜誌》第 13、14 期。

雷戈：〈澳門的建立與強大記事〉，范維信譯，《16 和 17 世紀伊比利亞文學視野裡的中國景觀》。

董少新：〈《印度香藥談》與中西醫藥文化交流〉，《文化雜誌》第 49 期。

塔維拉：〈澳門港從開埠至 20 世紀 70 年代社會經濟和城建方面的發展〉，《文化雜誌》第 36、37 期。

德布里：〈澳門全圖〉，《文化雜誌》第 13、14 期，1993。

鄭煒明：〈宗教信仰〉，《澳門總覽》，澳門：澳門基金會。

廖大珂：〈試論澳門葡萄牙人居留地的形成〉，《文化雜誌》第 49 期。

蔣維鍂：〈16 世紀中國「弛」、「禁」之爭與澳門開埠〉，《文化雜誌》第 39 期。

劉月蓮：〈西方文明和東方文明的融合體〉，《文化雜誌》第 13、14 期。

劉羨冰：〈澳門高等教育的第一章〉，《文化雜誌》第 13、14 期。

劉小萌：〈康熙年間的西洋傳教士與澳門〉，《文化雜誌》第 40、41 期。

維因克：〈荷屬東印度公司和葡萄牙關於葡船通過馬六甲海峽的決定〉，《文化雜誌》第 13、14 期。

鄺志良、關峰：〈澳門博彩業之宏觀經濟分析〉，《澳門人口與發展》，澳門：澳門大學、澳門基金會，1994。

顏東萊：〈澳門的「頂峰」：耶穌會宗教、文化及軍事綜合體〉，《與歷史同步的博物館：大炮台》，澳門：澳門博物館，1998。

藤田豐八：〈葡萄牙人佔據澳門考〉，《中國南海古代交通叢考》，上海：商務印書館，1936。

譚世寶、曹國慶：〈對汪柏與中葡第一項協議的再探討〉，《文化雜誌》第 40、41 期。

譚樹林：〈馬禮遜與西方近代印刷術傳入中國〉，《文化雜誌》第 49 期。

譚世寶：〈有關中外關係史的一些畫照內容與史實探真——對今人為一些古籍畫照所作說明文字之補正〉，《文化雜誌》第 49 期。

譚先：〈澳門媽祖傳說藝術初探〉，《文化雜誌》第 49 期。

羅得禮 · 泰克：〈中國和葡萄牙的海上策略〉，《文化雜誌》第 13、14 期。

Teixeira, Manue. "Notes on the Japanese in the Christian History of Macao". *Seprarata do Boletim da Sociedade Geografia de Lisboa*. 1975.

Teixeira, Manuel. "The Church of St. Paul in Macau". *Seprarata de STVDIA-Revista Semestral*. No. 41-42. 1979.

Wong, Shiu Kwan. "Macao Architecture: An Integrate of Chinese and Portuguese Influence". *Separata do Boletim do I.L.C.*Vol.IV No.2, 3.Macau. 1970.

Wu, Wenguang; Clayton, Cathryn. "DV: Individual Filmmaking". *Cinema Journal*. 46. Number 1. Houston: University of Texas Press. 2006.

Yuan, D.Y. "Age, Sex Profile of Chinese Immigrants in Macau". *Population and development in Macau*. 1994.

地圖、影集、畫集、統計資料

《歷代澳門航海圖》，澳門：澳門海事署，1986。

《海關總貿易統計圖》，新果阿，1903、1916—1936。

《澳門：從地圖繪製看東西方交匯》，澳門：紀念葡萄牙發現事業澳門地區委員會，1994。

《凝光攝影——攝影術的發明暨中國澳門老照片》，澳門：澳門特別行政區政府文化局、澳門博物館，2009。

古維傑：《澳門影集 1844—1974》，澳門：東方基金會，1992。

民政總署、澳門藝術博物館、澳門攝影學會、澳門回歸賀禮陳列館：《瞬間五十年——澳門攝影學會紀實半世紀》，澳門：澳門藝術博物館，2008。

國務院港澳事務辦公室港澳研究所：《港澳經濟年鑒 2008》，北京：港澳經濟年鑒社，2008。

深圳博物館、中國考古藝術研究中心、中山大學人類學系：《環珠江口史前文物圖錄》，廣州：中山大學出版社，1991。

統計暨普查司：《一九七九年工業調查》，澳門：統計暨普查司，1979。

統計暨普查司：《一九九零年工業調查》，澳門：統計暨普查司，1990。

統計暨普查司：《一九八三年工業調查》，澳門：統計暨普查司，1983。

臨時澳門市政局文化暨康體部：《俯瞰大地——中國、澳門地圖集》，澳門：臨時澳門市政局文化暨康體部，2001。

譚廣濂：《從圓方到經緯：香港與華南歷史地圖藏珍》，香港：中華書局，2010。

黃漢強編：《澳門經濟年鑒（1983）》，澳門：華僑報，1983。

黃漢強編：《澳門經濟年鑒（1984/1986）》，澳門：華僑報，1987。

澳門特別行政區政府新聞局：《2009 澳門年鑒》，澳門：澳門特別行政區政府新聞局，2009。

（明）蔡汝賢：《東夷圖說》。

（清）張甄陶：《澳門圖說》。

（清）羅汝楠、憩棠編：《中國近世輿地圖說》，香港：中國藝術家出版社，1909。

中國第一歷史檔案館、澳門一國兩制研究中心編：《澳門歷史地圖精選》，北京：華文出版社，2000。

古萬年、戴敏麗：《澳門及其人口演變五百年（1500 至 2000）：人口、社會及經濟探索》，澳門：澳門統計暨普查司，2000。

古維傑、薛絲・佐治：《澳門相片冊──地方、人、生活》，澳門：東方書籍出版社、東方基金會，1989，1991，1993。

利冠棉、林發欽編：《19—20 世紀明信片中的澳門》，澳門：澳門歷史教育學會，2008。

何永康：《澳門六七十年代印象》，香港：三聯書店（香港）有限公司，2011。

李公劍：《光影留痕──李公劍澳門半世紀攝影作品集（第二版）》，澳門：澳門出版協會，2011。

周彥文、田映霞、李兆文編：《澳門老照片》，廣州：廣州出版社，1998。

官龍耀：《葡萄牙圖文並茂》，澳門：澳門文化學會，1990。

若瑟・利維士・嘉德禮：《永不回來的風景──澳門昔日生活照片》，澳門：澳門藝術博物館，2001。

曹婉如、鄭錫煌：《中國古代地圖集──清代》，北京：文物出版社，1997。

梁桂全、何祖敏編：《濃情大三巴：澳門回歸祖國十周年圖錄》，廣州：廣東教育出版社，2009。

博卡羅：《要塞圖冊》，范維信譯，《16 和 17 世紀伊比利亞文學視野裡的中國景觀》。

馮明珠、林天人編：《筆畫千里──院藏古輿圖特展》，台北：國立故宮博物院，2008。

馮明珠編：《經緯──飯塚一教授捐贈古地圖展》，台北：國立故宮博物院，2005。

澳門大學：《澳門大學年報 2001/2002 學年》，澳門：澳門大學公關部，2002。

澳門特別行政區政府統計暨普查局：《統計月刊》，澳門：澳門特別行政區政府統計暨普查局，2009。

澳門特別行政區政府統計暨普查局：《澳門統計圖表集（1984—2003）》，澳門：澳門特別行政區政府統計暨普查局，2004。

澳門統計暨普查司署：《統計年鑒》，澳門：澳門政府，1970—2011。

澳門統計暨普查司署：《1981 年第 12 次人口普查部份統計結果》，澳門：澳門政府，1981。

澳門郵政：《藝術家眼中的澳門》，澳門：澳門郵政局，2011。

Graffiti Communications：《文物保護》，澳門：澳門郵政局，2003。

The Hong Kong Museum of Art. *Pearl River in the Nineteenth Century.* Hong Kong: The Urban Council. 1981.

The Hong Kong Museum of Art. *George Chinnery: His Pupils and Influence.* Hong Kong: The Urban Council. 1985.

The Hong Kong Museum of Art. *Gateways to China: Trading Ports of the 18th and 19th Centuries.* Hong Kong: The Urban Council. 1987.

The Hong Kong Museum of Art. *Historical Pictures.* Hong Kong: The Urban Council. 1991.

網頁

www.archives.gov.mo/en/

www.authorsteam.com/

www.cityu.edu.hk

commons.wikimedia.org/wiki/Category_PD_Ma

commons.wikimedia.org/wiki/Whi/Atlas-of-Macau

www.cuhk.edu.hk

www.dsec.gov.mo/

www.ciolek.com/owtrad.html

en.wikipedia.org/wiki/history-of-macau

www.fao.fas.harvard.edu/~ehgis/maps/maps_liuko.html

getty.museum

www.google.com.hk/search?g=macau+historical+maps&/macau old photos

historic-cities.huji.ac.il

www.historic.uk.com

www.hkbu.edu.hk

www.hku.hk

www.iacm.gov.mo/oldmapmacau

www.lib.utexas.edu/maps/china.html

www.maphistory.ingo/imageasia.html

www.macauoldmap.com

www.maps-of-china.net

memory.loc.gov/amen/gmdhtml/macau

www.nla.gov.au (Braga Collection)

www.polyu.edu.hk

www.umac.mo/chi/

www.ust.hk

whc.uuesco.org.en/hist/1110

www.worldmaps.online.com/historialmaps

www.youtube.com

展館

香港藝術館
美國皮博迪博物館